D1735133

Hans Ruh

Anleitung zur Menschlichkeit

Hans Ruh

Anleitung zur Menschlichkeit

Positionen aus ethischer Sicht

allerArt · Zürich

Bibliografische Information der Deutschen Nationalbibliothek

Die Deutsche Nationalbibliothek verzeichnet diese Publikation in der Deutschen Nationalbibliografie; detaillierte bibliografische Daten sind im Internet über http://dnb.dnb.de abrufbar.

Das Werk einschliesslich aller seiner Teile ist urheberrechtlich geschützt. Jede Verwertung ist ohne Zustimmung des Verlags unzulässig. Dies gilt insbesondere für Vervielfältigungen, Übersetzungen, Mikroverfilmungen und die Einspeicherung und Verarbeitung in elektronischen Systemen.

© 2021 allerArt im Versus Verlag AG, Zürich

Weitere Informationen zu Büchern aus dem Versus Verlag unter
www.versus.ch

Umschlag: Porträtfoto Hans Ruh von Marianne Ott
und Manuskriptnotizen von Hans Ruh zum Vorwort

Illustrationen: Carlos D. Acosta · Zürich

Entwurf und Satz: Kevin T. Fischer

Druck: CPI books GmbH · Leck

Printed in Germany

ISBN 978-3-909066-20-9

Inhaltsverzeichnis

Vorwort

Aufräumen und Abschied nehmen gehören zum hohen Alter. Zugleich kommt aber die Frage auf: Was ist wichtig, was kann weg? Vor diese Frage sah ich mich gestellt, als ich mich mit dem Schicksal meiner fast fünfhundert Texte, Artikel, Essays usw. zu befassen begann. Die in diesem Band vereinigten Texte transportieren die für mich wichtigsten Erkenntnisse und Postulate nach einem langen Leben des Nachdenkens über Ethik. Die Texte aus mehr als fünfzig Jahren habe ich unter vier Themenkreise angeordnet: Ethik, Energie und Umwelt, Wirtschaft und Gesellschaft, Krieg und Frieden. Die Mehrzahl dieser Artikel sind in Zeitschriften oder Sammelbänden gedruckt worden, einige sind nur als Typoskript vorhanden. Eine Ausnahme macht der erste Text. Er ist neueren Datums.

Den zentralen Gedanken aller Texte drückt der Titel dieses Buches aus: Anleitung zur Menschlichkeit. Es ist dies eine Anleihe bei einer für mich wegweisenden Stelle bei Homer: Der Freund des ermordeten Patroklos tötet seinerseits den Mörder und schleppt in unbändiger Wut die Leiche des Getöteten um das Grabmal des Patroklos. Die Götter sagen: Was du da tust, ist nicht mehr menschlich. Das ist nicht Menschenart. Wer hören will, der hört, wie damals bei Patroklos, die göttliche Stimme: Die Unterschiede von arm und reich, die Perspektivenlosigkeit vieler Menschen, die Zerstörung der Natur, die Geldverschwendung für gigantische Waffenarsenale und anderes mehr, all dies ist nicht menschlich. Die Menschheitsgeschichte muss neu erzählt werden: Menschlichkeit und menschenwürdiges Leben können nur gelingen, wenn das Handeln der Menschen aus dem ethischen Kapital lebt. Das ethische Kapital ist die Summe der lebensdienlichen Werte, ist die geistige Ressource für die menschliche Gestaltung der Welt. Oder in Anlehnung an Wilhelm Röpke: Das Schicksal von Angebot und Nachfrage entscheidet sich jenseits von Angebot und Nachfrage. Das Schicksal des menschlichen Zusammenlebens, des Marktes, der Staatsform, der Zivilisation entscheidet sich jenseits, eben in der Bindung an das ethische Kapital. Genau darum geht es in diesem Band. Obwohl er zum grossen Teil frühere Texte umfasst, ist ihre Aktualität und Dringlichkeit noch stärker als zur Zeit ihrer Entstehung.

Ein neues Narrativ des Menschseins nach Corona

Die Geschichte der Menschheit ist eine Geschichte von fantastischen Höhen und schrecklichen Tiefen, mit allem, was dazwischen liegt. Wenn wir im Jahr 2020 über diese Menschheit nachzudenken beginnen, dann bekommen wir den starken Eindruck, dass sie wieder einmal ein tiefes Tal durchschreiten muss, dass wir mitten in einer globalen Krise stecken, von der wir nicht wissen, wie sie ausgehen wird und welche Folgen zu erwarten sind. Wir reden von der sogenannten Coronakrise. Mit einiger Sicherheit lässt sich aber sagen, dass die wirtschaftlichen, sozialen und gesellschaftlichen Folgen für ungezählte Menschen dramatisch sein werden und dass gesellschaftspolitische Entwicklungen oder Bewegungen entstehen werden, welche ein hohes Gefahrenpotenzial für den gesellschaftlichen Zusammenhalt, für Frieden und Demokratie, für die Lebensform darstellen. Zu erwarten sind eine extrem anwachsende Arbeitslosigkeit in vielen Ländern, eine Verarmung grossen Ausmasses, ein Anwachsen eines gesellschaftspolitischen Gewaltpotenzials, ein Anwachsen der Migrationsströme, die Gefährdung der Demokratie und des Zusammenhalts der Gesellschaft.

Im Folgenden geht es um zwei Fragen:

1. Welche Strategien sind einzuschlagen, wenn im Nachgang zur Coronakrise eine Häufung von Katastrophen verhindert werden soll?

2. Gibt es Ereignisse in der jüngeren Geschichte, in denen Hinweise auf geeignete Strategien abzulesen sind?

Es liegt nahe, bei der Suche nach Antworten auf die erste Frage zunächst die zweite Frage ins Auge zu fassen. Die obige Beschreibung der Coronakrise und deren Folgen erinnert sofort an zwei Epochen der neueren Geschichte: Einerseits die mit dem Marxismus verbundene revolutionäre Bewegung des Kommunismus, welche mit dem Stalinismus endete, und anderseits die Weltwirtschaftskrise Ende der

Zwanzigerjahre des letzten Jahrhunderts, welche massgeblich zur Entstehung des Nationalsozialismus mit all den Schrecken des Zweiten Weltkriegs beitrug.

Kommunismus und Nationalsozialismus sind in ihrer Entstehung nur zu verstehen auf dem Hintergrund schwerwiegender Defiziterfahrungen von unzähligen Menschen, so etwa Armut, Arbeitslosigkeit, Perspektivenlosigkeit, Demütigung, Ungerechtigkeit und krasse Ungleichheit. Das Gefühl der Demütigung spielte dabei vor allem in Deutschland eine gewichtige Rolle. In beiden Bewegungen zeigen sich überaus heftige Radikalisierungstendenzen. Es gibt aber auch Unterschiede, die für die Analyse der heutigen Situation von Bedeutung sind. Die kommunistische Bewegung war eine «linke» Bewegung: Es ging um den Status der Arbeiterschaft, um grosse Ungleichheit und Ungerechtigkeit im ökonomischen Bereich und damit um das soziale Problem. Zentral war die Wahrnehmung einer Ungleichheit und die Forderung nach Umverteilung. Die nationalsozialistische Bewegung war eine rechtsradikale Bewegung, bei deren Entstehung Gefühle der Demütigung, der Verletzung der Würde, der mangelnden Anerkennung, des fehlenden Respekts wesentlich waren. Natürlich spielte der soziale Aspekt auch eine Rolle, aber die Bewegung entwickelte sich stark von einer sozialen zu einer nationalsozialistischen Bewegung.

Es lässt sich also beobachten, dass in einer wirtschaftlich-sozialen Krise zwei Faktoren eine gewichtige Rolle spielen: Die Erfahrung der Ungerechtigkeit bzw. Ungleichheit sowie die Erfahrung der mangelnden Anerkennung und der Perspektivenlosigkeit. Weiter lässt sich beobachten, dass die Radikalisierungen besonders stark auf die beiden Momente Ungleichheit und mangelnde Anerkennung Bezug nehmen.

Was heisst das jetzt für die Beantwortung der oben gestellten ersten Frage nach einer Strategie post Coronam?

Wohl zunächst so viel, dass in einer besonders schweren Krisenlage radikale Bewegungen zu erwarten sind, die sich an der Ungleichheit und / oder der mangelnden Anerkennung orientieren. Konkret heisst das, dass sich gewaltorientierte, radikale revolutionäre Bewegungen mit Bezug auf die genannten zwei Faktoren entwickeln können. Das heisst wiederum: Es sind revolutionäre Bewegungen entweder von links oder von rechts zu erwarten, allenfalls auch in einer Art Mischform der beiden. Dies eben als Folge der wirtschaftlichen, sozialen und gesellschaftspolitischen Hoffnungslosigkeit von Massen von Menschen, die auf diese Weise ihre Wut, ihre Verzweiflung und Perspektivenlosigkeit ausdrücken. Dazu kommt, wie in den zwei genannten historischen Krisenlagen, dass diese Bewegungen zu autoritären Regimen führen, meist mit gefährlichen und skrupellosen Typen männlichen Geschlechts an der Spitze. Neu kommt zu allem noch dazu, dass die Umweltkrise die beiden Krisenmomente massiv verstärkt. Natürlich sind Ungleichheit und mangelnde Anerkennung auch in normalen Zeiten vorhanden und sie sind, aus ethischer Sicht, auch dann und dort nicht akzeptabel. Aber sie kommen in normalen Zeiten nicht massiv politisch zum Ausdruck, weil sie durch politische und soziale Massnahmen, zum Beispiel durch Sozialpolitik, gedämpft werden. Steigt der Leidensdruck in einer starken Krise aber massiv an, werden Ungleichheit und mangelnde Anerkennung zu den Hauptmotoren gewalttätiger Auseinandersetzungen.

Nun könnte man einwenden, dass halt die herrschenden Schichten jeweils selbst schuld sind an solchen Entwicklungen. Die Geschichte lehrt aber, dass es am Schluss keine Gewinner gibt, schon gar nicht diejenigen, die sie aus Not angestossen haben.

Damit sind wir bei der Frage nach einer Strategie angelangt. Im Anschluss an die bisherigen Ausführungen wird sich eine solche Strategie auf zwei Bereiche konzentrieren: Ökonomie und Gesellschaftspolitik. Dies eben aus dem Grunde, weil nach einer grossen Krise, noch viel mehr als vorher, grosse Massen von Menschen ökonomisch und gesellschaftspolitisch zu kurz kommen. Das Phänomen des Zu-kurz-gekommen-Seins verbindet die Bewegungen in den beiden Bereichen. Es geht also darum, eine Perspektive zu entwickeln, mit der das Phänomen des Zu-kurz-gekommen-Seins drastisch und real gemildert wird. Dass dies kein einfaches Unterfangen ist, ist auf dem Hintergrund langfristiger dominanter Trends völlig klar. Karl Polanyi hat in seinem 1944 erschienenen Buch «The Great Transformation» diesen Trend zutreffend beschrieben. «The Great Transformation – das bezeichnet den Übergang von ‹integrierten› Gesellschaften, in denen die wirtschaftlichen Aktivitäten der Individuen in einen übergreifenden kulturellen Zusammenhang eingebettet waren, zur nicht integrierten Gesellschaft vom Typ der freien Marktwirtschaft.» (Polanyi, The Great Transformation, Deckblatt)

Hervorstechend ist in dieser Entwicklung das Auseinanderfallen von Wirtschaft und Gesellschaft, die Verselbständigung der Ökonomie mit der Folge, dass grosse Teile der Gesellschaft zu wirtschaftlichen und gesellschaftspolitischen Verlierern werden. Die Verhältnisse in den USA nach bald vier Jahren Präsidentschaft Trump sind ein besonders eindrückliches Beispiel.

Gerade das Bild der gegenwärtigen USA zeigt die Dominanz eines Gesellschaftsmodells, in dem sich darwinistische Elemente wie Egoismus, Überleben des Stärkeren und Wettbewerb immer mehr durchsetzen. Dies ist denn auch das langfristige Narrativ der Gesellschaftsentwicklung in vielen Teilen der Welt. Will man eine andere Zukunft, in der Massenarmut und politischer Radikalismus gestoppt werden, braucht es ein völlig neues Narrativ, eine grundlegend andere Welt- und Gesellschaftssicht, und zwar eben fokussiert auf die genannten Bereiche Wirtschaft und Gesellschaftspolitik. Es geht um ein neues Selbstverständnis der Menschen, ein neues Verständnis für die Stellung des Menschen in der Welt bzw. auf dem Planeten; es geht um eine neue Erzählung der Menschheitsgeschichte jenseits der darwinistischen Orientierungslinien, eine Erzählung zur Eroberung der Herzen der Menschen von heute und morgen. Wem das alles schon jetzt völlig utopisch vorkommt, dem ist zu entgegnen, dass wir nicht nur wirtschaftlich-gesellschaftlich, sondern auch ökologisch in der Endphase des herrschenden Systems angekommen sind. Wer hier schon von realitätsferner Utopie spricht, dem ist zu entgegnen, dass wir die erste Generation sind, welche sagen kann: Ohne Utopie wird die Welt zur Utopie, Utopie hier entsprechend dem griechischen Wortlaut verstanden als Nicht-Ort. Man darf davon ausgehen, dass immer mehr Menschen in dieser Lage sich öffnen für ein neues Narrativ, für ein neues Verständnis der Seinsweise des Menschen auf diesem Planeten.

Die Bergpredigt Jesu ist ein solches Narrativ. «Deshalb sage ich euch: Sorget euch nicht um euer Leben, was ihr essen oder was ihr trinken sollt, noch um euren Leib, was ihr anziehen sollt! Ist nicht das Leben mehr als die Speise und der Leib mehr als die Kleidung? Sehet die Vögel des Himmels an! Sie säen nicht und ernten nicht und sammeln nicht in Scheunen, und euer himmlischer Vater ernährt sie doch … Betrachtet die Lilien des Feldes, wie sie wachsen! Sie arbeiten nicht und spinnen nicht; ich sage euch aber, dass auch Salomo in all seiner Pracht nicht gekleidet war wie eine von diesen.» (Matth. 6, 25–29)

Die Grundidee hinter diesen Aussagen Jesu ist das Verständnis des Menschen als eines Beschenkten. Dieses Verständnis ist bei allen Unterschieden nicht weit weg von dem Verständnis, dass wir Menschen zuerst und vor allem als durch unseren Planeten Erde und die Sonne Beschenkte existieren. In der Tat hat diese Sicht einen realen Hintergrund. Die Sonne spendet, gratis, Wärme und Licht. Der Regen bringt das notwendige Wasser, gratis. Die Wälder reinigen die Luft, gratis. Rohstoffe und Pflanzenwelt liegen für uns bereit, gratis. Die reale Situation des Menschen ist also gar nicht weit entfernt von dem «Sorget nicht!» der Bergpredigt. Menschsein heisst, als Beschenkter leben, alle Menschen sind zunächst Beschenkte, alle haben Anteil an den allem Leben vorauslaufenden Geschenken.

Nun ist es nicht mehr möglich, dass alle Menschen unter den heutigen Lebens- und Wirtschaftsbedingungen dieses Beschenktsein direkt aus der Natur erfahren können. Aber dieses Beschenktsein kann und soll zu einem neuen tragenden Bewusstsein und zu einem neuen Narrativ für die Lebensgestaltung werden. Dies braucht ein konkretes Symbol: Ein Grundeinkommen für alle. Das Grundeinkommen sichert den gerechten Anteil an den planetarischen Geschenken. Es ist sozusagen die Dividende des Planeten für alle Teilhaberinnen und Teilhaber. Nach dieser Ausschüttung können dann die ökonomische Arbeit und der Kommerz beginnen. Dann kann auch das Verdienen für geleistete Arbeit und Innovation beginnen. Entscheidend aber ist: Mit der Idee des Grundeinkommens kommt eine neue, andere Erzählung des Menschseins daher, eine Erzählung, welche von Beschenktheit, von gleicher Anteilhabe, von Überwindung von Not und Sorge handelt und damit die Herzen der Menschen berührt. Eine Erzählung, welche in einem Gegensatz steht zu der wettbewerbsorientierten egoistischen Gesellschaft und ebenso zur unersättlichen Gier. Eine Erzählung, die mit der Idee der Gleichheit beginnt, und zwar in einer Gesellschaft, in der sich die Beschenkten auf Augenhöhe begegnen können.

Das Grundeinkommen ist also nicht bloss ein ökonomisches Vehikel, es ist auch und vor allem eine geistige und gesellschaftspolitische Botschaft. Das Grundeinkommen wird so zum Grundstein und Symbol für eine Transformation von Wirtschaft und Gesellschaft, in welcher Realität und Gefühl des Zu-kurz-gekommen-Seins dramatisch vermindert werden.

In diesem Sinne ist das Grundeinkommen nicht in erster Linie ein Korrektiv für eine ungleiche Gesellschaft, es ist eine Botschaft, ein Entwurf, eine Leitidee für die Gestaltung einer Gesellschaft mit Menschen, die auf Augenhöhe und in Würde miteinander leben. Die Idee des Grundeinkommens ist in gewisser Weise die Umkehr der bisherigen Verhältnisse: Der Mensch wird nicht verstanden als Homo oeconomicus, sondern als in gleicher Weise Beschenkter unter Beschenkten. Das Grundeinkommen ist die Widerrede gegen die Dominanz und Verabsolutierung der Ökonomie. Gerade als ein ökonomisches Vehikel ist es das Symbol für eine andere Ökonomie, eine andere Erzählung des Menschseins auf unserem Planeten. Der Ausgleich zwischen den Menschen ist nicht konzipiert als Korrektur des wirtschaftlichen Handelns, sondern als Leitfaden, als an Gleichheit orientierter Leitfaden für das wirtschaftliche Handeln. Zusammengefasst: Das Grundeinkommen ist das Symbol für eine Transformation. Weg von einer Ökonomie, die sich von der Gesellschaft abkoppelt, hin zu einer Ökonomie des Guten Lebens, die sich ausrichtet auf Basisgüter wie Gesundheit, Sicherheit, Respekt, Persönlichkeit, Harmonie mit der Natur, Freundschaft (siehe Robert und Eduard Skidelsky, Wie viel ist genug?, Seite 208). Dazu passen die Fragen, die ausgerechnet der Nobelpreisträger für Ökonomie und Friedenspreisträger, Amartya Sen, gestellt hat: «Sind sie [die Menschen] gut ernährt? Sind sie frei von unnötigen Krankheiten? Haben sie eine lange Lebenserwartung? Können sie am Leben der Gemeinschaft teilnehmen? Können sie ohne Scham und ohne sich in ihrer Ehre gekränkt zu fühlen, in der Öffentlichkeit auftreten? Können sie befriedigende Arbeit finden?» (Amartya Sen, zitiert nach Tim Jackson, Wohlstand ohne Wachstum, Seite 61f.). Gerade die letzten Zitate machen die Stossrichtung des Grundeinkommens deutlich: Angestrebt wird eine Ökonomie, in der Wohlstand, Gerechtigkeit und Menschenwürde zugleich verwirklicht werden. Insofern gibt eben das Grundeinkommen eine erste Antwort auf die zwei grossen Defizite der sozio-ökonomischen Entwicklung der Neuzeit: Ungleichheit und mangelnde Anerkennung.

Auf Augenhöhe miteinander zu leben und zu arbeiten ist das Thema eines zweiten Narrativs: Die Idee eines Sozialdienstes, eines Bürgerdienstes für alle. Auch diese Idee hat ökonomische und gesellschaftspolitische Bedeutung zugleich. Wie schon die Idee des Grundeinkommens vermittelt sie eine Botschaft, ein Narrativ für das menschliche Zusammenleben. Bürgerdienst für alle meint eine Dienstpflicht für alle Bürgerinnen und Bürger, eine Dienstpflicht, die in der Verfassung zu verankern ist. Der Bürgerdienst für alle, der Sozialdienst, ist ein Dienst zum Beispiel von einem Jahr im frühen Erwachsenenalter. Denkbar sind spätere Wiederholungsdienste im Laufe des Lebens.

Die erste Bedeutung des Sozialdienstes liegt im gesellschaftspolitischen Bereich. Entscheidend ist, dass hier Menschen aus unterschiedlichen demografischen Umfeldern, aus unterschiedlichen Bildungsschichten und Berufsgattungen in jungen Jahren die Erfahrung des Miteinander, des Umgangs auf Augenhöhe, des Respekts und der Zugehörigkeit erfahren. Im Sozialdienst wird das soziale Band geknüpft, das die Menschen emotional verbindet und sich in gegenseitiger Achtung ausdrückt. Der Sozialdienst wird zur Erfahrung der Mitmenschlichkeit.

Beide, das Grundeinkommen und der Sozialdienst, sind zu verstehen als geistig-moralische Grundideen, Visionen und Botschaften für das menschliche Zusammenleben und den Aufbau der Gesellschaft. Sie sind zu verstehen als Instrumente zur Eindämmung insbesondere der zwei wirkungsmächtigen Grundfehler der Gesellschaft: Die ökonomisch-soziale Ungleichheit und die mangelnde Anerkennung. Es geht aber eigentlich um mehr: Sie sind das Angebot einer neuen Leitidee, einer Grundstruktur für die Gestaltung des menschlichen Zusammenlebens.

Nach dieser Beschreibung der geistig-moralischen und gesellschaftspolitischen Bedeutung von Grundeinkommen und Sozialdienst geht es auch noch um deren wirtschaftliche Bedeutung. Zunächst beim Grundeinkommen: Ohne Zweifel bedeutet es eine spürbare und markante Verbesserung der Lebenslage von vielen Menschen im tiefen Lohnsegment. Es ist verbessert die Lage von arbeitslosen Menschen und trägt ebenso zur flexiblen Gestaltung der Arbeitszeit bei. Es ist auch ein Beitrag zur Angleichung des Einkommens zwischen den Geschlechtern und es ist nicht zuletzt ein Beitrag zur Bewältigung prekärer Arbeitsverhältnisse.

Nun zur wirtschaftlichen Bedeutung des Sozialdienstes. Es leuchtet ein, dass mit diesem Dienst markante Leistungen für die Gesellschaft erbracht werden, die sich auch im Sozialprodukt bemerkbar machen. Es geht im Sozialdienst um Leistungen, welche für die Gesellschaft von hoher Bedeutung sind, die aber im bestehenden Sozialsystem nicht oder nicht hinreichend erbracht werden. Dazu gehören etwa der Pflegebereich, der Schutz der Umwelt, die ökologische Landwirtschaft, die Kinderbetreuung sowie die Betreuung älterer Menschen. Es gehören dazu Bereiche wie Sport, Gesundheitsförderung, Bildung und Kultur. Dies alles ist nicht ganz unproblematisch: Der Sozialdienst darf nicht zu einer Erhöhung der Arbeitslosigkeit und auch nicht zu einer Senkung von tieferen Einkommen führen.

Eine Gesellschaft, in der beide, das Grundeinkommen und der Sozialdienst, eine zentrale Rolle spielen, ist sozusagen von vornherein geimpft gegen die Radikalismen, auf die wir sonst im Gefolge einer Krise wie der Coronakrise hinsteuern. Arbeitslosigkeit, vor allem bei Jugendlichen, Massenarmut, grosse soziale Diskrepanzen, gefährliche Ghettobildungen, Gefühle der Perspektivenlosigkeit und des Zu-kurz-gekommen-Seins werden von vornherein viel weniger auftreten, weil der Nährboden dafür fehlen wird. Eine Gesellschaft mit dieser Ausrichtung ist auch gut vorbereitet für die Krisen, welche zu erwarten sind, zum Beispiel die Umweltkrise, aber auch Migrationsströme und gewalttätige Auseinandersetzungen.

Es geht beim Grundeinkommen und beim Sozialdienst aber noch um viel mehr: Die positive Erfahrung von weniger Ungleichheit und weniger ökonomischen Sorgen, mehr Respekt und gesellschaftlichem Zusammenhalt; diese positiven Erfahrungen könnten die Voraussetzung dafür sein, dass die Idee eines neuen Verhältnisses von Wirtschaft und dem Guten Leben gesellschaftspolitisch an Zustimmung gewinnt. Diese Erfahrungen könnten die Bereitschaft vieler Menschen, aber auch Menschen aus dem tonangebenden Bereich, erhöhen, das Verhältnis von Wirtschaft und dem Guten Leben neu zu gestalten. Es könnte die Einsicht wachsen, dass die Abkoppelung der Wirtschaft vom Leben der Menschen ein Irrweg war und ist, ja noch mehr: sowohl sozial, politisch und ökologisch in den Abgrund führt. Anzeichen für eine neue Entwicklung lassen sich durchaus feststellen. Sowohl Konsumentinnen und

Konsumenten wie Unternehmen sind mehr und mehr bereit, in diese Richtung zu gehen. Zu denken ist dabei an das wachsende Verlangen nach biologischen Nahrungsmitteln oder nach Einhaltung gerechter Arbeitsbedingungen in der Produktionskette; weiter die Einsicht von Unternehmen und Banken, die Bereitschaft für ein neues Investitionsverhalten zeigen. Die steigende Attraktivität von ethischen Geldanlagen ist dafür ein Beweis.

Zu erwarten ist, dass sich so eine neue Beziehung, ein neues Verhältnis zwischen Leben und Wirtschaft entwickeln wird: dies sowohl auf der Ebene der Lebenswirklichkeit wie auf der Ebene der ökonomischen Theorie. Zunächst zur Ebene der Lebenswirklichkeit. In einer Gesellschaft, in der die Menschen weniger wirtschaftliche Sorgen haben, nicht mehr in einem mühsamen alltäglichen Überlebenskampf stehen, in einer Gesellschaft, in der sich Menschen mit Respekt und auf Augenhöhe begegnen können, ist eine Annäherung an das Gute Leben und damit an mehr Lebensfreude möglich. Dazu gehören eine gesunde und ökologische Nahrung, mehr Zeit für den gesunden und lustvollen Umgang mit dem Körper, weniger Krankheiten und längere Lebenserwartung, mehr Interesse an Bildung, menschenfreundliche Arbeitszeiten, mehr Zeit für mitmenschliche Kontakte, menschenfreundliche Wohnformen, mehr Solidarität, Gemeinschaft und Respekt.

Eine solche Entwicklung auf der Ebene der Lebenswirklichkeit müsste die ökonomische Theorie neugierig machen, ja sie müsste sie sogar als eine wissenschaftliche Herausforderung begreifen. Die ökonomische Theorie müsste wegkommen von dem Dogma, wonach sich die ökonomische Rationalität strikt an den Marktgesetzen orientiert und dass ökonomische Funktionsgesetze mit naturwissenschaftlichen Gesetzen vergleichbar sind. Die ökonomische Theorie müsste an sich selbst den Anspruch stellen, Wissenschaft im Dienste der Erkenntnis zu sein. Dass sie auch pragmatische Wissenschaft sein kann und soll, ist damit nicht in Frage gestellt. Aber eben, sie kommt nicht um den Anspruch, Wissenschaft zu sein, herum. Das heisst dann, um es mit den Worten des Wissenschaftstheoretikers Jürgen Mittelstrass zu sagen: «Wissenschaft ist diejenige Tätigkeit, ‹in der sich die erste Natur des Menschen (als Bedürfniswesen) unter der Idee einer zweiten Natur (als Vernunftwesen) an sich selbst abarbeitet›.» (siehe Ruh, Ethik, Umwelt,

Curriculum). Konsequenterweise heisst das, dass die ökonomische Theorie als Wissenschaft sich permanent bemüht, im Sinne einer prospektiv-experimentellen und prozessorientierten Theorie immer tiefer einzudringen in den Bereich, in dem eine grösstmögliche Annäherung an die ethische Ökonomie möglich ist und bleibt. Sie müsste zum Beispiel die Bedingungen erforschen und formulieren, unter denen so etwas möglich ist, das heisst etwas konkreter: Unter welchen Bedingungen sind eine flachere Einkommensverteilung, die permanente Verbesserung der Lage unterprivilegierter Schichten und der Mittelschicht, der Vorrang unterer Schichten bei wirtschaftlichen Fortschritten möglich? Ich stelle mir vor, dass eine solche ökonomische Theorie mit Szenarien arbeiten könnte, das heisst, sie könnte beschreiben, wie je nach Zielsetzung oder Interessengruppe eine ökonomische Rationalität aussieht. Also: Was ist ökonomisch rational, wenn wir ein Grundeinkommen einführen? Was ist rational, wenn wir einen obligatorischen Sozialdienst einführen? Was ist rational, wenn wir eine ökologische Wirtschaft anstreben?

Damit zurück zum Grundgedanken. Grundeinkommen und Sozialdienst sollen zwei Ziele erreichen: Einerseits die kurzfristige Eindämmung von radikalen Bewegungen in und nach der Krise. Anderseits der Anstoss für eine Retransformation der Wirtschaft zurück zur Dienstfunktion in einer Gesellschaft, die sich an ethischen Grundwerten orientiert. In den beiden grossen erwähnten Krisen Kommunismus und Nationalsozialismus war die Idee der Sozialpolitik die Antwort Otto von Bismarcks um 1890 auf den Extremismus von links. Nach dem Zweiten Weltkrieg war die Soziale Marktwirtschaft nach dem Modell von Ludwig Erhard die Antwort auf den Extremismus von rechts. Grundeinkommen und Sozialdienst können heute Türöffner sein für einen Paradigmenwechsel: Die Wiedereinbindung der Wirtschaft in die Gemeinschaft, die Ausrichtung der Wirtschaft auf das Gute Leben.

Hans Ruh, 26. August 2020

Benützte Literatur

Karl Polanyi, *The Great Transformation,* Frankfurt 1944

Robert und Eduard Skidelsky, *Wie viel ist genug?,* 8. Auflage, München 2013

Tim Jackson, *Wohlstand ohne Wachstum,* 2. Auflage, München 2011

Hans Ruh, *Ethik, Umwelt, Curriculum,* Typoskript 1987 (unveröffentlicht)

Ausgewählte Literatur des Verfassers

Hans Ruh, *Ich habe mich eingemischt,* Zürich 2017

Hans Ruh, *Bedingungsloses Grundeinkommen: Anstiftung zu einer neuen Lebensform,* Zürich 2016

Hans Ruh, *Ordnung von unten,* Zürich 2011

Ethik

Aus: **Reformatio. Evangelische Zeitschrift für Kultur und Politik.** 29. Jahrgang, Heft 6, Juni 1980, S. 378–389.

Darf der Mensch alles, was er kann?

Überlegungen zu einer Ethik der Wissenschaft

Die Wissenschaft ist der anschaulichste Ausdruck, dass der Mensch Ausserordentliches zu tun vermag. Der Abstand zum Tier hat sich geradezu ins Ungeheuerliche erweitert: Der Trab des Pferdes, das Bellen des Hundes sind sicher durch Jahrhunderttausende gleich. Der kleine Mensch, der auch nicht so wesentlich anders aussieht als seine Vorfahren vor Jahrtausenden, kann mehr und mehr die unwahrscheinlichsten Dinge. Damit stellt sich ein Problem, das die Tiere offensichtlich so nicht haben: Weil der Mensch immer mehr und immer Grösseres kann, stellt sich die Frage: Darf der Mensch alles, was er kann? Gibt es so etwas wie eine Schwelle, die er nicht überschreiten darf? Oder darf der Mensch über jede nur erdenkliche Schwelle stolpern, wo und wann er nur kann und will?

Die einen stochern am Mond herum, die andern befingern das Leben. Darf der Mensch alles, was er kann? Darf er stochern und befingern, wo auch immer er das kann? Doch was heisst schon: Der Mensch darf? Wer soll denn sagen, dass er nicht darf? Vorsorglich haben wir alles aus dem Weg geräumt, was dieses Dürfen oder eben Nicht-Dürfen ausspricht: Gott, die Moral, der kategorische Imperativ, Scham und Scheu, Furcht und Teufel, alles ist gleichsam aus dem Feld geschlagen, und der autonome Mensch beherrscht das Feld. Und Regeln für das, was er darf, erscheinen kaum im Blickfeld. Solche Regeln wären aber gerade das, wovon wir hier sprechen wollen: Die Ethik der Wissenschaft. Gibt es das aber überhaupt? Kann es das überhaupt geben?

Ich möchte mit der Feststellung einsetzen, dass es heute, auch und gerade im Bereich der Wissenschaften, einen immer grösseren Konsens darüber gibt, dass wir tatsächlich ethische Regeln brauchen für den Bereich der Wissenschaft. Gerade hervorragende einzelne Wissenschafter fordern eine Ethik der Wissenschaft: Die Wissenschaft braucht Regeln, und zwar Regeln für die Beantwortung zweier Fragen: Welche Schwellen dürfen nicht überschritten werden? und: was ist gut für den Menschen von dem, was die Wissenschaft tut?

Wie kommt es, dass Wissenschafter diese Frage heute selber stellen, und zwar gerade auch Vertreter der analytisch-empirischen Wissenschaften, von denen wir hier besonders reden? Ich meine, bei allen grossartigen Leistungen der Wissenschaft, es ist die Einsicht in schwerwiegende Antinomien, das heisst Grundwidersprüche, und die Aussicht auf schweres Leid, das sich im Horizont der Entwicklung der Menschheit abzeichnet. Als Beispiel für beides – die Einsicht in Antinomien und die Aussicht auf Leid – zitiere ich den amerikanischen Molekularbiologen Erwin Chargaff: «Wir verdrängen mit Hilfe von moderner Medizin und Hygiene Seuchen und Krankheiten und geraten in weltweite Bevölkerungs- und Ernährungsprobleme. Wir verlängern das Leben und stehen hilflos vor einer Welle von neuen Leidensanfälligkeiten und vor unlösbaren Problemen des Alterns und Sterbens. Wir unterwerfen die anbaufähigen Zonen der Erde dem Einfluss des technischen Landbaus und müssen erleben, dass die boomhafte Produktionssteigerung mit der ökologischen Zerstörung weiter Anbaugebiete bezahlt werden muss.» (Erwin Chargaff, zit. nach: Günter Altner, Bekehrung der Technokraten? in: Evangelische Kommentare, Nr. 1, 10. Jahrgang, Stuttgart, Januar 1977, S. 11.)

Ähnliche Beispiele der Einsicht in Antinomien und Aussicht auf Leid sind uns allen gegenwärtig. Sie führen dazu, dass Wissenschafter heute selbst die Frage stellen, ob das, was sie tun, gut sei in dem Sinne, dass es sinnvoll ist für den Menschen. Damit ist aber eben die ethische Frage gestellt: Inwiefern ist das Tun der Wissenschaft gut für die Erfüllung des Menschseins? Man könnte auch einfach fragen: Inwiefern ist das, was die Wissenschaft tut, gut? Das ist die Grundfrage einer Ethik der Wissenschaft. Für die Definition des Begriffes «gut» gehe ich von einem Satz der Schöpfungsgeschichte aus: «Und Gott der Herr sprach: Es ist nicht gut, dass der Mensch allein sei. Ich will ihm eine Hilfe schaffen, die zu ihm passt.» Gut sein bedeutet: Hilfreich für den Menschen sein. Der katholische Ethiker Korff spricht von der Maximierung des Humanen. Gut ist, was dem Menschen hilft, sinnvoll Mensch zu sein.

Ist Wissenschaft in dieser Weise gut? Gerade dies ist, nicht zuletzt vielen Wissenschaftern selbst, fraglich geworden. Ich möchte diese Fraglichkeit in Form von vier Thesen erörtern:

1. Die negativen Folgen der Wissenschaft sind gross
2. Die Wissenschaft weiss nicht, was sie tut
3. Es fehlt der Sinn für das Ganze
4. Die angewandte Wissenschaft untergräbt ihre ethischen Ideale der Wissenschaft

1. These: Die negativen Folgen der Wissenschaft sind gross

Es kann kein Zweifel darüber bestehen, dass Wissenschaft massgeblich an der Problematik und Zweideutigkeit heutiger Weltverfassung beteiligt ist. Wir erinnern uns: Was uns begegnet als Zweideutigkeit der Zivilisation, sind Bevölkerungs- und Ernährungsprobleme, die Inflation neuer Massenkrankheiten, Beeinträchtigung der Umwelt, Angst vor dem Versiegen der Ressourcen, Entfremdung unter den Menschen, tödliche Bedrohung durch den Krieg, das alles hängt mit der Entwicklung der Wissenschaft zusammen, vor allem mit der technikerzeugenden Rolle von Wissenschaft. (Siehe Gernot Böhme u. a., Die Finalisierung der Wissenschaft, Zeitschrift für Soziologie, Jg. 2, Heft 2, Stuttgart, April 1973, S. 130.) Auch wenn wir von der ökologischen Nische der Schweiz aus diese Folgen noch etwas gelassener einschätzen: Für den Bewohner einer Grossstadt, für den Arbeiter in einem diktatorischen System, für den Einwohner eines Slums, für den hungernden Bauern in Asien sind die Folgen da.

2. These: Die Wissenschaft weiss nicht, was sie tut

Die Frage, die wir hier stellen, zielt auf die Kenntnis der Entstehungsbedingungen von Wissenschaft durch die Wissenschafter selbst. Ich meine, dass weder ihre Machtstellung – die Zahl der Wissenschafter wächst exponentiell, 95 Prozent aller je gelebt habenden Wissenschafter leben heute noch – noch ihre wirtschaftliche Abhängigkeit noch ihre Funktion als Zulieferung von Zivilisation hinreichend geklärt ist, und zwar an einem Punkt nicht: Dass nämlich diese Faktoren als wissenschafts*externe* und nicht als wissenschaftsinterne Faktoren den Gang der Wissenschaft bestimmen. Meine Frage ist also: Ist sich die Wissenschaft als Instanz der Wahrheitssuche, als analytische Instanz, darüber im klaren, dass sie in hohem Masse von Faktoren gesteuert wird, die sich jenseits der Wahrheitssuche ansiedeln und die sie nicht kennt? Und hat die Wissenschaft eine Theorie darüber, wie diese Steuerung ihre Theorie beeinflusst?

Wovon hier die Rede ist, wird durch die folgende, zugegeben karikierende Geschichte von Chargaff beschrieben:

«Ein Mann oder zwei beschliessen zum Beispiel, irgendeinen ausgefallenen Käfer zu studieren. Ob sie es tun, weil das Tier eine Landplage oder eine zoologische Wonne ist, spielt keine Rolle. Finden sie etwas von wissenschaftlichem Interesse, so werden gleich zehn andere oder mehr da sein, die dasselbe tun. Wenn einmal hundert Leute den ausgefallenen Käfer studieren, so bilden sie eine Gesellschaft und veröffentlichen eine Zeitschrift. Eine Gesellschaft erzeugt einen Beruf, und ein Beruf, wenn es ihn einmal gibt, darf nicht aussterben. Es obliegt dem Volke, ihn am Leben zu erhalten. Wenn das Volk dazu überredet werden kann, wird es bald tausend Mitglieder der Gesellschaft zum Studium des Ausgefallenen Käfers geben. Es liegt auf der Hand, dass zu diesem Zeitpunkt der Käfer nicht mehr aussterben darf, denn was würden all diese Fachleute anfangen, die nun möglicherweise zahlreicher sind als die Ausgefallenen Käfer selbst? Jetzt gründet sich eine Stiftung, deren ehrenamtliche Mitglieder – einflussreiche Bankiers, Damen der Gesellschaft – weder wissen noch auch sich darum kümmern, ob sie bei der Ausrottung oder der Erhaltung der Käfer mithelfen sollen. Was sie wissen, ist nur das eine: sie müssen diejenigen unterstützen, die den Käfer erforschen. Zu diesem Behufe findet dann vielleicht auch ein Ausgefallener Käferball statt.»

Weiss die Wissenschaft, immerhin eine viel Geld verschlingende Institution unserer Gesellschaft, wozu sie das tut, was sie tut? Weiss sie das ebenso genau, wie sie die Moleküle und Theorien kennt? Gibt es rationale Begründungen für das Tun der Wissenschaft, oder muss man von einem Wissenschafts-Darwinismus reden? Oder möchte die Wissenschaft gar nicht so genau wissen, wozu sie das tut, was sie tut?

Es gibt Indizien dafür, dass die Wissenschaft nicht weiss, was sie tut: «Geht es darum, die Freiheit der Forschung gegen politische Eingriffe zu schützen, so beruft man sich auf ihren zweckfreien Dienst an der reinen Erkenntnis. Geht es um die Finanzierung der Forschung, so beruft man sich auf ihren wirtschaftlichen Nutzen.» (Georg Picht, Wahrheit, Vernunft, Verantwortung, Stuttgart 1969, S. 354). Die Vertreter der Finalisierungsthese vertreten hier die provokative Behauptung, dass die Entscheidungen über den Fortschritt der Forschung «weder aus zwingenden Massstäben wissenschaftlicher Rationalität … noch aus bewussten Strategien der Wissenschafter, sondern nur als Resultate der Einflüsse der Umwelt der Wissenschaft verstanden werden können» (Gernot Böhme, a. a. O., S. 132).

Also: Es wird nicht nur aus zwingenden Massstäben wissenschaftlicher Rationalität Wissenschaft getrieben, sondern die Wissenschaft ist auch und gerade Produkt des Menschen und seiner Umwelt, ohne dass dieser Tatbestand als solcher wissenschaftlich berücksichtigt worden wäre. Das heisst doch nichts anderes, als dass auch in der Wissenschaft sich der begehrliche, keine Grenzen kennende, gewalttätige und hochmütige Mensch durchschlägt, mit anderen Worten: dass auch und gerade das Böse nicht auszuklammern ist. Nero, Don Juan und Faust: Nero in brutaler Macht, Don Juan in totaler Begehrlichkeit, Faust in totalem Wissen sind also, ohne dass man es weiss, am Eingangsverhalten der Wissenschafter tätig.

3. These: Es fehlt der Sinn für das Ganze

Ich beginne mit einem Zitat des Physikers Klaus Müller: «Der hohe Grad von Rationalität im wissenschaftlichen Denken verläuft sich an den Rändern des Fachgebietes ins Leere. Wissenschaft gleicht einem Feuer, das in einem Dickicht entzündet wurde. Niemand kümmert sich darum, ob der Wald abbrennt. Denn der Wald liegt nicht in der Helle wissenschaftlicher Rationalität.» (Klaus Müller, Die präparierte Zeit, Stuttgart 1972, S. 53.)

Damit soll der Umstand ausgedrückt werden, dass die Aufteilung der Wissenschaft in Spezialgebiete dazu geführt hat, dass das Interesse für das Ganze verblasst zugunsten des Interesses an einem Ausschnitt.

Respektlos hat der Physiker und Nobelpreisträger Isidor Isaak Rabi diese Aufteilung in Spezialgebiete einmal «Balkanisierung» der Wissenschaft genannt, «durch die sich das wissenschaftliche Denken immer weiter von seinem eigentlichen Sinn- und Wesensgehalt entferne» (zit. nach Klaus Müller, a. a. O., S. 552).

Tatsächlich stehen wir heute vor den Folgen der Abkoppelung der Wissenschaft von einer übergeordneten Zielvorstellung. Diese Abkoppelung lässt sich besonders deutlich bereits im Zeitraum von etwa 1760–1830 verfolgen. In diesen Zeitraum gehört ja nicht bloss die Französische Revolution, sondern auch eine eigentliche Revolution der Wissenschaft, indem sie sich von übergeordneten Zielvorstellungen, wir können auch sagen von der Ethik, freigeschwommen hat. Mittelstrass nennt diesen dramatischen Vorgang das «Auseinandertreten von Philosophie und Wissenschaft». (Jürgen Mittelstrass, «Die Möglichkeit von Wissenschaft», Frankfurt a/Main 1974, S. 20.)

Dem theoretischen Verlust folgte dann der praktische nach: Die menschliche Anwendung der Wissenschaft, etwa in der Technik, vollzieht sich in zerstreuten Einzelverwirklichungen und nicht in einer aufeinander abgestimmten Ordnung. (Siehe D. Dubarle, Macht und Verantwortung, in: Wissenschaft und gesellschaftliche Verantwortung, hrsg. von N. A. Luyten, München 1977, S. 55.) Mit anderen Worten: Die Wissenschaft als Einzelwissenschaft bleibt die Antwort auf die Frage nach dem Sinn und Ziel für das Ganze schuldig.

4. These: Die angewandte Wissenschaft untergräbt ethische Ideale der Wissenschaft

Merton hat einmal von vier – ethischen – Imperativen der Wissenschaft gesprochen: Universalität, Uneigennützigkeit, Unvoreingenommenheit und institutionalisierte Skepsis. Diese schönen ethischen Ideale sind verständlich auf dem Hintergrund eines Bildes von Wissenschaft, das heute nur noch auf die Grundlagenwissenschaft zutreffen mag. Die Wissenschaft ist aber in den letzten Jahren industrialisiert worden und ein Bündnis mit der Macht eingegangen. Die überwältigende Mehrheit der Wissenschafter steht im Dienst staatlicher, militärischer und privatwirtschaftlicher Interessen, 5 Prozent arbeiten vielleicht im Bereich der

Grundlagenwissenschaft. Mit der zunehmenden Industrialisierung und Technisierung hat die Wissenschaft sicher einen guten Teil dieser Ideale eingebüsst, allen voran wohl die Uneigennützigkeit. Wir können die paradoxe Folgerung ziehen, dass je mehr die Wissenschaft mit wissenschaftsexternen Motivationen arbeitet, desto weniger sie sich ethischen Kriterien unterstellt. Damit die Tragweite deutlich wird: Je gesellschaftsrelevanter die Wissenschaft, desto weniger unterstellt sie sich ethischen Regeln.

Man könnte das Ergebnis der vier Thesen mit der folgenden einfachen Formel zusammenfassen: Als Betroffener kommt der Mensch in der Wissenschaft zu kurz; aber als heimlicher Beeinflusser von Wissenschaft schaut er unerkannt um ihre Ecke.

Damit sind wir nun mitten in der ethischen Fragestellung. Die Ethik hat die paradoxe Aufgabe, nachdem die Wissenschaft den Menschen im Namen der Objektivität verabschiedet hat, diesen wieder in die Wissenschaft einzubringen und bewusst zu machen.

Dabei soll eines deutlich bleiben: Die empirisch-analytische Wissenschaft verdankt ihre grossartigen Erfolge gerade dem Umstand, dass sie den Menschen, das Subjektive, die Individualität, das Kontingente ausgeklammert hat. Ohne diese Ausklammerung, ohne diese Objektivität gibt es diese Wissenschaft und deren Ergebnisse nicht. Die ethische Frage aber ist nun, ob diese Wissenschaft dem Menschen gut bekommt. Indem die Ethik so fragt, hat sie sich als eine paradoxe Disziplin konstitutiert. Sie muss gewissermassen gegen den wissenschaftlichen Strom schwimmen, ohne den Strom als solchen zu verdammen! Die Ethik versucht nun gleichsam, das Menschliche, das Subjektive, das die Wissenschaft ausgeblendet hat, wieder einzubringen.

In der Tat gehe ich von der folgenden These aus: Die Ethik hat die paradoxe Aufgabe, nachdem die Wissenschaft *notwendigerweise* das subjektiv Menschliche ausgeblendet hat, dieses wieder in den Prozess der Wissenschaft selbst einzubringen, und zwar um des Menschen und seiner Rolle in der Wissenschaft willen. Meine nun folgenden Überlegungen zu einer Ethik der Wissenschaft sind eine einzige Interpretation dieser These: Wie bringe ich methodisch das Menschliche wieder in die Wissenschaft hinein?

Damit komme ich zum zweiten Hauptteil meiner Überlegungen: Gibt es denn eine Ethik der Wissenschaft? Gibt es Regeln für das Verhalten der Wissenschaft? Wer stellt solche Regeln auf, inwiefern sind sie intersubjektiv verbindlich, und wer kontrolliert die Anwendung dieser Regeln?

Mit solchen Fragen wird eines sofort deutlich: Niemand darf sich anmassen, hier eine einfache Lösung gefunden zu haben. Wir werden uns mit bescheidenen Resultaten auf dem Weg zu einer Ethik der Wissenschaft begnügen müssen. Zwar haben wir mitunter harte Kritik an die Adresse der Wissenschaft geführt, aber wir müssen ehrlich bekennen, dass es äusserst schwierig ist, im Bereich ethischer Regeln für die Wissenschaft sicheren Boden unter die Füsse zu kriegen. Und selbst wenn wir uns noch einigen könnten über die Schwellen, die der Mensch nicht überschreiten darf, selbst wenn wir uns darüber einigen könnten, was der Mensch nicht tun darf, bleibt die Frage offen, wer denn dies in der Realität durchzusetzen vermöchte. Ein kurzer Blick auf Konkurrenz- und Interessenverhältnisse, nicht zu sprechen von militärischen Fragen, wirkt sofort ernüchternd.

Weil dem so ist, stelle ich die folgenden Überlegungen unter eine ganz bestimmte These: Die Ethik der Wissenschaft wird nur dann einen Realitätsbezug haben, wenn wir sie als *Freiheit* des Menschen und nicht als Gesetz und Verbot formulieren können. Wir müssten dann die Eingangsfrage dieses Beitrages etwas umformulieren: Die eigentliche Frage heisst nicht: Darf der Mensch alles, was er kann? Sondern: Wie wird der Mensch frei zum Verzicht, alles zu tun, was er kann? Angesichts der Realität und der Machtverhältnisse hat die Ethik der Wissenschaft nur dann eine Chance, wenn wir sie als *Freiheit* zum Verzicht vorstellen können.

Zu dieser Freiheit zum Verzicht gehört es dann, dass die Regeln der Ethik letztlich durch eine menschliche Attraktivität überzeugen müssen. Das Leben mit der Ethik der Wissenschaft muss menschlich attraktiver sein als ein Leben ohne diese Ethik. Auf diesem Hintergrund versuche ich nun, einige Thesen zu entfalten und zu begründen, die ich Elemente einer Ethik der Wissenschaft nennen möchte.

1. Die Wissenschaft muss ihre Rolle rechtfertigen vor dem Kriterium der Sinnerfüllung des Menschseins

Die ethische Beurteilung einer Handlung geht von der Frage aus, ob diese die Sinnerfüllung menschlicher Existenz befördert oder nicht. Unter Sinnerfüllung der menschlichen Existenz verstehen wir zum Beispiel die Förderung der Grundwerte Freiheit, Gerechtigkeit, Solidarität. Wir können aber die Sinnerfüllung auch bezeichnen mit dem einen Wort Liebe oder Freisetzung von Menschlichkeit. Auch die Wissenschaft muss sich dahin befragen lassen, ob sie ihre Rolle gut spielt in bezug auf die Freisetzung von Menschlichkeit. Sie muss gerade ihre Ziele wie Erkenntnis objektiver Zusammenhänge oder Wahrheit auf diesem Hintergrund rechtfertigen.

Die Rechtfertigung auf dem Hintergrund der Freisetzung von Menschlichkeit ist nun keinesfalls eine hoffnungslos subjektive Angelegenheit. Diese Rechtfertigung bedeutet keinesfalls ein Abgleiten in jede Beliebigkeit. Die Rechtfertigung der Wissenschaft vor der Sinnerfüllung des Menschseins wird sich auf zwei Voraussetzungen abstützen können:

- Wir leben je in einem kulturellen Zusammenhang, in dem Grundwerte und auch der Begriff der Menschlichkeit durchaus bestimmte Unbeliebigkeiten enthalten.
- Als Menschen haben wir eine ganze Reihe gleichlaufender Reaktionen. Es ist ja nicht so, dass wir Begriffe wie Freiheit, Gerechtigkeit, Menschlichkeit, Liebe als völlig beliebig-subjektive bezeichnen können. Wir sind als menschliche Kommunikationsgemeinschaft vielmehr in der Lage, uns über Grundwerte weitgehend zu verständigen. An dieser Verständigung können wir auch die Ziele der Wissenschaft messen.

2. Rechtfertigung der Ziele der Wissenschaft muss durch den Wissenschafter selbst erfolgen

Der Idealfall ist nicht der Ethiker, der die Wissenschafter über Ethik belehrt, sondern der Wissenschafter, der selbst ethisch denkt, und zwar methodisch ethisch denkt. «Einem Fachwissenschafter mit ethischem Interesse sollte gegenüber einem Ethiker mit fachwissenschaftlichem Interesse der Vorzug gegeben werden.» (Alfons Auer, Ethische Implikationen von Wissenschaft, in: Wissenschaft an der Universität heute, hrsg. von J. Neumann, Tübingen 1977, S. 318.) Es kann nicht darum gehen, die Wissenschaft von aussen, von einem ethischen System her in ihrer Logik zu zerstören. Aber es geht um die Rechtfertigung der Ziele und der Rolle der Wissenschaft durch den Wissenschafter selbst. Dies setzt natürlich voraus, dass wissenschafts-organisatorisch sowie methodisch die nötigen Vorkehrungen getroffen werden.

3. Voraussetzung für die verantwortliche Rolle der Wissenschaft ist das Einbringen der Menschlichkeit des Wissenschafters selbst

Wissenschaft geschieht durch den Menschen und für bzw. gegen den Menschen. Die Abstraktion des Wissenschafters von seiner eigenen Menschlichkeit ist nicht bloss eine Unaufgeklärtheit hinsichtlich der Entstehungsbedingungen von Wissenschaft. Diese Abstraktion ist durchaus vergleichbar mit der Abstraktion des Soldaten von seinem Menschsein. «Die volle Wirklichkeit ist gekennzeichnet durch den Spielraum zwischen Logik und Individualität.» (Klaus Müller, a. a. O., S. 423.) Einbringen der Menschlichkeit bedeutet das Einbringen von Betroffenheit im und durch das wissenschaftliche Geschehen. «Leid und Wissen haben komplementäre Funktionen im Überlebensprozess von Gesellschaft und Individuum … Was nicht rechtzeitig gewusst wird, wird erlitten. Das aufkeimende Bewusstsein von Leiden wiederum signalisiert ein überlebens-bedrohendes Wissensdefizit der Fachleute.»

«Die Verdrängung von Leid dagegen unterbricht diesen Kreislauf und verhindert die rechtzeitige Wahrnehmung der Überlebensaufgaben.» (Klaus Müller, a. a. O., S. 554.) Wissenschafter sein, heisst leiderfahrungsfähig sein.

4. Die ethische Beurteilung der Rolle der Wissenschaft setzt Klarheit über die Entstehungsbedingungen von Wissenschaft voraus

Wie jede andere menschliche Tätigkeit ist die Wissenschaft Abhängigkeiten, Interessen und Zwängen ausgesetzt. Die Entstehungsbedingungen von Wissenschaft sind keineswegs alle wissenschaftsinterne, auch wenn dies manchmal so scheinen mag. Dies lässt sich nicht ändern. Die Kenntnis dieses Umstandes könnte aber verhindern, dass wir jede Wissenschaftsentwicklung als notwendig und unveränderbar ansehen. Zu den wissenschaftsexternen Entstehungsbedingungen zähle ich etwa: Die Karrierebedingungen der Wissenschafter, die Finanzierung von Projekten, der starke Anteil industrieller Forschung, der durch die Zivilisation vermittelte Impuls, ja auch nur schon die wissenschaftliche Neugier, die nur schon dadurch ein ethisches Problem darstellt, dass die Geld braucht. Die Wissenschaft braucht eine Theorie ihrer Beeinflussung durch den Menschen, den sie eben nur scheinbar ausgeklammert hat.

5. Zur verantwortlichen Rolle der Wissenschaft gehört das Abschätzen ihrer Folgen

Max Weber hat mit dem Begriff der Verantwortungsethik ziemlich genau diesen Sachverhalt gemeint. Darunter verstehe ich zum Beispiel die Verstärkung des «technology assessment», das heisst der wissenschaftlichen Verfahren zur Abschätzung der Folgen wissenschaftlicher und technischer Entwicklungen. Das US-Bundesamt für Technikbewertung stellt mit Recht die folgenden Bereiche als besonders bedürftig einer Folgeabschätzung heraus: Wettervorhersage und -beobachtung, internationale Datenbanken, Kernenergie, Probleme der Organverpflanzung, genetische Manipulation des Menschen, Anwendung und Missbrauch von Drogen, das Problem der Lehrmaschinen, Vorherbestimmung des Geschlechts bei Kindern, Ausnutzung der Weltmeere für Rohstoffe und Ernährung, Wasserentsalzung.

6. Die Ethik als Rechtfertigung von Wissenschaft auf dem Hintergrund des Überlebens des ganzen Systems

Dass die Wissenschaft das Überleben des ganzen Systems nicht in Frage stellen darf, leuchtet ein. Schwieriger ist die Frage, wie dies zu bewerkstelligen sei. Ich möchte sowohl Schwierigkeiten als auch Auswege an einem Beispiel erläutern. Der Fortschritt von Wissenschaft hat u. a. mit der Vervielfachung von Informationen zu tun. Das Tempo der Wissenschaftsentwicklung hängt mit der Explosion von Informationen zusammen, ja die Wissenschaft hat die Struktur des exponentiellen Wachstums von Informationen, welche die Explosion unseres ganzen Systems zu befördern droht. Das bedeutet, dass eine Verlangsamung bestimmter Wissenschaftszweige, zum Beispiel der Genetik oder der Rüstung, zu erreichen wäre auf dem Wege des Verzichts auf bestimmte Informationen.

Ein solcher Verzicht ist undenkbar, vor allem in Hinsicht auf die Karrierebedingungen der Wissenschafter. Hingegen könnte man die Einbettung von Einzeldaten in einen Sinnzusammenhang anstreben. Ernst von Weizsäcker, der als Biologe auf dieser Linie denkt, sagt dazu: «Dabei verliert das Einzeldatum schrittweise sein Eigenleben, es wird zugleich aber in dem Sinnpaket auch für Nichtfachleute handhabbarer. Wenn die Einzeldaten ihr Eigenleben aufgeben, ist die positive Rückkoppelung der ... Wissensexplosion grundsätzlich unterbrochen. Jeder Akt der Forschungsförderung müsste dann in einem pragmatischen Sinnzusammenhang legitimiert werden.» (E. von Weizsäcker, Kontrolle der Wissensexplosion, in: Evangelische Kommentare, Nr. 3, 9. Jahrgang, Stuttgart 1976, S. 140.)

Praktisch verwirklicht werden könnte dies in der Form verschiedener interdisziplinärer Arbeitsmethoden. Dabei könnte man, immer nach E. von Weizsäcker, drei verschiedene Ausformungen von Interdisziplinarität unterscheiden:

1. Die methodische Interdisziplinarität, die aus der methodischen Unabgeschlossenheit der traditionellen Disziplinen resultiert. Als Beispiel käme hier etwa die Rechtssoziologie in Frage.

2. Interdisziplinarität als Brückenschlag zwischen Natur- und Geisteswissenschaften. Als Beispiel könnte hier die Sozialmedizin gelten.
3. Die praxisnahe Interdisziplinarität, die sich nicht scheut, die lokalen und individuellen Faktoren zu berücksichtigen.

Hier wird deutlich, was mit dem Mittel der Interdisziplinarität angestrebt werden soll: Es soll die Einzelwissenschaft eingebettet werden in einen Sinnzusammenhang, wobei sich dann die Entwicklung von Informationen vor diesem Sinnzusammenhang zu rechtfertigen hat.

7. Der einzelne Wissenschafter muss sich an seinem Ort querlegen können

Die Menschen an den Schlüsselstellen der funktionierenden Gesellschaft müssen sich in ihren beruflichen Entscheidungen auch wieder an moralischen Kategorien entscheiden: Ich meine damit den Wissenschafter, der sich der Frage stellen muss, ob das, was er tut, gut ist für den Menschen: gut im Sinne von hilfreich für ein menschliches Menschsein. Es gibt im funktionierenden System keine Instanz – auch der Staat ist sie nicht! –, welche diese moralische Kategorie einführen könnte: Der Einzelmensch muss sie an seinem Ort einführen: als Physiker, als Ingenieur, als Mediziner, als Ökonom. Das Programm einer moralischen Gesellschaft gegen eine funktionierende Gesellschaft braucht an den Nahtstellen der Gesellschaft Menschen, die sich querlegen, und zwar damit, dass sie sagen: das ist böse, das ist gut; das mache ich nicht, das mache ich.

Weder die Weltwirtschaft noch die Abrüstung, noch die Wissenschaft wird sich ändern, bevor nicht einzelne Menschen, aber auch einzelne Gruppen von Menschen an den Nahtstellen sich querlegen, indem sie nur noch das tun, was gut ist für den Menschen. Das gilt für Beamte und für Lehrer, für Unternehmer und für Wissenschafter. Damit plädiere ich letztlich für eine humane, mitleidsfähige Wissenschaft. Man könnte es auch so sagen: Nur wenn Menschen an den Schlüsselpositionen der Gesellschaft sich als Anwälte der Betroffenen fühlen und als solche handeln, nur wenn sie mitleidsfähig sind, wird sich etwas ändern.

Ich hoffe, dass ich damit wenigstens andeutungsweise die Aufgabe der Ethik in bezug auf die Wissenschaft habe vermitteln können: Die Ethik will die Dimension des Menschen neu einbringen und auch eine Methode darüber entwickeln, wie wir in vernünftigen Sätzen über das reden können, was gut ist für den Menschen.

Zum Schluss will ich gerne zugeben, dass wir mit dieser Position eine Maximierung der Wissenschaft aufgegeben haben. Ohne Ethik gelangt die Wissenschaft vielleicht zu mehr Macht und mehr Information. Als Ethiker fordere ich hier aber zu einer Gelassenheit auf: Wir sollten es ruhig darauf ankommen lassen, welche Wissenschaft am Schluss attraktiver ist: die Wissenschaft ohne den Menschen oder die Wissenschaft, die sich darum bemüht, den Menschen wieder einzuholen.

Wir sind eingeladen auf den Weg einer gewinnfreien Werbung durch eine humane Wissenschaft.

Aus: **Brückenbauer,** Organ des Migros-Genossenschafts-Bundes, Nr. 1, 6. Januar 1993, S. 28–31.

Hans Ruh ist Ethiker. Nicht ein Gelehrter allerdings, der im Elfenbeinturm über graue Theorien nachdenkt. Hans Ruh überlegt, was im Alltagsleben gut ist und was böse. Erklärt, wie abstrakte Ethik zu praktischer Lebenshilfe wird. Ein «Brückenbauer»-Interview über gute Sitten

Der Lebenshelfer

Moral hat einen schlechten Ruf. Wir denken dabei an engherzige Moralisten, die uns griesgrämig jede Freude vergällen wollen. Hans Ruh, hörte ich, sei auch ein Moralist, mit dem Fachwort: ein Ethiker. Ich besuchte ihn an seinem Arbeitsort, im früheren Kloster des Grossmünsters Zürich. Im Kreuzgang des ehrwürdigen Gebäudes traf ich keinen moralinsauren Gelehrten, sondern einen weltoffenen, schalkhaften Zeitgenossen, für den Ethik schlicht Lebenshilfe bedeutet. Nicht tausend Gebote, nach dem Motto «Du sollst nicht!». Einer, der manchmal etwas provokativ erklärt, was sittlich ist und was nicht. Der sagt, wie viel mehr ein Manager verdienen darf als ein Büezer, wie wir mit Asylanten und Armen im Lande umgehen sollen.

Brückenbauer: *Herr Ruh, haben Sie heute schon gesündigt?*

Hans Ruh: Ja. Gestern Abend ist es sehr spät geworden, da habe ich heute früh zu lange geschlafen und in der Eile das Auto genommen, um hierher in mein Institut zu fahren.

– Ich frage Sie nach der Sünde, denn Sie sind ein Ethiker, und mit dem Begriff der Sünde und den zehn Geboten finden wir wohl am leichtesten Zugang zu Ihrem Arbeitsgebiet, der Ethik.

– Ja. Bloss sind die biblischen zehn Gebote nicht einfach Gebote im Sinn «Das darfst du nicht!», sondern Leitlinien, wie unser Leben gelingen kann. Ich betrachte sie als Anleitung und Erfahrungsschatz, der zu mir kommt und mir sagt: wenn du dich entsprechend verhältst, dann kann dein Leben gelingen.

– Was also ist Ethik?

– Ethik ist zunächst einmal eine wissenschaftliche Disziplin, die einen Gegenstand hat, nämlich die grundlegenden Werte, Normen und Orientierungen, die unsere Kultur begründen. Und die sind überall im Leben sichtbar. Zum Beispiel habe ich kürzlich ein Plakat der Rettungsflugwacht gesehen, das vorschlägt, wie man Ski fahren soll. Nämlich so, dass man keinem schadet. Da habe ich sofort an die Ethik gedacht, an die in unserer Gesellschaft geltenden Regeln. Das heisst, wir sollen niemandem schaden, Gleiches gleich behandeln und Ehrfurcht empfinden vor allem Lebendigen. Das sind die Bestandteile unserer Zivilisation und Kultur.

– Und wo sind diese Bausteine gespeichert?

– Sie sind abrufbar in Texten, in Gedichten, in Lehrbüchern, aber auch in unseren Gefühlen und in unserem Denken. Wir tragen in unserem Innern eine Art Ethik en miniature. Inhaltlich sind diese sittlichen Normen auf den Text gebrachte, seit Jahrhunderten überlieferte Lebenserfahrungen. Eine Art Fazit, wie das Leben gelingen kann.

– Wenn wir das Wort Ethik hören, denken wir meistens an Moral, denn dieser Begriff ist uns eher geläufig.

– Moral ist eher das gelebte Verhalten, während die Ethik die Theorie der Moral ist. Aber die beiden Begriffe sind fliessend.

– Ich sage das bloss, weil die Moral meistens einen schlechten Ruf hat!

– Ja, sicher. Und ich bin sehr für die Entmoralisierung der Moral. Weil Ethik Lebenshilfe bedeutet und nicht Zeigefinger.

– Welches sind die Quellen der Ethik?

– Die Ethik gründet auf religiösen Erfahrungen, zum Beispiel auf den zehn Geboten im Alten Testament und der Botschaft des Neuen Testaments. Zum Quellenschatz der Ethik gehören aber auch weltliche Erfahrungen, die philosophisch reflektiert zu uns gelangen, in Form von Gesetzen, Normen und Werten.

– Gibt es auch eine Ethik ohne Religion und ohne Gott?

– Ja. Wir kennen verschiedene Spielarten von Ethik. Die Theologie ist nur eine davon. Eine weitere Ausprägung der Ethik ist zum Beispiel die Vernunftethik, die davon ausgeht, dass wir Menschen kraft unserer Vernunft in der Lage sind, das Richtige zu erkennen und zu tun. Oder die Konsensethik, die sagt: Gut ist, was wir miteinander als das Gute vereinbaren. Oder die utilitaristische Ethik, wo der Nutzen für die Allgemeinheit bestimmt, was gut ist.

– Kann man also auch, ohne an Gott zu glauben, ein gottgefälliges Leben führen?

– Ja. Weil ich ja nicht weiss, wie Gott urteilt. Ich begegne oft einem Menschen, bei dem ich spüre, dass er sich an ethischen Grundsätzen orientiert. Ich weiss, dass er zwar kein Christ ist, aber er kommt meinen ethischen Idealen sehr nahe. Da freue ich mich, dass es einen solchen Menschen gibt, und lasse offen, ob Gott an uns beiden in gleicher Weise Freude hat.

– Ist denn Gott selber ethisch, handelt Gott ethisch? Bedenkt man, dass er all das Böse in der Welt zulässt, Kriege, Greuel, Folter, dann kommen einem Zweifel.

– Gott handelt ethisch, weil er die Grundfigur der Solidarität darstellt. Natürlich gibt es viel Böses auf der Welt, worunter auch ich leide und das mich tief verunsichert. Da fühle ich mich ehrlicherweise nicht in der Lage, vorschnell eine vernunftgemässe Erklärung zu finden. Ich vermag als Mensch eben nur einen Zipfel dieses Gottes zu erkennen. Ich versuche, mir die Widersprüche so zu erklären, dass wir damit den Preis der Freiheit zahlen, die uns Gott geschenkt hat. Als freie Wesen verfügen wir eben über verschiedene Handlungsmöglichkeiten. Ich wundere mich selber auch, dass Gott dieses Risiko in Kauf genommen hat, ein Wesen zu schaffen, das mit diesen gefährlichen Handlungsmöglichkeiten ausgestattet ist. Und dabei sind wir erst am Anfang der Risiken, wenn wir das enorme Zerstörungspotential bedenken, das die Menschheit heute in Händen hält.

– Ethik, wie Sie sie darstellen, ist also nicht nur etwas Abstraktes, schwer Fassbares, sondern sie hat Hände und Füsse. Wenden wir sie auf den Lebensbereich Wirtschaft an. Eine der tragenden Säulen der Marktwirtschaft ist die Erzielung von Gewinn, von Profit. Ist Profit ethisch?

– Ohne Markt geht es nicht. Aus ethischer Sicht entscheidend sind nur die Rahmenbedingungen, die wir setzen. Dazu gehören grundsätzlich zwei Elemente, einerseits eine Art Grundsicherung, die allen die Existenz sichert, und anderseits der Schutz der Lebensgrundlagen. Damit meine ich eine ökologisch verträgliche Wirtschaft. Innerhalb dieser Rahmenbedingungen können wir Marktwirtschaft betreiben und Geld verdienen, soviel wir wollen.

– Ein weiterer Lebensbereich, wo die Menschen, ethisch gesehen, der Schuh drückt, ist die Lohnproblematik. Da fragt sich manche(r), ob es gerecht sei, wenn im Lohngefüge so grosse Unterschiede bestehen.

– Hinter diesem Problem steckt die Frage, was eine hohe und was eine weniger hohe Leistung ist, und das lässt sich letztlich rational nicht erklären. Eine Kindergärtnerin ist wahrscheinlich eine wirklich wichtige Person. Denn sie hat es ja in der Hand, aus den kleinen Lebewesen entweder geistige Krüppel oder aber voll aufblühende Menschen zu machen.

– Also müsste eine Kinderschwester mehr verdienen als zum Beispiel ein Manager?

– Ja. Aber jetzt kommt noch ein weiteres Element dazu, nämlich das marktwirtschaftliche. Eine Gesellschaft, in der die Kinderschwester den grössten Lohn bezieht, wird wahrscheinlich ziemlich rasch nicht mehr viel verdienen. Also müsste man von diesem Ideal etwas herunterkommen. Ich bin der Meinung, wir müssen unterschiedliche Löhne haben, weil bestimmte Anreize nötig sind. Die Frage ist nur, wie gross die Unterschiede ausfallen sollen. In den öffentlichen Verwaltungen beispielsweise gilt ein Verhältnis von eins zu acht. Man könnte sich fragen, ob nicht eins zu drei auch genügte, damit dieselben Leistungsanreize vermittelt werden. Grundsätzlich interessiert mich, wie es denen ergeht, die sozial am schlechtesten gestellt sind. Deshalb bin ich als Ethiker gegen eine auf den ersten Blick gerecht erscheinende Lösung, die aber zur Folge hat, dass schliesslich diejenigen am meisten benachteiligt werden, denen es am schlechtesten geht.

– Eine weitere ethische Frage, die uns gegenwärtig beschäftigt, ist die Asylgewährung. Da sprechen sich stark moralisch-ethisch motivierte Menschen für eine grosszügige Lösung aus, nach der wir möglichst viele Asylbewerber aufnehmen sollten. Ist das ethisch?

– Zunächst bin ich skeptisch gegenüber der Vorstellung jeglicher Art von Völkerwanderung, wie sie gegenwärtig im Gang ist. Das werden wir nicht aushalten. Die Leute sollen nicht in Bewegung sein, sondern irgendwo zu Hause sein, und zwar dort, wo sie herkommen. Daraus ergibt sich die Notwendigkeit, den Menschen an Ort und Stelle zu helfen, dass sie in ihren Ursprungsländern menschenwürdig leben können. Selbstverständlich beobachten wir im Bereich der Flüchtlingsströme eine Notsituation, die uns zu einer grosszügigen Aufnahme von Fremden bewegt.

– Welche konkreten Lösungen sehen Sie denn?

– Wie erwähnt, müssen wir die Menschen vor allem in ihrem Herkunftsort schützen und ihnen dort helfen. Zweitens stelle ich mir bei uns eine grosszügige Lösung vor, allerdings mit Obergrenzen. Diese sollten auf Verträgen mit einzelnen Ländern beruhen. Ich halte es für eine Überforderung, wenn zum Beispiel im Gefängnis von Regensdorf 50 Sprachen gesprochen werden. Mit der Zeit wird uns das Problem über den Kopf wachsen. Deshalb schlage ich vor, wir schliessen mit einzelnen Regierungen Verträge ab. Zum Beispiel nehmen wir jedes Jahr 20 000 Menschen aus Sri Lanka, Peru oder Nigeria für Weiterbildung auf, die nach drei Jahren aber zurückreisen müssen. Eine andere festzulegende Zahl von Menschen darf bleiben. Das alles, vor allem die Auswahl der entsprechenden Länder, müsste in Abstimmung mit der Europäischen Gemeinschaft geschehen. Wir müssen von der Idee abrücken, Menschen aus allen möglichen Herkunftsländern aufzunehmen. Wir müssen uns ja auf die Menschen aus diesen Ländern einstellen. Wir vermögen es nicht, die ganze Welt kulturell zu verstehen.

– Wir beobachten gegenwärtig in der Bevölkerung fremdenfeindliche Strömungen. Haben wir das Recht, mit dem Zeigefinger auf diese Menschen zu zeigen und ihnen zu bedeuten: ihr seid moralisch schlecht?

– Ich glaube, eine Gesellschaft, in der es minderprivilegierte, unterdrückte und diskriminierte Schichten gibt, wird nie eine offene Gesellschaft sein. Wir müssen es sehr ernst nehmen, dass es bei uns Menschen gibt, die nicht aus eigenem Trieb, sondern aus der Not heraus fremdenfeindlich sind. Also ein Mensch, der keine Wohnung hat, die ihn befriedigt, ein Mensch, der jeden Fünfer zweimal drehen muss, der seien Job verloren hat – für den ist es schwierig, grosszügig zu sein und zum Fremden zu sagen: Es freut mich, dass du kommst. Eine diskriminierte, arme Welt wird nie eine solidarische Welt sein. Wenn man in Not ist, verzichtet man nur zu leicht auf Ethik. Darum müssen wir nicht nur eine grosszügige Asylpolitik betreiben, sondern auch die Sorgen der Menschen ernst nehmen, die bei uns in Not leben. Das ist eine Herausforderung, der wir uns gerade im neuen Jahr mit grossem Engagement stellen müssen.

Interview Christian Waefler

Ein Pfarrer, der politisiert
Der Ethiker Hans Ruh

«Nein, ein Heiliger bin ich nicht», sagt Hans Ruh, obwohl er sich beruflich mit Ethik befasst, einer Disziplin, die – einfach gesagt – untersucht, was gut ist und was böse. «Anderseits», das gibt Hans Ruh zu, «färbt die Ethik schon ein wenig ab». «Vielleicht», scherzt Ruh, «bin ich ab und zu schon eine Art wandelnder Zeigefinger. Manchmal fahren Leute im Auto mit schlechtem Gewissen an mir vorbei, wenn ich an der Busstation in Pfaffhausen warte.» Dort im Grünen, «privilegiert», haust Ruh denn auch und ist selber, pardon!, ein «Pfaff», neudeutsch ein Pfarrer. Ein Pfarrer allerdings, der auch politisiert. Hans Ruh ist Professor für systematische Theologie mit Spezialgebiet Sozialethik, einer Disziplin, die in die Niederungen des Irdischen heruntersteigt.

Hans Ruh predigt und doziert nicht nur auf der Kanzel und an der Universität (Zürich), sondern er bringt die Botschaft auch unter das Volk, zum Beispiel in seinem neuesten Buch «Argument Ethik». Das Werk, das die ethischen Grundlagen unseres Handelns in Wirtschaft, Ökologie, Medizin und Politik untersucht, ist im Theologischen Verlag Zürich erschienen.
Der «Brückenbauer» freut sich, Hans Ruh in Zukunft zu seinen regelmässigen Kolumnisten im «Forum» zählen zu dürfen. Sein erster Beitrag erscheint bereits im nächsten «Brückenbauer».

C.W.

Aus: **Kreativität.** Herausgegeben zum 75jährigen Jubiläum der Nordostschweizerischen Kraftwerke AG. Baden 1989, S. 153–156.

Kreativität und Ethik

Kreativität weckt sofort positive Gefühle: Sie ist etwas Schönes, Wünschenswertes, Hohes, ja Besonderes. Worin liegt denn die Attraktivität dieses Begriffs für den Menschen?

Ein Stück weit helfen Beobachtungen an der Sprache weiter. Kreativität hat zu tun mit *creatio,* dem lateinischen Wort für Schöpfung. Auch die der Kreativität verwandten Begriffe wie Originalität und Genialität verweisen auf die gleichen Wurzeln: Originalität leitet sich ab von *origo,* lateinisch Ursprung; im Begriff der Genialität schwingt das lateinische *genus* – Geschlecht – mit. Endlich ist auch noch der Begriff der Imagination als ein weiterer Verwandter zu nennen. Auch er weist zurück auf *imago,* das Urbild, Ebenbild Gottes. Ja sogar der früher von der Psychologie für Kreativität gebrauchte Begriff der Produktion verweist in dieselbe Richtung: *producere,* lateinisch hervorbringen.

In all diesen Begriffen schwingt die Erinnerung an den Anfang des Seins mit, und zwar eben die gute Erinnerung an einen guten Anfang. Das Wort Kreativität erinnert uns an das beginnende Leben. Seine Faszination hängt zusammen mit dem Verweis auf den Einbruch des Lebens: ja es ist ein Ausdruck für den Neueinbruch des Lebens in den Zeitlauf des uns von vorn einholenden Todes. Kreativität trägt so das Markenzeichen des ursprünglichen Lebens inmitten der Bewegung vom Leben auf den Tod hin. Kreativität ist Wiedereinbrechen des ursprünglich Neuen, die Wiedergeburt des Neuen, die uns einholt. Im Wort Kreativität drückt sich so auch die Sehnsucht nach der Lebenskraft der Anfänglichkeit des Lebens aus. Die Fähigkeit zur Kreativität verweist den Menschen auf Besonderes, Ausserordentliches. Kreativität fasziniert, weil sie vom Zu-Fall des Lebens lebt und damit die Kommunikation mit dem Strom des Lebens ausdrückt.

Es ist bezeichnend, dass die Umstände, unter denen Kreativität erlebt wird, auf die Umstände bei der Geburt hinweisen: kreative Einfälle fallen ein, sie kommen über uns, sie sind stärker als wir selbst.

Kreativität ereignet sich, wenn sich der Mensch ihr oder ihrem Gegenstand ganz und leidenschaftlich hingibt. Für die Entstehung von Kreativität ist das Klima der Freiheit notwendig, auch und gerade der Freiheit von der Schwere irdischen Lebens: Wer von Ereignissen der Kreativität redet, berichtet von einem Zustand der Freiheit von der Schwere des Alltäglichen, die uns darüber hinaus enthebt.

Ereignet sich Kreativität, so geschieht Neues, Überraschendes, und das Ergebnis besticht durch Schönheit, Klarheit, Vollendung, ja durch eine höhere Ordnung, die das Chaotische und das Komplexe zugleich bündelt.

Es ist nicht verwunderlich, dass diese Erinnerung an den Urakt des Lebens Philosophen und vor allem Künstler immer besonders beschäftigt und angezogen hat. Kreativität blieb lange deren Domäne. Aber es ist auch bezeichnend, dass in der neueren Zeit der Begriff der Kreativität sich der Instrumentalisierung der gesamten Lebenswelt nicht zu entziehen vermochte. Der moderne Rationalismus und Funktionalismus entdeckte die Produktionskraft der Kreativität und bemächtigte sich ihrer. Man könnte allein an diesem Vorgang eine ganze Kulturgeschichte festmachen. Zunächst waren es allerdings die Psychologen, welche diesen Begriff eine Zeitlang monopolisierten. Man versteht sie nur zu gut: Das Phänomen des Ausbruchs von Leben aus der Tiefe des Menschseins musste sie faszinieren. Aber die Ökonomen, vor allem die Marketingstrategen, folgten auf dem Fuss; sie holten Künstler und Psychologen ein und wussten diese ihren Zielen dienstbar zu machen. Kreativität wird reduziert auf eine erlern- und anwendbare Methode. Zunächst wird so Kreativität in Amerika zu einer Methode der Verbesserung des Denkens, etwa beim sogenannten *brain storming*. Das Spielerische, früher ein Attribut für die Zwecklosigkeit des in sich Einmaligen und Wertvollen, wird zur Methode für die Hervorbringung besonders wichtiger und neuer Einfälle, aber jetzt eben in einer Nützlichkeits- und Wirtschaftlichkeitsperspektive. Kreativität verkommt so zu Innovation, zur Produktion von neuen Lösungsmöglichkeiten für erkannte Probleme und ökonomische Ziele. Auch Politiker und Militärs können sich der Faszination dieser Innovation nicht entziehen.

Nun, zunächst gibt es da nichts zu kritisieren. Die innovative Methode ist durchaus legitim. Aber hintergründig stellen sich dann doch kritische Betrachtungen ein. Man kann fragen: Stehen wir nicht auch hier vor dem Phänomen, das die westliche Lebenswelt auszeichnet vor allen anderen Lebenswelten: vor dem Totalitätsanspruch der rationalen und funktionalen Weltgestaltung und deren völliger Methodologisierung, vor der Reduktion der Kreativität auf eine innovative Methodik bei gegebener Problemstellung oder bei gegebenem Ziel? Wird hier nicht in etwa das ausgedrückt, was die Stellung des Ingenieurs ausmacht? Auch der Ingenieur verweist mit dem Wortstamm *gen* auf das ursprünglich Neue. Aber auch der Ingenieur ist zum Methodiker des Funktionierens geworden, der ein Ding zum Funktionieren zu bringen, aber nicht nach dessen Sinn zu fragen hat. Verschwenden wir die Produktionskraft der Kreativität heute allein bei Anwendung einer Methode, stossen aber nicht mehr vor zu neuen Zielen? Wird das Spiel, gemeint als Zwecklosigkeit und in sich wertvoll, in Dienst genommen für eine Suche nach Methoden mit Unterstützung von spielerischen Versatzstücken? Man kann auf jeden Fall die Frage stellen, ob Kreativität als konsequent gedachte Methode nicht gerade dessen verlustig geht, was sie vor allen anderen auszeichnete: die Chance, dass etwas ganz Neues einfällt.

Wir hingegen haben Kreativität domestiziert, sozusagen auf das siegreiche westliche Paradigma von rationalem Fortschritt und rationalem Funktionieren eingeschworen. Allerdings, dabei ist durchaus Neues in Sicht gekommen. Die Welt lebt von ganz neuen Entdeckungen, allem voran heute die Atomtechnologie, die Gentechnologie und die Informatik. Kein Zweifel, hier wird eine neue Welt geschaffen, und die Lebenswelt wird radikal verändert. Die Frage ist nur, ob diese Neuerungen wirklich neu sind, ob sie – und das vor allem – die vitalen Probleme lösen, die wir haben, und ob sie wirklich die notwendigen Paradigmawechsel sind, derer wir bedürfen. Der Verdacht steigt auf, dass die domestizierte Kreativität als Methode eine verfeinerte Fortschreibung der alten Welt bedeutet unter Ausblendung der Frage, ob die *Richtung* nicht eines radikalen Wechsels bedarf. Domestizierte Kreativität verfeinert die alten Strategien, auf die wir seit 200 Jahren voll gesetzt haben: zivilisatorische Erleichterung und Maximierung des ökonomischen Prinzips; mit möglichst wenig Aufwand möglichst viel Genuss oder

Gewinn. Das Problematische an diesem Weg ist, dass er uns in Richtung einer ständigen Steigerung der Möglichkeiten der Privilegierten führt und dass der Abstand zu den Unterprivilegierten grösser wird. Vor allem: dass das Vorantreiben des ökonomischen Prinzips und der zivilisatorischen Erleichterung Nebenwirkungen für die Natur zeitigen, welche von Einsichtigen schon lange als untragbar angesehen werden. Wo also bleibt die Kreativität im Blick auf den wirklich notwendigen Paradigmawechsel unserer Zeit? Gegen solche Kreativität haben wir uns bereits gut geimpft: Kommt sie wirklich, wird sie beispielsweise mit der Etikette Unwissenschaftlichkeit versehen und abgedrängt. Dabei wäre Kreativität dringend geboten, weil grundlegende Fragen anstehen und Lösungen nicht in Sicht sind, sofern man wirklich die grundlegenden Fragen lösen will.

Der verstorbene frühere Präsident des Club of Rome hat es einmal so ausgedrückt: «Der Mensch schenkt der künstlichen Welt, die er sich geschaffen hat, mehr Beachtung als der natürlichen Welt, die ihn geschaffen hat. Er interessiert sich vor allem für die Dinge, die er selber herstellt. Die Natur hat nur einen unbedeutenden zweiten Platz inne.» (A. Peccei, *Das menschliche Dilemma*, 1981, S. 213.) Doch Peccei war weit davon entfernt zu verzweifeln: «Unsere Lage wäre bald hoffnungslos, wenn es nicht auf dem Grund unseres Seins einen letzten Rettungsanker gäbe. Es handelt sich um den angeborenen Reichtum an menschlichem Verständnis, visionärer Kraft und Kreativität, das leider meist vergessene und ungenutzte Erbe eines jeden Individuums.» (a. a. O., S. 197)

Kreativität ist gefragt als *das* Mittel zur Lösung grundlegender Menschheitsfragen. Was sind solche Fragen? Etwa, wie Menschen so leben, dass sie und die Natur überleben können? Oder wie eine Stadt aussehen soll, in der alle Menschen wirklich wohnen können, und in der nicht die, die es können, an die Ränder flüchten? Oder wie wir die menschliche Tätigkeit als Arbeit so konzipieren, dass es weder Massenarmut noch Massenarbeitslosigkeit noch Naturzerstörung gibt? Oder wie die Menschen eine Welt ohne Gewalt schaffen?

Die Wissenschaft der letzten 200 Jahre hat ihre Kreativität durchaus an der Forderung auf Lösung grundlegender menschlicher Fragen orientiert. Der grosse Innovator dieser Wissenschaft, Galilei, hat den Sinn der Wissenschaft so gesehen: «Ich halte dafür, dass das einzige Ziel der Wissenschaft darin besteht, die Mühseligkeiten der menschlichen Existenz zu erleichtern.» Zwar ist das Programm Galileis ambivalent: Wissenschaft im Dienste der grossen Menschheitsfragen ja, unter dem Aspekt der Erleichterung nur mit Einschränkungen. Trotzdem, der Rückgriff auf Galilei ist vielversprechend: Kreative Wissenschaft im Dienste der Lösung der grossen Menschheitsfragen! Doch wo wir heute stehen, wird mit Bertolt Brecht wohl eher zutreffen: «Wenn Wissenschafter, eingeschüchtert durch selbstsüchtige Machthaber, sich damit begnügen, Wissen um des Wissens willen anzuhäufen, kann die Wissenschaft zum Krüppel gemacht werden, und Eure Maschinen mögen nur neue Drangsale bedeuten. Ihr mögt mit der Zeit alles entdecken, was es zu entdecken gibt, und Euer Fortschritt wird doch nur ein Fortschreiten von der Menschheit weg sein. Die Kluft zwischen Euch und ihr kann eines Tages so gross werden, dass Euer Jubelschrei über irgendeine neue Errungenschaft von einem universalen Entsetzensschrei beantwortet werden könnte.» (B. Brecht, *Leben des Galilei*, 1955) Gesucht ist also die Kreativität, auch der Wissenschaft, welche diese Kluft verkleinert und dem zu erwartenden universalen Entsetzensschrei zuvorkommt.

Ganz zuoberst auf der Problemliste steht die Frage, wie Menschen das Leben gestalten als das, was sie sind: Teil der Natur. Wir stehen am Ende eines Paradigmas, das mit Feuer und Ackerbau begann und mit einem Kollaps aufzuhören droht. Die Ursache ist klein: *Ein* einziges Naturwesen hat sich zum «maître et possesseur» (Descartes) der Natur aufgeschwungen. Das Problem ist klar: Gesucht ist Kreativität und Imagination einer Art, die es diesem Wesen erlaubt, seine Lebensziele in Abstimmung mit den Zielen der gesamten Natur zu erreichen. Das erste Produkt einer solchen Kreativität müssten Lebensbedingungen für eine nicht anthropozentrische, d. h. für eine *physikozentrische* Welt sein. Unzweifelhaft steckt hinter diesem Postulat die Revolutionierung unserer Lebensweise und unserer Wissenschaft. Beginnen könnte eine solche Wissenschaft wieder mit dem, was in der Antike aufgehört hat: mit dem zwecklosen Erkennen und Staunen vor der Wahrheit in der Natur. Fortzusetzen wäre vielleicht mit einem grandiosen Wechsel der Ingenieurskunst: die Technik verstanden als Imitation und Abstimmung mit der Natur, so wie das die Biotik schüchtern versucht. Endlich müsste die

Absage an die Nährwüste folgen, an die Utopie also, dass prinzipiell das menschliche Leben artifiziell zu gestalten sei. Diese Nährwüste, auf die hin wir unsere Kreativität immer noch orientieren, müsste als Abart der Kreativität entlarvt werden. Die einzige lohnende Utopie ist die der Abstimmung mit der gesamten Natur.

Will man auf diese Utopie hin das Leben gestalten, dann sind grundlegende Veränderungen vitaler Lebensfunktionen unumgänglich. Eine solche revisionsbedürftige vitale Lebensfunktion ist vermutlich der ganze Bereich des Tätigkeitshaushalts des Menschen, d.h. die tätige Auseinandersetzung des Menschen mit anderen Menschen und mit der Umwelt. Wir haben in langen Zeitläufen Verhaltensweisen entwickelt, die zum Teil der früheren Stellung des Menschen in der Natur angemessen waren und die jetzt Bestandteil unserer Kultur geworden sind. Zu denken ist da an die Aktivität des Menschen zum Schutz vor der Natur, an Leistungsanreize, an die Koppelung von Arbeit und Lohn und die dadurch produzierte Dynamik, an die Koppelung von Selbstverwirklichung mit Aktivität nach aussen, d.h. in der Arbeit. Zu denken ist auch an die Aufteilung der menschlichen Tätigkeit in Arbeitszeit und Freizeit, was ja eine nur wenige Jahrhunderte alte Tradition hat.

Es mag wohl sein, dass diese Organisationsformen der menschlichen Tätigkeit, vor allem die Dynamisierung der Tätigkeit des Menschen durch totale Ökonomisierung und Arbeitsteilung, angesichts des heute verfügbaren technischen Instrumentariums, der Bevölkerungsexplosion und der Ansprüche zu einer totalen Überlastung des Gesamtsystems führen müssen. Kreativität müsste hier heissen: das Entdecken von neuen, grundlegend anderen, mit der Natur abgestimmten Organisationsformen des menschlichen Tätigseins, das Entdecken und Praktizieren von neuen Bewertungen und Zuordnungen menschlicher Tätigkeit.

Der Bereich der Arbeit gerät da zuerst ins Visier. Arbeit müsste verstanden werden als die Gesamtheit der tätigen Auseinandersetzung des Menschen mit der Natur. Vielleicht sollte da die Einteilung in Arbeits- und Freizeit relativiert werden, indem Zwischenstufen eine neue Bedeutung erlangen, z.B. eine Sozialzeit oder eine Naturzeit. Die vita contemplativa würde da vielleicht vor der vita activa rangieren.

Allerdings ist daran zu erinnern, dass der Mensch immer Anreize für sein Tätigwerden benötigt. Eine neue Vision der Erziehung könnte auf ein Menschenbild zielen, das sich am verantwortlichen Menschen orientiert, eine Vision, die heute nur Eliten für sich in Anspruch nehmen. Aber vielleicht ist eben eine gewaltige Investition in die Erziehung eine notwendige Bedingung menschlichen Überlebens.

Dass sich von hier aus – und nicht bloss von hier! – Anforderungen an eine kreative ökonomische Theorie stellen, liegt auf der Hand. Die ökonomische Theorie muss unter völlig neuen Rahmenbedingungen das ökonomische und das Leistungsprinzip formulieren. Wie sehen die nötigen Leistungsanreize aus, und zwar so, dass das gesellschaftlich erwünschte Optimum erreicht wird, ohne dass, wie bisher, die Folgen ungelöst in die nicht-menschliche Natur abgedrängt werden? Die Betriebsökonomie wird nach Modellen suchen müssen für Unternehmen, welche einerseits ökonomisch überleben müssen, andererseits mit der Natur verträgliche Produkte auf den Markt bringen. Dort besteht die Anforderung an die Kreativität darin, das, was aus ökologischen Gründen als Gewinnverminderung ausschlägt, durch andere Massnahmen zu kompensieren, z. B. durch neue Motivationen, durch Innovationssinn, durch neue Koalitionen von Kapitalgebern, Managern und Kunden.

G. Picht hat dies auf folgende Weise zum Ausdruck gebracht: «Die Zukunftsprobleme können nicht durch eine technisch-industrielle Regression, sie können nur durch bisher unbekannte Formen des intensiven technologischen Fortschritts bewältigt werden. Weil wir die natürlichen Grenzen nicht verschieben können, sind die Bedingungen des Überlebens nicht, wie man sich bisher eingebildet hat, im Reservoir der noch nicht ausgebauten Rohstoffreserven zu suchen. Sie liegen dort, wo die Natur uns keine Schranken setzt, wo vielmehr menschliche Freiheit einen Spielraum hat:

- in der wissenschaftlichen Erkenntnis unseres Biosystems,
- in der Verbesserung der Qualität der industriellen Produktion,
- in der vernunftgemässen Verwaltung beschränkter natürlicher Ressourcen,
- in der Angleichung der politischen Strukturen an die ökologischen Notwendigkeiten,

- in der Gerechtigkeit der Verteilung knapper Güter zwischen reichen und armen Nationen,
- in der Bekämpfung der Krankheitsherde unserer aus jedem Gleichgewicht geworfenen Gesellschaft und
- in der Entwicklung des im Entstehen begriffenen Weltbewusstseins, soweit wir dieses durch Vernunft beeinflussen können.

Sie liegen also in der Region des Geistes. Das bedeutet, in die Sprache der wissenschaftlichen Methodik übersetzt, dass wir lernen müssen, die Struktur eines Systems zu begreifen, dessen Dynamik durch die Wechselwirkung von quantifizierbaren mit nicht-quantifizierbaren Faktoren bestimmt ist.» (G. Picht, *Die Zukunft des Wachstums*, 1973, S. 57)

Ob zum Beispiel die ökonomische Theorie das alles schafft? Doch warum soll sich nicht auch die Methode der Wissenschaft kreativ erneuern: Wie steht es eigentlich mit dem Exaktheitsideal von Wissenschaft überhaupt? Wie wäre es, wenn die Wissenschaft das Exaktheitsideal ihrer Messgrössen abhängig machen würde von dem zu behandelnden Gegenstand der Wissenschaft? Die Frage an die ökonomische Theorie, oder an die Theorie überhaupt, hiesse dann: Wie genau müssen die Messgrössen sein, damit ein Optimum an umfassender Erkenntnis zu erwarten ist? Es könnte eine wissenschaftstheoretische Entscheidung sein, dass die Exaktheit von Messvorgängen nur so gross sein muss, wie es notwendig ist für ein aussagekräftiges Ergebnis, bezogen auf die Beschaffenheit des Gegenstandes. Relevante Aussagen über die Ungerechtigkeit der Verteilung bei Unterschichten oder über die Ursachen der Klimaveränderung sind so ohne ein hochgeschraubtes Exaktheitsideal möglich.

Unendlich ist das Feld für kreative Innovation, wenn wir uns einmal entschlossen haben, die Welt anders, zum Beispiel vollständig an der Natur orientiert oder ohne Gewalt, zu denken. In vorderster Front ergibt sich kreativer Bedarf für grundlegende und umweltintensive Bedürfnisse wie Wohnen und Mobilität. Nicht zu Unrecht hat Max Frisch schon vor langer Zeit von der neuen Stadt geträumt. Dieser Traum wäre neu aufzugreifen unter den Vorzeichen heutiger Anforderungen. Auch hier, im Blick auf die neue wohnliche Stadt, eine phantastische Utopie für Architekten und Planer.

Man kann sich auch fragen, ob die Industrie sich der kreativen Herausforderung bisher gestellt hat, welche die Naturzerstörung durch den modernen Menschen bedeutet. Ist das wirklich eine Antwort auf die unbestreitbare Klimaveränderung, wenn uns Industrielle und Regierungen glauben machen wollen, bestimmte ozonzerstörende Dinge brauchen wir ganz einfach noch!

Klaus Meyer-Abich hat dieses Thema kürzlich an einem besonders eindrücklichen Thema exemplifiziert: Die Zerstörung der Lebensgrundlagen durch Fluorchlorkohlenwasserstoffe (FCKW). «So hiess es jüngst in einer öffentlichen Anhörung der Bundestags-Enquetekommission ‹Vorsorge zum Schutz der Erdatmosphäre›, die Kommission möge doch, bitte sehr, die ‹Lebensgrundlagen unserer Zivilisation nicht in Frage stellen›, Klimaanlagen seien für uns ganz einfach lebensnotwendig, besonders in Rechenzentren und in Krankenhäusern, und da gehe es einstweilen eben nicht ohne Fluorchlorkohlenwasserstoffe (FCKW) ab. Ein anderer erklärte, eine bestimmte Art von Kunststoff-Hartschaum, dessen Hohlräume ebenfalls mit FCKW gefüllt sind, sei zum Beispiel für Kühlschränke einstweilen einfach unersetzlich. Ausserdem sei dieser Hartschaum ein wunderbarer Baustoff für Industriehallen; man brauche nur ein Stahlgerüst, könne dann die Wandflächen zwischen den Trägern im Nu mit den Hartschaumplatten ausfüllen, und fertig sei die Laube … Unverzichtbar also seien sie, die FCKW, möchte man dies alles neudeutsch zusammenfassen, jedenfalls dort, wo es um die Lebensgrundlagen unserer Zivilisation geht. Also zum Beispiel dafür, dass die Wände von Kühlschränken nicht fünf, sondern nur drei Zentimeter dick sind, dass Rechenzentren kühl bleiben, und dafür, dass man diese herrlichen Industriebauten überall schnell und billig in die Landschaft stellen kann. Es fehlte nur noch, dass einer die Vorteile von Spraydosen mit FCKW (ungiftig und nicht brennbar) mit demselben ernsten Gesuch beschrieben hätte wie die von Blähmitteln für Schaumstoffe.» (K. Meyer-Abich, «Der Kühlschrank als Massstab», in: Deutsches Allgemeines Sonntagsblatt vom 15.5.1988, S. 5)

Man kann nur hoffen, dass Wissenschaft und Industrie die Herausforderung annehmen. Dies würde bedeuten, dass Kreativität sich ausrichten würde auf die Lösung vitaler Menschheitsprobleme unter gleichzeitiger Abstimmung mit den Bedürfnissen der ganzen Natur.

Doch auch diese grosse Vision kann nicht den Umstand verdecken, dass selbst die qualifizierteste Kreativität des Menschen an eine Grenze stösst. Die eigentliche Grenze der menschlichen Kreativität liegt in dem Umstand begründet, dass dem Menschen immer nur eine bedingte Kreativität zukommt. Die eigentliche Kreativität, die Schöpfung des Neuen schlechthin, ist nicht Sache des Menschen. Mit Recht kann man die Natur definieren als die Gesamtheit dessen, was ohne das Zutun des Menschen geschaffen worden ist. An dieser Grenze sollte der Mensch nicht rütteln. Kreativität ist zwar die Erinnerung an die Schöpfung schlechthin, ist ein Abbild der Ur-Kreativität Gottes. Mehr sollte sie nicht werden wollen.

Aus: Gesellschaft – Ethik – Risiko: Ergebnisse des Polyprojekt-Workshops vom 23.–25. November 1992. Centro Stefano Franscini der ETH Zürich, Monte Verità. Herausgegeben von H. Ruh und H. Seiler.
Basel: Birkhäuser Verlag 1993, S. 165–170.

Session Ethik

Einführung in die Problematik aus der Sicht der Ethik

1. Einleitung

Zur Einführung mache ich ein paar allgemeine Überlegungen zur Ethik. Zentrale Texte der Ethik sind z. B. die 10 Gebote, aber auch grundlegende ethische Normen wie z. B.:

- Ehrfurcht vor dem Leben
- Niemandem schaden
- Gleiches ist gleich zu behandeln
- Die Wohlfahrt aller ist zu fördern

Wenn wir uns nun fragen, was der Status solcher Sätze oder eben Normen sei, dann kann man antworten: Diese Normen sind schriftliche und mündliche Überlieferungen von menschheitsgeschichtlicher Erfahrung darüber, wie das Leben gelingen kann. Die Ethik versteht sich als Angebot für eine umfassende Orientierung des menschlichen Handelns auf dem Hintergrund überlieferter menschheitsgeschichtlicher Erfahrung, welche aufgrund von Bewährung weitergegeben wurde. Grundlegende ethische Texte sind so das Fazit geglückter Lebensprozesse durch Jahrhunderte hindurch, angeschwemmt und segmentiert in unserer Kultur.

Man kann dabei drei grundlegende Dimensionen unterscheiden: Es geht in der Ethik

1. um das gute Leben
2. um das Abwägen von Ansprüchen anderer
3. um die Ehrfurcht vor der Geschenktheit und Befristung des Lebens

Ein ethisches Problem ist jeweils dann gegeben, wenn ein menschlicher oder gesellschaftlicher Vorgang von zentraler Bedeutung gegen die grundlegenden ethischen Normen oder eben gegen eine der genannten drei Dimensionen verstösst.

2. Ethik und Risiko

Die ethische Fragestellung im Zusammenhang mit dem Risiko orientiert sich ebenfalls an der genannten Problembeschreibung: Risiken sind dann ethisch problematisch, wenn sie gegen grundlegende ethische Normen verstossen oder sie gefährden.

Nun gehen wir Menschen Risiken ein um eines Vorteils, d. h. meistens um eines zivilisatorischen Vorteils willen. Dabei stellen sich zentrale zwei Grundfragen aus der Sicht der Ethik:

1. Gibt es eine absolute Obergrenze für Risiken?
2. Wieviel Risiko für wieviel Gegenwert sollen wir eingehen?

Auf diese Fragen ist zurückzukommen; vorher soll aber über die verschiedenen Risikotypen nachgedacht werden.

3. Risikotypen

Wenn wir an eine Typologie hinsichtlich der Risiken denken, dann lassen sich vor allem folgende Risikotypen unterscheiden:

1. Grösstrisiken
2. Regionale Gaus

3.1 Grösstrisiken

Grösstrisiken können punktuell oder schleichend auftreten. Grösstrisiken nenne ich diejenigen Risiken, welche schwerwiegende negative Folgen im globalen Ausmass zeitigen, d. h. die Weiterexistenz der Menschheit oder vieler Arten gefährden, rasche Eingriffe in die Natur mit der

Folge rascher globaler Veränderungen in ökologischer, ökonomischer, sozialer und kultureller Hinsicht bedeuten.

Es ist zu befürchten, dass wir bereits heute so weit sind, dass die menschliche Zivilisation, insbesondere die menschliche Produktionsweise, z. B. durch das Bewirken von Klimaveränderungen, Veränderungen in ökologischer und sozialer Hinsicht auf globaler Ebene hervorruft, welche entweder das Weiterleben der Menschen gefährden oder die Lebensqualität unzumutbar vermindern. Das heisst, dass bereits die schleichenden Risiken, geschweige denn punktuelle, z. B. Atom- oder Chemiekatastrophen, absolut unakzeptierbar sind, auch nicht bei einer minimalen Eintrittswahrschcinlichkeit.

Wenn es stimmt, dass die Überlebensfähigkeit des Menschen auf diesem Planeten nur gegeben ist, wenn wir uns an der Idee der geschlossenen Stoffkreisläufe orientieren, dann ist das eigentlich unzumutbare Grossrisiko der Mensch mit seiner Zivilisation bzw. Produktionsweise, inbegriffen atomare, chemische oder gentechnologische punktuelle Grösstrisiken. Diese Risiken widersprechen allen ethischen Normen massiv und sind auch als sehr unwahrscheinliche nicht akzeptabel.

3.2 Regionale Gaus

Sehr oft vergisst man angesichts der Grösstrisiken die Bedeutung regionaler Risiken. Es gibt aber auch auf der regionalen Ebene Risiken, welche ethisch nicht akzeptabel sind. Ich sehe dabei die folgenden Typen solcher Risiken:

1. Risiken sind nicht akzeptabel, wenn sie kollektive Lebenswerte einer Region zu vernichten drohen.
2. Sie sind insbesondere darum nicht akzeptabel, weil es keine Solidargemeinschaft mehr geben kann, welche im Falle von Katastrophen Linderung verspricht.
3. Wenn kein Neuanfang mehr möglich ist, sind Risiken ebenfalls absolut verboten.
4. Wenn Risiken eine völlige Destabilisierung androhen, vor allem hinsichtlich Gewalt und Not, dann sind sie nicht akzeptabel.

5. Regionale Risiken finden ihre Grenze auch dort, wo sie massiv Arten der Region bedrohen.
6. Zusammengefasst kann man also sagen, dass regionale Risiken dann nicht akzeptabel sind, auch nicht bei geringer Eintretenswahrscheinlichkeit, wenn sie im Sinne der obigen Punkte 1–5 die Lebensqualität einer Region in Frage stellen.

4. Ethische Grundaspekte

In einem nächsten Gedankengang wende ich mich einigen zentralen Grundaspekten des Risikoproblems aus ethischer Sicht zu. Diese sollen zunächst stichwortartig genannt werden:

1. Wie geht man mit dem Nicht-Wissen um?
2. Wer ist das verantwortliche Subjekt?
3. Wer entscheidet über die Akzeptanz von Risiken?
4. Gibt es eine Grenze der Akzeptabilität?
5. Darf ein nicht verallgemeinerbares Risiko eingegangen werden?

4.1 Wie geht man mit dem Nicht-Wissen um?

Das menschliche Handeln gerät immer mehr unter die Bedingung des Nicht-Wissens der Folgen. Dies hängt zusammen mit den raschen und tiefgreifenden Veränderungen, welche durch Eingriffe des Menschen in die Natur geschehen, sowie mit dem Aufbau von komplexen Systemen, deren Zusammenbrüche unabsehbare Folgen haben könnten.

Was heisst rationales Handeln unter den Bedingungen des Nicht-Wissens? Hans Jonas hat in diesem Zusammenhang den Begriff der «Heuristik der Furcht» geprägt und die These aufgestellt, dass wir wohl mit etwas weniger an Zivilisation, niemals aber mit dem grössten Übel leben könnten. Er zieht daraus die Folgerung, dass über ein Moratorium in vieler Hinsicht nachzudenken und dass Nicht-Handeln allenfalls den Vorzug vor dem Handeln haben könnte.

Das Problem, das sich dabei ergibt, besteht u. a. darin, dass das Moratoriumsdenken zu einer totalen Lähmung menschlichen Handelns führen könnte, das wiederum verheerende Folgen haben könnte. Ich plädiere deshalb dafür, dass wir Handlungsebenen bezeichnen, auf denen ein Moratorium bzw. ein Nicht-Handeln gilt, und zwar so lange, bis zweifelsfrei feststeht, dass die Überlebensfähigkeit des Menschen, die Sicherung der Artenvielfalt sowie eine minimale Lebensqualität nicht in Frage gestellt sind. Unter den Bedingungen des Nicht-Wissens dürfen also solche Risiken nicht eingegangen werden, welche, unabhängig von der Eintretenswahrscheinlichkeit von Schäden, unakzeptable Folgen haben können.

4.2 Wer ist das verantwortliche Subjekt?

Die wissenschaftliche und technologische Entwicklung bringt mit sich, dass ein verantwortliches Subjekt des menschlichen Handelns immer weniger auszumachen ist. Wir erfahren fundamentale Veränderungen sowie neue Entwicklungen mit schwerwiegenden Folgen als schicksalshafte Prozesse, die einfach so kommen, ohne dass jemand sie bewusst gewollt hat oder für sie verantwortlich gemacht werden kann. Einzelne Menschen oder Gruppen sind jeweils nur für Ausschnitte einer Entwicklung verantwortlich, niemals für das Ganze.

Damit wird die Entwicklung, z. B. der Technologie, zu einem ethischen Niemandsland, in dem niemand eigentlich Verantwortung übernehmen kann. Sofern solche Entwicklungen schwerwiegende Risiken auf der Ebene der Überlebensfähigkeit und der minimalen Lebensqualität mit sich bringen, muss die Verantwortlichkeit wieder hergestellt werden. Dies könnte dadurch geschehen, dass auf dieser Ebene das Verantwortungsprinzip rigoros gehandhabt wird, und dass der Gesetzgeber eine Umkehr der Beweislast für solche Entwicklungen fordert, welche schwerwiegende Folgen haben können.

4.3 Wer entscheidet über die Akzeptanz von Risiken?

Das Risikoproblem stellt auch die Demokratiefrage neu. Grösstrisiken lassen sich zum Teil nur sehr unzulänglich oder überhaupt nicht unter dem Aspekt demokratischer Entscheidung behandeln. Warum nicht? Zum einen, weil die technologischen Entwicklungen, welche zu Grösstrisiken führen, nicht durchschaubar und damit demokratisch auch nicht behandelbar sind. Zum anderen, weil Grösstrisiken oder auch regionale Risiken geographisch weite Gebiete umfassen mit unterschiedlichen staatlichen Strukturen, so dass demokratische Prozesse nicht denkbar sind.

Weiter ist es an sich schon fraglich, ob Grösstrisiken mit ihren schwerwiegenden Folgen überhaupt einem Verfahren zu unterstellen sind, das mit Mehrheits- und Minderheitsprinzipien entscheidet: Grundlegende Rechte, insbesondere auch die Rechte zukünftiger Generationen sowie nichtmenschlicher Arten, können nicht über demokratische Verfahren ausser Kraft gesetzt werden.

Auf der anderen Seite würde die Einführung des Konsensprinzips zu einer völligen Lähmung der Handlungsfähigkeit der Gesellschaft führen. Weil alle Ansätze einer klassischen demokratischen Regelung der Risikofrage, zumindest auf der Ebene der Überlebensfrage, in Aporien führen, sind Alternativen gefragt. Naheliegend ist die Wiederaufnahme der Idee des Rates der Weisen. Diese Idee geht davon aus, dass ein unabhängiger, frei von eigenen Interessen und mit höchstem Sachverstand operierender Rat der Weisen allseitig richtige Entscheidungen treffen würde, insbesondere hinsichtlich der Betroffenen, die machtlos sind, und hinsichtlich der zukünftigen Generationen und der Rechte der Natur. Das Problematische an dieser Lösung liegt im Mangel der demokratischen Legitimation. Denkbar wäre hingegen eine Kombination der Idee der Grundrechte, der Demokratieidee sowie der Idee des Rates der Weisen, und zwar in folgender Form:

- Es wird in einem demokratischen Verfahren auf Verfassungsebene die Pflicht zum Schutz der überlebenswichtigen Natur festgelegt.
- Eine Verfassungsgerichtsbarkeit sowie völkerrechtliche Strukturen kontrollieren die Beachtung der verfassungsmässigen Grundlagen.
- Parlamente und Regierungen sind gehalten, Argumente eines Rates der Weisen anzuhören und im Konfliktfall detailliert in Form öffentlich vorgebrachter Argumentation zu behandeln.

4.4 Gibt es eine Grenze der Akzeptabilität der Risiken?

Die Grenze für diese Akzeptabilität liegt eindeutig dort, wo Risiken globale und regionale Bedrohungen darstellen, welche die Überlebensfähigkeit oder die Lebensqualität in völlig unzumutbarer Weise in Frage stellen. Eine solche Obergrenze ist in Form eines Risikodialogs auszuhandeln.

Wie immer man diese Grenze bestimmt, zuerst ist von grösster Bedeutung, dass eine Obergrenze als solche überhaupt akzeptiert wird.

Aus: Dem Wesentlichen auf der Spur: Beiträge zu den Basler Psychotherapietagen 2000. Herausgegeben von Lothar Riedel.
Riehen: Perspectiva-Media 2000, S. 217–229.

Die Zukunft ist ethisch – oder gar nicht

«Die Zukunft ist ethisch – oder gar nicht», diese These habe ich irgendwo gestohlen. Man behauptet, *Malraux* hätte gesagt: «Das 21. Jahrhundert ist entweder ein religiöses oder gar keines». Andere Versionen wären «ein geistiges/geistliches». Wie auch immer, ich wandle das ab und sage, etwas anrüchig, da ich ja als Ethiker daherkomme: «Die Zukunft ist ethisch – oder gar nicht». Ich möchte diese These begründen.

Zunächst etwas zur Ethik:
Es gibt in der Odyssee eine schöne, auf jeden Fall aufregende Stelle, wo nach einem Mord der Freund des Patroklos, der ermordet wurde, seinerseits den Mörder tötet und in unbändiger Wut die Leiche des getöteten Feindes um das Grabmal des Patroklos herumschleppt, herumzieht. Das muss man sich vorstellen: Mittelmeer, Sonne, Tempel, Grabmal, Leiche … Und nun kommen die Götter und sagen «Was du da tust, das ist nicht mehr menschlich. Das ist nicht Menschenart, was du da tust.» Nun, man kann darüber streiten, ob es noch schlimmere, unmenschlichere Dinge gibt, als eine Leiche um ein Grabmal herumzuschleppen, aber das Bild, glaube ich, drückt aus: Es gibt einen Bereich des Menschlichen, es gibt die Dimension des Menschlichen, oder wie ich gern sage: Es gibt so etwas wie die Grammatik des Menschlichen. Das ist diese ethische Dimension, welche konstitutiv ist für das Gelingen des menschlichen Lebens. Ethik meint diese tiefe Dimension der Menschlichkeit, welche eine Voraussetzung ist dafür, dass wir ein gelingendes Leben anstreben können. Ich sage bewusst «Grammatik des Menschlichen», um auszudrücken, dass es nicht eine beliebige Ethik ist – es kann nicht Jede und Jeder kommen und sagen «Ich habe halt meine Ethik». Es gibt eine Unbeliebigkeit der Ethik.

Ich möchte das konkretisieren. Diese «Grammatik des Menschlichen», das sind die grundlegenden Werte und Normen innerhalb unserer Kultur, welche über menschheitsgeschichtliche Erfahrungen in unserer Kultur bis zu uns transportiert worden sind. Zum Beispiel der Satz: «Niemandem schaden». Zwei Worte, lateinisch: Nil nocere. Was ist das? Das ist zunächst ein Begriff, eine Norm, aber verpackt in diese Norm ist eine undenklich lange Erfahrung menschheitsgeschichtlicher Entwicklung, die sozusagen durch den Lauf der Geschichte an unsere Kultur angeschwemmt wurde mit der Botschaft: «Niemandem schaden, dann kann das Leben gelingen». Die Grammatik des Lebens heißt «Niemandem schaden».

Die Grammatik des Lebens heißt auch «Ehrfurcht vor dem Leben». Dies ist eine weitere grundlegende Norm. Wenn wir nach dem Status dieser Begriffe fragen, dann sind das Erfahrungs- oder Lebensweisheitsgrundsätze. Auch die 10 Gebote, nach dem Mythos von Mose heruntergetragen, sind eigentlich Lebensweisheiten altisraelitischer Bauern, der Männer vor allem, muss ich sagen, denn die Frauen finden sich weniger wieder in den 10 Geboten. Aber der Status der 10 Gebote ist derselbe: Lebensweisheit. So kann das Leben gelingen.

Oder auch: «Gleiches ist gleich zu behandeln», der Gleichheitsgrundsatz ist ein Teil einer solchen Grammatik des Menschlichen. Wir sollen Gleiches gleich behandeln. Ein Beispiel, das eine unmittelbare Evidenz bietet: Wenn ich sage, die Menschen auf den vorderen Stühlen hier bezahlen das Mittagessen, und die Hinteren essen es, dann ist das eine willkürliche Ungleichbehandlung von an sich gleichen Fällen. Das ist evident. Warum ist das evident? Weil Sie sozialisiert sind in unserer Kultur, und Teil der Grammatik des Menschlichen in unserer Kultur ist, dass wir nicht willkürlich Gleiches ungleich behandeln sollen. Wir machen es natürlich. Aber wir wissen, dass wir es nicht sollen. Das geht ja so weit, dass auch ein Rassist niemals sagt: «Ich bin ein brutaler, ein gemeiner Mensch», sondern der Rassist sagt: «Die anderen sind anders als wir, und darum müssen wir sie anders behandeln». Zum Beispiel in den 60er Jahren diese Argumentation in den USA: «Die anderen, die Schwarzen, haben einen niedrigeren Intelligenzquotient als die Weißen, und darum brauchen sie nicht so viele Schulen». Derjenige, der das sagt, weiß eigentlich, dass er Gleiches gleich zu behandeln hat, und dann sucht er argumentativ vor seinem eigenen Forum einen Grund – einen schlechten, aber immerhin einen Grund –, um seine Gemeinheit zu begründen. Die Tatsache, dass wir argumentationsfähige Wesen sind, bringt uns immer vor das Forum des Argumentierens, wir können gar nicht anders. Wir können zwar schlecht argumentieren und können uns selber betrügen in der Argumentation, aber wir können nicht heraus aus der Ontologie eines Argumentationswesens.

Man könnte auch sagen: Es ist ein Wunder, dass es die Ethik noch gibt. Die Weltgeschichte ist eigentlich eine Geschichte der Nicht-Ethik. Da wurde unterdrückt, da wurde geschadet, ungleich behandelt, Ehrfurcht vor dem Leben missachtet usw., und trotzdem halten wir daran fest: Es gibt diese Grammatik des Menschlichen. Soweit etwas zur Ethik.

Wie kommt man darauf, zu sagen, unser Jahrhundert muss ein ethisches sein, oder es ist gar keines? Zunächst einmal verschärft sich die Frage der Grammatik des Ethischen dadurch, dass wir in einer Zeit leben, in der Kulturen, Traditionen, Wertsysteme und Institutionen zerfallen. Viele Strukturen, die ethische Grundsätze transportierten und das Individuum in dieser Hinsicht entlasteten, verschwinden. Wir sind sozusagen freischwebende Individuen, und es stellt sich die Frage, wie wir uns da verhalten, wie wir denken und handeln. Der Zusammenbruch der institutionellen Strukturen fördert die Notwendigkeit der Möglichkeit ethischen Entscheidens.

Eine erste radikale Begründung der These könnte also lauten: Die materiellen Probleme sind gelöst bzw. sind lösbar, jetzt müssen wir die geistigen oder moralischen Probleme lösen. Das klingt vielleicht zynisch, wenn wir an den Hunger in der Welt denken, aber wir wissen ja, dass auch der Hunger in der Welt letztlich ein geistiges Problem ist, eines der Verteilung, der Unterdrückung usw.

Erstellen wir einmal 2 Listen, eine der Probleme, die wir haben und eine der Probleme, die wir lösen bzw. gelöst haben:

Was wir lösen: Wir haben einen hohen Grad von Zivilisation, mehr Rolltreppen und immer größere Flughäfen. Wir regeln die weltweite Kommunikation – «Handyismus», haben wir gelöst: Jedermann und Jedefrau ist jederzeit mit Jedermann und Jederfrau unmittelbar verbunden. Wunderbar. Die Fragen der Mobilität, wir haben sie gelöst. Ich war kürzlich bei IBM im Forschungslaboratorium: Erstaunlich, was die machen, und was dort in den Pipelines unterwegs ist. Wirklich erstaunlich.

Wenn ich mir aber daneben die Liste beschaue der Probleme, die wir haben, also Gewalt und Unterdrückung, Sinnlosigkeit, Hunger, Krieg, Beziehungslosigkeit, Sinnentleerung, dann muss ich sagen: Leider sind wir offenbar eine Zivilisation, die in höchster Perfektion Probleme löst, die wir nicht haben, und die andererseits sprachlos ist gegenüber den Problemen, die wir wirklich haben. Ich denke, das ist ein Markenzeichen unserer Zeit. Und wir sollten einen Übergang finden aus der Problemlösungskapazität von Problemen, die wir nicht haben, in die Problemlösungskapazität von Problemen, die wir wirklich haben.

Die eigentlichen Probleme sind geistiger Natur. Aber da kommt natürlich gleich ein erstes Missverständnis: Man könnte ja sagen, wir haben doch die Wissensgesellschaft. Das ist eine großartige Idee, da kann man auch Geld verdienen. Ich war kürzlich in einer Fernsehdiskussion, da ging es u. a. um «think tools», das war sehr eindrücklich – sowohl finanziell als auch geistig eindrücklich. Die Frage ist nur, welches Wissen da vermittelt wird. Ich denke, die Wissensgesellschaft muss aufpassen, dass sie nicht einfach eine Fortschreibung der Gesellschaft wird, die wir bisher gehabt haben, ohne dass dieses Wissen fokussiert wird auf die eigentlichen ethischen und normativen Probleme. Ich denke, wir sind jetzt an einer Weichenstellung. Die Frage ist, wie wir die Wissensgesellschaft programmieren. Wenn wir sie programmieren einfach im Sinne eine Fortschreibung dessen, was wir gehabt haben, aber auf einem höheren Niveau und mit mehr Intellektualität, dann kommen wir nicht aus dem Sumpf heraus, dann werden wir die Probleme nicht lösen. Ich plädiere für eine Wissensgesellschaft unter Einbezug normativer Dimensionen, also für die Fokussierung dieses gigantischen Wissens auf die eigentlichen Probleme inklusive normativ-ethischer Probleme.

Eine weitere Begründung dieser These liegt in der Tragik des Erkenntnis- und Wissenschaftsbegriffs in Europa, also überhaupt in der Tragik der Wissenschaft: Im alten Griechenland war Wissenschaft die interessenfreie Idee des Erkennens dessen, was ist. Da genügte es, auf dem Rücken zu liegen und die Sterne zu verfolgen, und darum war Astronomie die eigentliche Wissenschaft. Dem trauere ich immer noch nach, weil bei der Astronomie der Mensch nur zuschauen, aber nichts kaputtmachen kann. Das ist eigentlich der tiefere Sinn der Wissenschaft. Daneben gab es noch Geometrie – da kann der Mensch auch nichts kaputtmachen, nur erklären –, und dann noch Ethik. Das waren die drei klassischen Wissenschaften.

Was dahintersteckt, ist die tiefe menschliche Idee der interessenfreien Erkenntnis dessen, was ist. Großartige Sache. Ein bisschen weniger großartig war, dass das nur die Männer betrieben haben, die Frauen und Sklaven daneben die Drecksarbeit machen mussten. Das war weniger schön. Aber die Idee einer Wissenschaft in diesem Sinne war phantastisch. Dazu kamen technologische Erfindungen, zum Beispiel das Fernrohr: Wir können noch mehr darüber wissen, wie die Sterne funktionieren. Das Pathos aber war immer geblieben: Ich staune über das, was ist.

Dann kam irgendwann die Idee, dass man mit diesem Wissen ja zum Beispiel auch einen Motor bauen kann. Auf diese Idee kamen die in Athen damals einfach nicht. Aber irgendwann kombiniert sich diese Idee des Wissens, der Erkenntnis, der Wahrheit, mit der Idee der Beherrschung der Natur. Möglicherweise ist das eines der tragischen Paradigmen unserer Kultur, die das Pathos der Wissenschaft, die Erkenntnis der Wahrheit kombiniert mit der Beherrschung der Natur, und dann haben wir das, was wir heute haben. Dann fokussieren wir die gesamte, die geballte Macht des Erkennens auf den Bereich der Umsetzung, des Ingenieurismus, der Apparate und der ganzen Zivilisation.

Das Pathos ist geblieben. Das halte ich für erstaunlich. Wenn heute über Wissenschaft geredet und gefragt wird, «wozu macht ihr das?», dann kommt immer die Idee: «Wir Menschen sind neugierige Wesen. Das macht uns aus, wir suchen nach der Wahrheit». Dabei kommt unten dann ein Motor oder eine genmanipulierte Pflanze heraus. Dieses Pathos des Erkennens, des reinen Erkennens, würde ich gern in unserem Jahrhundert retten und sagen, die Wissenschaft sollte in unserem Jahrhundert wieder letztlich und zuerst fragen: «Was ist wahr? Wie hängen die Dinge zusammen?» Oder in Anlehnung an *Georg Picht:* Es kann doch nicht wahr sein, dass die Wissenschaft gewirkt hat in der Weise, dass die Folgen der Wissenschaft möglicherweise die Wissenschaft selber zerstören. Das ist ja denkbar, nehmen wir Umweltfragen, nehmen wir Gewaltprobleme, dass das Menschliche oder die Banalisierung und Pragmatisierung des menschlichen Erkennens letztlich den Samen zur Zerstörung des Erkennens selbst und der Welt auch legt. Und dann müssen wir zurückfragen: Kann es wahr sein, dass diese Form der Suche nach Wahrheit, die zur Zerstörung führt, wahr ist? Hier bin ich im Zentrum unserer Frage: Ist die Zukunft ethisch?

Wir gehen ziemlich hemdsärmlig um mit den Begriffen Wissenschaft und Erkenntnis. Ich kann mir schlecht vorstellen, dass die Folgen unseres Erkennens keinen Einfluss haben sollen auf die Theorie des Erkennens selbst. Das ist der Punkt: Unsere Wissenschaftskultur ist eine selektive Kultur, die immer mehr bestimmte Dinge ausgeblendet hat und sich immer stärker auf das Messbare fokussiert. Was nicht messbar ist, wird fröhlich hinausgeworfen, obwohl es Teil der Wirklichkeit ist. Die Forderung lautet also, holistischer zu denken und bestimmte Dinge einmal nur im Labor durchzuführen und nicht auf dem Maisfeld. Ich bin nicht dafür, dass die Wissenschaftler auf die Bäume zurückgehen, wir sollten jedoch von der Idee von Wissenschaft in der Antike lernen und auch die Öffentlichkeit integrieren. Aus dem Begriff des Erkennens ist die Idee der Öffentlichkeit ja ausgeschlossen. Wir werden einen Wissenschaftsbegriff schaffen müssen, dessen Teil die Partizipation der Öffentlichkeit ist.

Ich plädiere dafür, in diesem Jahrhundert die Wissenschaftler materiell gut auszustatten, und sie sollen erkennen, was die Welt im Innersten zusammenhält, aber erst im Labor und ohne Umsetzung. Und solange wird aufgeräumt: Umweltzerstörung, Armut, Gewalt ... Und in 50 Jahren treffen wir uns wieder, und sie sagen uns, was sie wissen, und wir sagen, wir haben Ordnung gemacht.

Eine weitere Begründung der These liegt in der Wahrnehmung des Zusammenbruchs der Regulierungssysteme, in der «Deregulation». Regulation ist eigentlich der Versuch einer geistigen Steuerung von Abläufen. Wir hatten im letzten Jahrhundert, beispielsweise in Bezug auf die Wirtschaft, die Idee der sozialen, geistigen und ethischen Einbindung der Wirtschaft in ein Ordnungssystem. Ordo liberalis zum Beispiel, soziale Marktwirtschaft, dahinter steckt auch eine geistige Idee. Die Idee der sozialen Marktwirtschaft wurde mitten im 2. Weltkrieg, 1942, etwa 60 km von hier, in Freiburg im Breisgau, geboren, in einem geheimen Treffen von Theologen, unter anderem Bonhoeffer, und Ökonomen, zum Beispiel Eucken, und Politikern des deutschen Widerstands, und die Idee war: Wir müssen eine Wirtschaftsordnung aufbauen, welche a) den Bolschewismus und b) den Nationalsozialismus, den Faschismus nie mehr möglich macht. Wir müssen also die Wirtschaft einbinden in einen ethischen und geistigen, ja sogar geistlichen Rahmen.

Ich denke, seit etwa 10–15 Jahren befinden wir uns wieder dort, wo wir diesen Rahmen verloren haben. Globalisierung heißt Verzicht auf die geistige und ethische Einbindung der Wirtschaft, weil in diesem globalen Raum keine Instanzen zu finden sind, welche Regulation durchsetzen könnten. Die Wirtschaft ist aus dem Bereich der Politik ausgewandert in einen ethik- und geistfreien Raum und kann nicht gesteuert werden. Also auch hier: Entweder schaffen wir es, eine geistig-soziale-ethische Steuerung dieser gigantischen Wirtschaft und Technologie wiederherzustellen, oder der Destrudo ist verstärkt am Werk. Ich denke, wir sind in eine Zeit gekommen, wo wir erstens die Chance haben, dies zu ändern, und wo es zweitens notwendig ist, dies zu ändern. So etwas wie ein Kairos insbesondere am Ausgang oder beim Beginn dieser Wissensgesellschaft wäre, diese Frage zu diskutieren.

Manchmal denke ich, wir sind an einer Weichenstellung, so ähnlich wie in den 60er Jahren oder etwas vorher, wo es darum ging, die Energieversorgung festzulegen. Damals haben wir die Option Atomkraft gewählt. Hätten wir damals die Idee Sonnenenergie gewählt, aufgrund einer tieferen Erkenntnis der Zusammenhänge, lägen die Dinge heute ganz anders. Und ich denke, in 50 Jahren kann man sagen: Hätten wir damals die Idee einer normativen Wissensgesellschaft, einer ethischen Zukunft gewählt, lägen die Dinge heute anders.

Auf die Herausforderungen bezogen, die auf uns zukommen, möchte ich konkretisieren: Wenn ich mir das Individuum in unserer Zeit anschaue, dann finde ich eine große Veränderung in Bezug auf frühere Jahrzehnte und Jahrhunderte. Die Veränderung, dass wir uns immer mehr in die Notwendigkeit der eigenen Wahl gesetzt sehen. Das Markenzeichen unserer Zeit heißt: Das Individuum muss permanent die Gestaltung der Lebensformen neu erfinden. Die Institutionen, die Kirche, die sozialen Strukturen, Wertesysteme, sind zusammengebrochen – ich muss wählen. Zum Beispiel die Lebensform, die Arbeitsform oder auch die Art der Gesundheit: Wir nähern uns ja der Zeit, wo Nahrungsmittel und Medikamente identisch sind. Auch in Basel wird ja daran gearbeitet. Die Folge wird vermutlich sein, dass wir noch fitter und älter werden, und dann müssen wir wieder wählen, wie alt wir werden wollen. Und dann kommt um die Ecke noch diese neue Idee «auch der Tod muss sterben», wie das in einem Artikel in der *ZEIT* kürzlich gestanden hat. So muss man dann noch wählen, ob und wann man sterben will. Das klingt zwar etwas verrückt, aber es scheint, als hätten wir 50 Jahre life science, und die nächsten 50 Jahre dann dead science, die Frage, wie wir sterben können. Das sind extreme Beispiele. Aber die Möglichkeiten der Verendung, Stichwort Humandesign, Menschenpark, das ist nicht einfach nur erfunden. Es ist wohl möglich, dass wir innerhalb der nächsten Jahrzehnte sehr vieles an unserer Gesundheit, unserer Befindlichkeit über unsere genetische Behandlung verändern können. Wir haben das Klonen zum Beispiel, und damit möglicherweise die Frage, welche meiner Körperteile habe ich auf Lager, von mir selber geklont.

Das sind extreme Beispiele. Wir lachen vorläufig und werden damit wohl auch nicht in der Schweiz beginnen, eher in Ostasien, aber dann ist die Frage, ob wir hier auch von den Bäumen herunter wollen … Entscheidungen werden notwendig, welchen Menschenpark wir wollen, was der Mensch ist. Wir müssen den Menschen vermutlich neu erfinden bzw. definieren. Das Individuum kommt also in schwere Entscheidungsbereiche hinein, auch zum Beispiel im Bereich der Arbeitswelt. Es wird die Frage sein, wie wir in Zukunft arbeiten wollen, wie sieht die Arbeitsbiographie aus, die sicher nicht mehr nach dem Motto ablaufen wird: «Lernen, Leben, Liegen». Was bisher unsere Grammatik ist, «Lernen, Leben, Liegen», wird neu zu erfinden sein.

Ein weiteres Beispiel für die ethischen Entscheidungen, die auf uns zukommen, ist die multikulturelle Gesellschaft, der Umgang mit dem Fremden. Auch diese Geschichte ist eigentlich gelaufen: Wir werden ganz sicher die multikulturelle Gesellschaft haben. Es gibt dann zwei zentrale Möglichkeiten: Die eine ist die des Fundamentalismus im Sinne einer

Abwehr dieser Entwicklung. Und unter Fundamentalismus verstehe ich letztlich einen Versuch, auf komplizierte Fragen eine einfache Antwort zu geben, meist verbunden mit viel Gewalt. Entweder gehen wir also in eine Zeit eines vielleicht weltweiten Fundamentalismus hinein, der sich stark am Hass gegen das Fremde orientiert, möglicherweise kombiniert mit einer Flucht vor der Überkomplexität der Technologie, hinein in eine gewalttätige Destruktion des Fremden und vielleicht auch des Technischen. Oder, und das wäre die andere Variante, wir stellen uns der Frage einer Integration des Fremden in uns selbst, in unsere Gesellschaft. Eine Leistung, die uns erst noch bevorsteht, und die schwierig ist.

Als ich in Bern an der Universität war, kam *Konrad Lorenz* ab und zu vorbei, und der hat mir einmal gratuliert und gesagt: «Wissen Sie, Christentum ist die beste Lebensform, 12 Jünger. Wir sind Hordenwesen, 12 ist gerade das Maximum, und was darüber hinausgeht, ist eine Katastrophe.» Vermutlich sind wir genetisch ausgerüstet für das Leben in einer Kleinhorde. Vielleicht gibt es einzelne Ausbrüche, zum Beispiel dass mal ein Mann an eine andere Horde abgegeben wird, aber im Prinzip sind wir Hordenwesen, und als solche sollen wir jetzt eine globale Welt emotional-genetisch bewältigen.

Ich halte das für eine phantastische Anstrengung. Ich denke, wir können das, da wir ja nicht nur Gene haben, nicht nur die untere Körperhälfte, sondern auch die obere. Wir könnten uns, das wäre die ethische Leistung, die Fähigkeit antrainieren, friedlich mit dem Fremden zu leben. Uns muss klarwerden, dass wir nicht nur Hordenwesen sind, nicht wie die Tiere rund um die Uhr genetisch aufgeladen sind. Wir haben Alternativen. Die Löwen können nur Fleisch fressen. «Löwentage» in Basel über Vegetarismus bei Löwen – das wird nicht zu schaffen sein. Der Mensch aber ist, wie der Biologe *Adolf Brockmann* gesagt hat, eine Frühgeburt: Wir sind noch nicht fertig, haben noch die Chance, fertig zu werden. Und diese Chance sollten wir nutzen, dass wir nicht voll programmiert sind auf Hordenwesen. Wir können uns eine Kultur aufbauen, wo wir friedlich in der globalen Welt in einer multikulturellen Gesellschaft leben. Das ist ein *allererstes* Projekt dieser Weltgesellschaft, und ich frage mich, wo wird daran gearbeitet? Wo sind diese think tools in Bezug auf diese Probleme?

Ein weiterer praktischer Bereich: Ich behaupte, wir sind am Ende des Materialismus in dem Sinne, dass wir lernen müssen, als Menschen innerhalb der von der Natur gegebenen Kreisläufe zu leben. Das ist recht kompliziert. Es geht eigentlich um die Frage, wie wir Menschen geistig-moralisch mit der Natur umgehen. Das halte ich auch für ein Schlüsselproblem, ein geistiges Problem: Wie positionieren wir uns in der Natur? Das Schwierige daran ist, dass wir einerseits ja Naturwesen sind, wir verhalten uns wie in der Natur, da fressen zum Beispiel die Starken die Schwachen. Ich habe einmal mit Studenten beobachtet, wie eine Ratte ihre Jungen kriegte. Da war eine behinderte Ratte dabei, die wurde sofort totgebissen. Das ist der Umgang der Natur mit den Schwachen, das ist natürlich – hinsichtlich der «Grammatik des Menschlichen» aber unmenschlich. Der Ethiker *Mill* sagte einmal, «für alles, was die Natur tut, kämen wir ins Gefängnis». Versuchen Sie einmal das Gleiche zu tun wie der Sturm «Lothar», da kommen Sie ins Gefängnis – obwohl es natürlich ist. Das ist die eine Seite.

Die andere: die Identität des Menschseins hängt auch daran, dass wir manchmal mit der Natur und manchmal gegen die Natur handeln. Wir sind das einzige Naturwesen, das gegen die Natur handelt. Sonst verlieren wir unsere Identität. Wir können nicht das Schwache ausmerzen, sonst sind wir keine Menschen mehr. «Grammatik des Menschlichen» heißt eine geistige Bewältigung dieses Naturgesetzes. Und zugleich sind wir auch Naturwesen. Das heißt, wenn wir weiterhin Stoffkreisläufe aufreißen, Arten zerstören, kommen wir in schwerwiegende Umweltkatastrophen hinein. Wir müssen uns zum Teil also doch den Naturgesetzen unterwerfen. Wir werden in diesem Jahrhundert wahrscheinlich nur überleben, wenn wir die gesamte Technologie und die gesamte Mobilität herausnehmen aus dem Aufreißen von Stoffkreisläufen und zurückbinden in geschlossene Kreisläufe. Das ist eine phantastische Veränderung des gesamten Technologiedesigns.

Wir werden darum nicht herumkommen. Wir werden keine Technologiekreisläufe mehr aufbauen können, die Stoffe an die Luft abgeben, von Menschen gemachte Stoffe, weil die Lufthülle bereits so angereichert ist von diesen Stoffen, durch die Veränderung der Einstrahlung der Sonne und Abstrahlung der Meere. Klimaveränderung ist ein Stoffproblem. Und auch das ist eine zentrale Frage des Geistes und der Moral des Menschen, ob wir es in diesem Jahrhundert schaffen, die Positionierung des Menschen innerhalb der Natur angemessen neu zu bestimmen. Das ist die Menschheitsfrage. Alle anderen Tiere haben diese Frage nicht, weil dies instinktiv, genetisch gesteuert wird. Uns jedoch stellt sich diese Frage. Wir müssen uns geistig-moralisch positionieren *gegen* die Natur und *mit* der Natur und immer wieder neu erfinden. Diese Positionierung ist eine großartige Aufgabe, aber eigentlich eben eine geistig-moralische Aufgabe. Mit der Androhung, dass, wenn wir es nicht schaffen, dies vielleicht das letzte Jahrhundert ist.

Ich habe ja gesagt, wir werden immer fitter und älter, das ist eine großartige Sache: Auf den Bahnhöfen sieht man Massen von Alten, die rennen auf jeden Berg, kommen topfit herunter und werden uralt, und alles auf Kosten der paar Wenigen, die noch arbeiten. Die Frage ist, wie alt wollen wir werden, wie schaffen wir den Generationenvertrag, in einer Zeit, in der wir Arbeitsprobleme und Gesundheitskostenprobleme und zugleich Möglichkeiten haben, auch mit neunzig noch Gelenke auszuwechseln. Wie sieht der Generationenvertrag aus? Das ist eine geistig-moralische, eine ethische Frage. Wir müssen den Generationenvertrag neu erfinden.

Entweder fokussieren wir unsere intellektuelle Kapazität auf die Lösung dieser Fragen, oder wir haben ein Problem.

Ich möchte das noch ein wenig vertiefen: «Die Zukunft ist ethisch – oder gar nicht» beziehe ich auch auf die Idee der normativen Einbindung der Wissenschaft. Bezüglich der erörterten Frage der Erkenntnis, leuchtet dies wahrscheinlich ein. Wir müssen es schaffen, dass wir in die Idee des Erkennens selbst ethisch-normative Dimensionen einbringen, und das heißt, wir müssen den Begriff des Erkennens verändern. Wir müssen die Geschichte wieder aufrollen, die ja eigentlich von Werturteilstreit zu Werturteilstreit am Schluss eine Wissenschaftsidee geboren hat, welche mit Wenn-dann-Schritten arbeiten kann: Wir können sagen, wie wir von A nach B kommen können, aber nicht, ob wir von A nach B gehen sollen.

Wir sind zu einer orientierungslosen Gesellschaft geworden mit phantastischen Mitteln zur Verstärkung der Orientierungslosigkeit. Eindrücklich waren mir da die Worte von *Carl Friedrich von Weizsäcker*, den ich, damals noch an der Universität Zürich eingeladen hatte, das Referat zur Eröffnung meines Instituts zu halten. Er sagte – als Assistent von Heisenberg nach dem Motto «Ich war dabei, als die Atomspaltung erfunden wurde» –, eigentlich müsse ein Physiker 70 % Ethik dozieren und 30 % Physik. Das gehört auch zu diesem Motto «Die Zukunft ist ethisch oder gar nicht» – die Ethiker allein schaffen es nicht, auch die Physiker sind aufgerufen. Die Wissenschaft selbst muss ethisch theoriefähig werden.

Ein weiterer Punkt: Deregulation. *Hans Küng* hat ja die Idee des Weltethos in die Welt gesetzt. In der Tat brauchen wir neue Formen der Regulation, aber ich glaube nicht, dass wir so schnell auf der Weltebene ein Ethos schaffen. Ich denke, und das ist eine Entwicklung, die sich jetzt abzeichnet, dass auch die Unternehmen, auch die großen Unternehmen gemerkt haben, dass in dem regulationsfreien Raum auf der Ebene der Unternehmen selbst jetzt Steuerungselemente gefunden werden müssen. Vor 14 Tagen zum Beispiel war eine Tagung mit BASF in Deutschland, wo ein Chef von BASF mir sagte, sie hätten in den USA 1 Milliarde Dollar Buße zu bezahlen (wie Roche auch), und er ging nach Hause und kaufte sich zwei Ethiker ein, weil die Amerikaner ihm gesagt hätten, er verstünde nichts von Ethik. Das nennt sich dann Wertemanagement. Ich halte das für einen ersten Schritt in die richtige Richtung. Was heute in den Unternehmen abläuft, ethische Qualifizierung, SA 8000, neue ISO-Normierung, ethische Geldanlagen … Da gibt es ein ganzes Spektrum an Ethisierung oder Selbstverantwortung auf der Ebene der Unternehmen. Sie haben diese Notwendigkeit ein Stück weit bemerkt.

Zur Frage der Gewalt: Gewalt und Sicherheit, das sind ja nicht technologische Fragen, sondern letztlich die Frage, wie schaffen wir es, in einer Welt, in der wir Destruktionsmittel haben, die auch der kleine Mann bedienen kann, den richtigen Grad der Sicherheit für eine hochverwundbare technologische Gesellschaft herzustellen, in der womöglich jemand mit einem Handy eine Atombombe auslösen kann, wenn er will. Wie schaffen wir es, eine sichere Welt aufzubauen? – Wir sehen an diesem Beispiel, es führt überhaupt kein Weg mehr daran vorbei, einen Grad von Freiheit und Befriedung zu schaffen, der den Rahmen abgibt für eine überlebensfähige Welt. Das ist keine technologische, das ist eine ethische Frage.

Das gleiche gilt für die Verteilungsfrage: Wir haben keine materiellen Probleme mehr, wir haben Probleme der Verteilung. Die Verteilungsfrage ist schrecklich gelöst – unerträglich unter dem Gesichtspunkt einer Grammatik des Menschlichen. Mehr als eine Milliarde Menschen lebt und hungert mit einem Dollar oder weniger pro Tag. Wir werden der Frage der gerechten Verteilung zentrale Bedeutung zumessen müssen. Wann endlich will die Wissensgesellschaft Modelle der gerechten Verteilung aufbauen? Oder eben die Frage der Nachhaltigkeit, die Frage nach dem Umgang des Menschen mit der Natur. Das ist keine technische Frage, sondern letztlich eine Frage, wie wir die Natur verstehen, und wie wir uns in der Natur verstehen. Das ist eine geistige, eine moralische Frage. Der Aufbau einer nachhaltigen Welt ist letztlich eine geistig-moralische Frage.

Ein weiteres Beispiel: Technologie. Auch hier sehe ich eine Diskrepanz: Wir sind ja dabei, phantastische technologische Errungenschaften aufzubauen, etwa im Bereich der Medizin, der Genetik und der Information. Hier stellt sich nicht die Frage «Wie weiter?», sondern es stellt sich die Frage «Bis wohin?». Wo ist die Grenze? Die Möglichkeit, menschlich verträgliche Grenzen zu schaffen, ist ja keine Frage, die aus der technologischen Entwicklung heraus beantwortet werden kann. Das muss von einer anderen Dimension, von einer geistigen Dimension kommen. Wir müssen uns daran gewöhnen, dass der technologisch-ökonomische Apparat in sich selbst steuerlos ist. Dieser technologisch-ökonomische Film, den wir laufen lassen im Bachbett einer bestimmten technologischen Selbstständigkeit, gestützt von Interesse und Macht, aber jenseits von ethischer Steuerung. Wir müssen, auch in Bezug auf die

Grenzen der Technologie, systemexterne Steuerungsmechanismen aufbauen, und dies sind letztlich ethisch-geistige-geistliche Dimensionen. Die Frage ist auch hier wieder: «Was ist der Sinn des Erkennens?» oder «Was ist Wahrheit?». Das betrifft alle Gebiete, rundum.

Wir sind eine Gesellschaft geworden, die einen ethischen Handlungsbedarf hat; die Strukturen, Wertsysteme, reichen nicht mehr. Wir haben einen Film in eine bestimmte Richtung zum Laufen gebracht, und das Paradigma heißt Ethische Steuerung dessen, was wir da zum Laufen gebracht haben. Wenn wir das nicht tun, dann sieht es schwierig aus.

Aus: **Das Montagsforum: Versuche, die Welt zu verstehen.** Festschrift anlässlich des 75. Geburtstages von Dkfm. Dr. Heinz Bertolini. Herausgegeben von Werner Matt, Birgit Brida, Wolfgang Ortner. Verlag Stadtarchiv Dornbirn: Dornbirn 2010, S. 248–264.

Die eigentlichen Ursachen der Finanz- und Wirtschaftskrise 08/09 sind geistig-moralischer Natur

Für das wirkliche Verständnis des Wesens der Krisen braucht es den Einbezug einer geistig-moralischen Dimension. Bereits im Rahmen ökonomischer oder banktechnischer Erklärungsversuche gibt es Hinweise auf tiefere Dimensionen der Krise. Man spricht von Vertrauensverlust der Banken untereinander, von Maßlosigkeit und Gier. Damit ist angedeutet, dass die wohl eigentlichen Ursachen etwas tiefer zu orten sind als auf der finanztechnisch-ökonomischen Ebene. Die Vermutung ist, dass eine Wirtschaft jenseits krisenhafter Entwicklungen angewiesen ist auf die Verbindung zu einer anderen, eben einer geistig-moralischen Dimension.

Ökonomische Ideengeschichte

Diese Vermutung bekommt Sukkurs aus der europäischen Ideengeschichte der Ökonomie. Dass Wirtschaft und Ethik in einen positiven und fruchtbaren Zusammenhang gehören, ist eine Erkenntnis der neueren europäischen ökonomischen Ideengeschichte. Der Begründer der liberalen Marktwirtschaft, Adam Smith, war zwar von der positiven Leistung des Marktes tief überzeugt, die Metapher der «unsichtbaren Hand» ist dafür der Beleg. Diese Metapher bedeutet, dass das Verfolgen eines individuellen Nutzens sozusagen ungewollt zum volkswirtschaftlichen und gesellschaftlichen Wohl beiträgt. Aber derselbe Adam Smith war überzeugt, dass der Markt nur gelingen kann innerhalb einer

Gemeinschaft von moralischen Subjekten. Dieser Gedanke wird ausgedrückt in der Metapher des «unparteiischen Zuschauers in meiner Brust», womit Adam Smith neben der unsichtbaren Hand ein weiteres metaphysisches Prinzip meinte, das man wohl auch mit Gewissen oder Gerechtigkeitsgefühl umschreiben kann. Der Prozess des Wirtschaftens kann dann gelingen, wenn er von diesen beiden Prinzipien, Markt und Ethik, gleichzeitig und aufeinander bezogen, gesteuert wird. Diese Bezogenheit von Markt und Ethik wurde in der zweiten Hälfte des 19. Jahrhunderts aktiviert im Sinne einer Antwort auf die Wirtschaftskrise der ersten Hälfte des 19. Jahrhunderts. Diese hatte ja 1848 zum Kommunistischen Manifest von Marx und Engels geführt: «Es geht ein Gespenst um in Europa: Der Kommunismus.» Die Antwort auf den als Bedrohung empfundenen Kommunismus war das Konzept der Sozialpolitik, des Sozialstaates. Nicht zuletzt über kirchliche und theologische Aktivitäten und Erkenntnisse in der zweiten Hälfte des 19. Jahrhunderts, nicht zuletzt auch beeinflusst durch die Enzyklika «Rerum Novarum» von 1891 entwickelte sich wieder das Bewusstsein, dass Markt und Ethik sinnvoll aufeinander bezogen sein müssen. Die historische Ausprägung dieser Erkenntnis Ende des 19. Jahrhunderts war die Idee des Sozialstaates, das heißt die Idee der ethischen Korrektur des fehlgeleiteten Marktes. Die ethische Dimension wurde also als Teil der Lösung für die Krise bzw. die Gefahr verstanden.

Die nächste große Krise des Wirtschaftssystems wird auf das Jahr 1929 datiert. Aber auch die darauf folgenden Jahre sind voller Krisenelemente wie übrigens auch die Jahre davor: Kommunistische Revolution in der Sowjetunion, Faschismus und Nationalsozialismus, Zweiter Weltkrieg. Dieses Krisensyndrom drängte auf eine Neukonzeption auch des Verhältnisses von Politik und Wirtschaft und Markt und Ethik. In bewundernswerter Geistesgegenwart machten sich herausragende Ökonomen, Theologen und Widerstandsleute bereits 1942, also mitten im Zweiten Weltkrieg, im Untergrund, das heißt in geheimen Zirkeln in Freiburg i. B. daran, ein neues wirtschaftspolitisches Konzept zu erarbeiten. Das Produkt war dann das Konzept der Sozialen Marktwirtschaft. Die Grundidee dabei war, dass der Markt notwendigerweise eingebettet sein muss in einen politisch-ethisch-sozialen Ordnungsrahmen. Wiederum war also die Ethik Teil der Lösung, das heißt eines Konzepts, welche die wirtschaftliche Entwicklung im 20. Jahrhundert entscheidend geprägt hat.

Der Rückblick auf die Ideengeschichte der Ökonomie macht eines deutlich: Der Prozess des Wirtschaftens, der Markt braucht eine Ordnung, welche ihre Wurzeln nicht innerhalb der Wirtschaft bzw. innerhalb des Marktes hat, sondern in einem anderen Bereich. Der liberale Ökonom Wilhelm Röpke hat dies auf eine eindrückliche Formel gebracht: *«das schließliche Schicksal der Marktwirtschaft mit ihrem bewunderungswürdigen Mechanismus von Angebot und Nachfrage entscheidet sich – jenseits von Angebot und Nachfrage.»* (W. Röpke: Jenseits von Angebot und Nachfrage, Verlagsanstalt Handwerk, 2009, S. 52). Etwas ausführlicher beschreibt Röpke diesen Sachverhalt wie folgt: *«So ergibt sich, dass auch die nüchterne Welt des reinen Geschäftslebens aus sittlichen Reserven schöpft, mit denen sie steht und fällt und die wichtiger sind als alle wirtschaftlichen Gesetze und nationalökonomischen Prinzipien. Markt, Wettbewerb und das Spiel von Angebot und Nachfrage erzeugen diese Reserven nicht, sondern verbrauchen sie und müssen sie von den Bereichen jenseits des Marktes beziehen. Auch kein Lehrbuch der Nationalökonomie kann sie ersetzen. Selbstdisziplin, Gerechtigkeitssinn, Ehrlichkeit, Fairness, Ritterlichkeit, Maßhalten, Gemeinsinn, Achtung vor der Menschenwürde des anderen, feste sittliche Normen – das alles sind Dinge, die die Menschen bereits mitbringen müssen, wenn sie auf den Markt gehen.»* (W. Röpke: Wirtschaftsethik heute, Furche, 1956, S. 24).

Auch und gerade der Wirtschaftsprozess muss verankert sein in einer anderen Dimension, nämlich in einer geistig-moralischen Tiefendimension. Menschliches Handeln, menschliche Institutionen brauchen eine Ordnung aus einer anderen Welt. Dem Begriff der Ordnung kommt hier eine besondere Bedeutung zu. Vaclav Havel hat in diesem Zusammenhang den schönen Begriff einer Ordnung des Seins geprägt. *«Ohne eine globale Revolution im Bereich des menschlichen Bewusstseins wird sich nichts für unser Dasein als Menschen zum besseren wenden. Und die Katastrophe, auf die unsere Welt zusteuert … wird unvermeidlich sein. … Wir sind immer noch nicht zu der Erkenntnis fähig, dass der einzige wirkliche Rückhalt allen unseren Handelns – wenn es moralisch sein soll – die Verantwortung ist: Verantwortung gegenüber etwas Höherem als meiner*

Familie, meinem Land, meiner Firma, meinem Erfolg, Verantwortung gegenüber der Ordnung des Seins, in der alle unsere Handlungen unauslöschlich verzeichnet werden, in der sie – und nur dort – angemessen beurteilt werden.» (Zitiert nach Nachbarn in Einer Welt, der Bericht der Kommission für Weltordnungspolitik von 1995.) Besonders interessant ist es, dass dieser Begriff der Ordnung auch und gerade im ökonomischen Bereich prominent verwendet wurde. Der liberale Ökonom Eucken, dem eine wichtige Rolle bei der Konzipierung der Sozialen Marktwirtschaft zukommt, versteht die Wirtschaftsordnung als «Ordnung, die dem Wesen des Menschen und der Sache entspricht». Nicht zufällig wurde im Umfeld der Sozialen Marktwirtschaft von Ordo-Ökonomie gesprochen.

Die Ordnung des Seins

Bleiben wir zunächst beim Begriff «Ordnung des Seins», den Vaclav Havel eingeführt hat. Ohne Zweifel drückt er damit die Vorstellung aus, dass es jenseits des menschlichen Handelns so etwas wie eine Ordnung gibt, welche nicht vom Menschen gemacht ist, vielmehr in eine andere Dimension gehört. Der zweite Gedanke ist der folgende: Die Beachtung dieser Ordnung des Seins, die der Mensch nicht gemacht hat, ist von entscheidender Bedeutung für die Gestaltung der Welt, für das Gelingen des menschlichen und gesellschaftlichen Lebens. Auch Wilhelm Röpke setzt eine andere Dimension, eben ein sittliches Reservoir, ein Reich der Werte voraus, wobei er die erste Voraussetzung Havels, nämlich dass dieses Reich, diese Ordnung nicht vom Menschen gemacht ist, so wohl nicht sagen würde. Aber sowohl Havel wie Röpke, aber auch eine Vielzahl von Philosophen, Theologen und Ethikern stimmen dem einen Grundgedanken zu, wonach für das gelingende Leben, die Beachtung einer Ordnung, einer Grammatik des Lebens Voraussetzung ist. Menschen sind verwiesen auf eine Ordnung des Seins. Der zentrale Gehalt dieser Aussage besteht im Festhalten an der Vorstellung, dass es eine Ordnung der Dinge gibt, welche über den Menschen und ihren Plänen, Wünschen und Absichten steht und die für das menschliche Handeln maßgeblich sein muss. Diese Ordnung steht über den menschlichen Interessen, insbesondere über seinen egoistischen, willkürlichen, parteilichen und maßlosen Zielen und Trieben.

Geht man diese Frage historisch an, dann kommt diesem «Jenseits» dieser Ordnung des Seins ohne Zweifel eine metaphysisch-göttliche Qualität zu. Auch bei Adam Smith ist davon auszugehen, dass sowohl im Prinzip der unsichtbaren Hand wie in demjenigen des unparteiischen Zuschauers in meiner Brust Gott selbst, allerdings im Rahmen der deistischen Gottesvorstellung von Smith am Werk ist. Die Ordnung der Wirtschaft war also gewissermaßen eine göttliche Ordnung immer eben auf dem Hintergrund der deistischen Gottesvorstellung jener Epoche. Im Blick auf die Entstehung und Entwicklung der Sozialen Marktwirtschaft nach dem Zweiten Weltkrieg ist es eindeutig, dass theologische und religiöse Gesichtspunkte eine wichtige Rolle gespielt haben. Dies belegen Zitate aus dem Text «In der Stunde Null, die Denkschrift des Freiburger Bonhoeffer-Kreises» (Paul Siebeck, 1943). *«Die Gebote des Herrn richten sich nicht nur an die einzelnen Menschen, denen sie die Nächstenliebe, die Betätigung in einem ordentlichen Berufe, die Achtung vor fremdem Eigentum, die Wahrung der Ehrlichkeit und Rechtlichkeit im Geschäftsleben aufgeben. Sie gelten auch für die Gemeinschaften des Lebens und Schaffens, für den Inhalt der sie bestimmenden Ordnung. Die Kirche muss daher auch zur Wirtschaftsordnung Stellung nehmen.»* (Aus: Die protestantischen Wurzeln der Sozialen Marktwirtschaft, S. 342).

Ähnlich argumentiert A. Müller-Armack, der als einer der geistigen Väter der Sozialen Marktwirtschaft gilt. *«Die Anerkennung einer echten Transzendenz, deren Existenz, Werte und Ziele, das irdische Daseins erst in jenen Horizont stellen, aus dem es einzig verstanden werden kann, die Verpflichtung des Lebens auf unbedingte, überlegene Werte, ist die Voraussetzung für die Weltkultur, in der der Mensch echt gestaltend leben kann und nicht den Idolen dieser Welt selbst verfällt. … Im Blick auf die dem Wirtschaftlichen überlegenen menschlichen Werte gewinnen wir den Standort für eine Wirtschaftsethik und wirtschaftspolitische Ordnung im tieferen Sinne. … Einzig die christliche Haltung ist geeignet, die Zerrissenheit in den Formen individualistischer und kollektivistischer Haltungen aus der Tiefe ihres Überlegenen, beide Antagonismen umschließenden Personalismus zu überwinden.»* (A. a. O. S. 376–378).

Mindestens in der Entstehungsgeschichte der Sozialen Marktwirtschaft ist die Frage nach der Qualität der Ordnung des Seins klar beantwortet: Es handelt sich letztlich um eine göttliche, um eine transzendente Ordnung, und zwar in christlicher Perspektive.

Über weite Strecken besteht Übereinstimmung darüber, dass diese Ordnung des Seins inhaltlich beschrieben werden kann mit den grundlegenden ethischen Werten und Normen. Die wichtigsten Werte und Normen der westlichen Kultur, die allerdings, wie noch zu zeigen sein wird, auch darüber hinaus von Bedeutung sind, heißen wie folgt:

- Ehrfurcht vor dem Leben
- Vermeidung von Leid und Schaden
- Verantwortung für das Gemeinwohl
- Gleichbehandlung
- Ausgleich unverschuldeter Ungleichheiten
- Solidarität
- Partizipation
- Gerechtigkeit
- Menschenwürde
- Freizeit
- Nachhaltigkeit

Während weitgehende Übereinstimmung darüber herrscht, dass die Orientierung an diesen Werten und Normen die absolut notwendige Voraussetzung ist für eine menschliche und soziale Gestaltung der Welt, insbesondere im Blick auf Politik und Wirtschaft, bleibt die Beantwortung der Frage nach dem Status dieser Ordnung des Seins kontrovers. Eine Beantwortung geht dahin, dass es sich bei dieser Ordnung um ein theologisch-religiöses oder aber metaphysisches Prinzip handle, welches vor allem menschlichem Zutun und Einfluss besteht.

Diese Frage nach der Qualität der Ordnung des Seins wurde allerdings insbesondere von prominenten liberalen Ökonomen wie Röpke, Eucken und Rüstow anders beantwortet. Für sie war diese Ordnung ein Produkt menschheitsgeschichtlicher Erfahrung, ein Produkt der ethischen Vernunft, begründbar durch ethische Argumentation. In diesem Sinne verstand Röpke das «Jenseits» nicht als transzendente, religiöse

Qualität, sondern letztlich als immanente ethische Weisheit, die allerdings als geistig-moralische Quelle des Wirtschaftens unverzichtbar ist.

Damit wird eine andere Beantwortung der Frage nach dem Status der Ordnung des Seins vorgenommen, eine Sicht, die in der Geschichte der Ethik weit verbreitet ist.

Auf der Linie dieser Vorstellung sind Werte und Normen das Produkt menschheitsgeschichtlicher Erfahrungen, die sich verdichten zu einer kulturellen Lebensweisheit. In sehr langen Erfahrungsprozessen, in einem Auf und Ab positiver und negativer Erfahrungen entsteht und festigt sich eine klar konturierte Lebensweisheit, die wir in den Kurzformeln der wichtigsten ethischen Werte und Normen ausdrücken: Ehrfurcht vor dem Leben, Vermeidung von Leid und Schaden, Gleiches gleich behandeln, Ausgleich unverschuldeter Ungleichheiten, Solidarität, Verantwortung für das Gemeinwohl. Der entscheidende Punkt ist nun der, dass sich in und trotz dem Auf und Ab der Geschichte bzw. der Erfahrung so etwas wie eine Ordnung, eine weisheitliche Ordnung, eine Lebensweisheit entwickelt hat, welche eben gerade nicht die gemischten Erfahrungen ausdrückt, sondern durch diese Erfahrungen hindurch auf eine tiefe Lebensordnung hinweist.

Dieser Rückblick zeigt, dass die Frage nach der Qualität der Ordnung des Seins letztlich vorentschieden ist durch theologische bzw. philosophische Voraussetzungen jeweiliger Autoren. Eines ist allerdings ganz sicher: Die entscheidenden Begründer des Konzepts der Sozialen Marktwirtschaft halten an der Notwendigkeit einer geistig-moralischen Ordnung fest, welche für die Gestaltung der Wirtschaftsordnung von entscheidender Bedeutung ist, bzw. Teil der Wirtschaftsordnung selbst darstellt.

Noch bleibt aber die Frage, wie denn inhaltlich diese Ordnung des Seins präziser zu fassen sei, nicht zuletzt im Blick auf die Gestaltung von Politik und Wirtschaft. Im Grunde genommen geht es hier um ganz einfache Dinge. Damit das Leben, auch das politische und wirtschaftliche, menschenfreundlich und gelingend sein kann, muss das, was wir tun, in Ordnung sein. Und was heißt das nun? Hier bietet sich der Begriff der Legitimität an: In Ordnung ist das, was wir tun, wenn es übereinstimmt mit den Anforderungen an die Legitimität. Legitimität ist die wohl zentralste Voraussetzung für gelingendes Handeln. Und ein zweiter Begriff ist ebenso bedeutsam: Der Begriff des Maßes.

Die Bedeutung der Legitimität

Beginnen wir mit dem Begriff der Legitimität. Das Gelingen menschlichen Handelns setzt, so haben wir gesehen, die Beziehung zur Ordnung des Seins, die Bindung an eine höhere Ordnung voraus. Diese Übereinstimmung mit der Ordnung des Seins lässt sich nun ausdrücken mit den Begriffen der Legitimität. Legitimität drückt die Verbindung zu dieser höheren Ordnung aus; Legitimität ist dann, wenn diese Verbindung besteht, und zwar im Blick auf die Gesamtheit der gesellschaftlichen Faktoren, welche Menschen und Menschengruppen bestimmen. Eine Gesellschaftsordnung, eine Wirtschaftsordnung, ein Gesellschaftssystem ist dann legitim, wenn es verankert ist in der Ordnung des Seins. Legitimität lässt sich zunächst mit den folgenden Begriffen definieren: Rechtens, geltend, gültig, gerechtfertigt aus guten Gründen, in Ordnung, stimmig, zustimmungsfähig, überzeugend, rechtmäßig, regelkonform. Am tiefsten hat dies Hegel zum Ausdruck gebracht: «Dass, was jeder anerkennen soll, sich ihm als Berechtigtes zeige.» Dies alles bedeutet Legitimität. Historisch wurde dieser Begriff überwiegend gebraucht im Zusammenhang mit hoheitlicher und staatlicher Herrschaft. Eine Herrschaft ist dann legitim, wenn sie in Ordnung, eben in Übereinstimmung mit einer höheren Ordnung ist, wie immer man jeweils diese Ordnung definiert hat. Entscheidend ist, dass Legitimität immer ausgerichtet ist auf die Feststellung der Verbindung zu einer Urordnung, zur Ordnung überhaupt. Gerade die Vorstellung einer Ur- oder Grundordnung hat sich natürlich im Laufe der Geschichte immer wieder geändert. «*‹Legitimität› kann je nach Epoche bedeuten: Wahrung herkömmlicher Formen staatlichen Zusammenlebens; Kontinuität einer als rechtmäßig anerkannten Dynastie; besondere Bedeutung von Frieden und Ordnung im Staat; Gesetzmäßigkeit der Herrschaftsübertragung und Herrschaftsausübung, d. h. Gleichsetzung mit dem Legalitätsbegriff; demokratische politische Willensbindung; Begrenzung der Staatsgewalt durch Grundrechte und Teilung der Gewalten; Förderung öffentlicher Wohlfahrt u. a. m. Da es sich bei der ‹Legitimität› sowohl um eine wichtige Kategorie der Staatsphilosophie als auch um die zentrale wichtige Frage nach dem Zweck staatlicher Ordnung handelt, ist der Einfluss geschichtlicher Ereignisse, politische Auseinandersetzungen, sozialer Verschiebungen und der treibenden Kraft* *politischer Ideen auf den Begriff der ‹Legitimität› besonders stark ausgeprägt.»* (Geschichtliche Grundbegriffe, Band 3, Klett-Cotta, S. 678f.).

Man sieht, ursprünglich gehört der Begriff der Legitimität in die Herrschafts- und Staatstheorie und es geht dabei um die Frage der Legitimität von Herrschaftsformen. Weil sich aber Form und Bedeutung staatlicher Herrschaft gerade in der neuesten Zeit, im Zeitalter der Globalisierung, gewandelt haben, ist es nur logisch, den Geltungsbereich von Legitimität auszuweiten auf alle Formen von Herrschaft und Einflüssen, welche zentrale Werte von Menschen und Gesellschaft bestimmen. In diesem Sinne verstehen wir Legitimität grundsätzlich als Übereinstimmung mit der Grund- oder Urordnung menschlichen und gesellschaftlichen Handelns, als Übereinstimmung mit ethischen Grundwerten, wobei wir diese Urordnung ausgedrückt sehen in den grundlegenden ethischen Werten und Normen unserer Kultur. Weil diese im Wesentlichen universalisierbar sind, d. h. die Bedürfnisse prinzipiell aller Menschen einschließen, können sie zumindest als wichtiges Element einer menschlichen Grundordnung gelten. Legitimität verstehen wir also stets als wahrnehmbare und wahrgenommene Übereinstimmung mit dieser Grundordnung des Seins.

Warum Legitimität?

Menschen brauchen Legitimität für ihr Handeln, insbesondere für die Gestaltung eines gelingenden Lebens auf den verschiedensten Ebenen. Legitimität führt Menschen zu einer Orientierung, welche sie vor Fehlentwicklungen, Abstürzen und Gefahren in den schon genannten zwei ethisch sensibeln Bereichen schützt, Orientierung im Blick auf die dem Menschen gesetzten Grenzen und im Blick auf den Umgang mit anderen Menschen. Die erste Antwort auf die Frage: Warum brauchen Menschen Legitimität, gewinnen wir aus anthropologischen Überlegungen. Bereits dem großen griechischen Philosophen Platon ist aufgefallen, dass die biologische Verfassung des Menschen allein nicht hinreichend ist für die Gestaltung eines erwünschten gelingenden Lebens. Der Mensch allein als biologisch gesteuertes Wesen verfehlt das eigentliche Menschsein. An dieser Stelle unterscheidet sich der Mensch fundamental von allen anderen Lebewesen. Diese haben fast ausschließlich eine biologisch-instinktive Steuerung des Handelns zur Verfügung. Der Mensch aber entwickelt neben und komplementär zu seiner biologischen Steuerung eine kulturelle Steuerung, welche im Wesentlichen über geistige Tätigkeiten, Reflexion, Tradition, Religion und Vernunft abläuft. Zwar wird der Mensch durchaus auch biologisch gesteuert. Aber wenn die biologische, naturhafte Steuerung als oberstes, ja einziges Ziel das Überleben der Gattung, ja der eigenen Gene kennt und dabei zum Beispiel den Schutz des Alten, Gebrechlichen und Schwachen (mit Ausnahme des jungen Schwachen) nicht kennt, dann wird sofort klar, dass ein gelingendes Menschsein mit einer solchen Programmierung verfehlt wird. Diese Wahrnehmung ist der Grund dafür, dass die Menschen neben der biologischen Steuerung immer auch eine Steuerung aus einer anderen Quelle für notwendig hielten, nämlich aus der Quelle des Geistes, des Denkens, der Vernunft, des Religiösen. Gerade die Tiefendimension der Menschlichkeit: Schutz des Schwachen und Behinderten, Ausgleich unverschuldeter Ungleichheit, Achtung vor der Integrität des Körpers, Schutz des Lebens, all dies und vieles andere findet sich so nicht in der Natur, sondern nur in der vom Mensch gemachten Kultur. Das heißt, dass menschliches Handeln, auch und gerade in Institutionen wie Staat und Wirtschaft, wenn es allein naturhaft-biologisch gesteuert wird, unweigerlich zu Unvollkommenheit, Unmenschlichkeit, Leiden und Tod führen muss. Bereits an dieser Stelle wird man hellhörig bei der Wahrnehmung des Umstands, dass gerade ökonomisches Denken oft in einer Nähe zu biologischem Denken gestanden hat und steht. Es ist wohl kein Zufall, dass einer der wichtigsten Vordenker der freien Marktwirtschaft unter den französischen Physiokraten, Quesney, das Funktionieren des Marktes mit dem Funktionieren des Blutkreislaufes verglichen hat. Die Formel: Laissez-faire, laissez-aller, laissez-passer wird auf diesen Autor zurückgeführt. Und es ist ebenfalls kein Zufall, dass das Darwinsche Überlebensprinzip (übrigens zum Teil in engführender Auslegung von Darwin), nämlich das Überleben des Stärkeren, zur Metapher von ökonomisch-marktwirtschaftlichen Vorgängen wurde. Man erkennt anhand dieser Beispiele die Brisanz und Bedeutung der Thematik: Biologistische Steuerung allein verfehlt ein menschenwürdiges Resultat. Eine weitere Veranschaulichung dieser Thematik findet sich in der neueren Geschichte der Genetik. Im 19. Jahrhundert wurde im Namen eines gesunden Genpools gegen sozialpolitische Maßnahmen argumentiert, eine Linie, die dann im 20. Jahrhundert zu schrecklichen Ergebnissen geführt hat. Der Philosoph Mill hat in seinem Essay «Natur» diese ganze Thematik anschaulich zum Ausdruck gebracht: «*Fast alles, wofür die Menschen, wenn sie es sich gegenseitig antun, gehängt oder ins Gefängnis geworfen werden, tut die Natur so gut wie alle Tage ... Sie zählt Menschen, zermalmt sie, wie wenn sie aufs Rad geflochten wären, wirft sie wilden Tieren zur Beute vor, verbrennt sie, steinigt sie wie den ersten christlichen Märtyrer, lässt sie verhungern und erfrieren, tötet sie durch das rasche und schleichende Gift ihrer Ausdünstungen und hat noch hundert andere scheußliche Todesarten in Reserve, wie sie die erfinderische Grausamkeit eines Nabis oder Domitian nicht schlimmer zu ersinnen vermochte ... ein einziger Orkan zerstört die Hoffnungen eines ganzen Jahres. Ein Heuschreckenschwarm oder eine Überschwemmung verheeren eine ganze Provinz ... kurz, alles, was die schlechtesten Menschen gegen Leben oder Eigentum begehen, verüben die Naturkräfte in größerem Maßstab.*» (J. S. Mill: Natur, Reclam, S. 30f.).

Verschärft wird die Brisanz dieser Thematik durch den Umstand, dass die Menschen über die längste Periode ihrer Existenz hinweg, nämlich in der Steinzeit, in Kleingruppen und unter kargen, zum Teil feindlichen Verhältnissen gelebt haben. Für das Überleben in der Kleingruppe, angesichts des Mangels, der feindlichen Umgebung und feindlicher Gruppen waren ganz bestimmte «Tugenden» von überlebenswichtiger Bedeutung, welche eine Nähe zu naturalistischen Programmen hatten: Robuste Gesundheit, Zusammenhalt in der Kleingruppe, harte Abwehr feindlicher Kleingruppen, Rücksichtslosigkeit gegenüber Schwachen und Behinderten, hierarchische Ordnung und Unterordnung, Folgsamkeit gegenüber einem Leithammel. Man muss nun annehmen, dass diese Handlungsgewohnheiten, die in der längsten Menschheitsperiode bestimmend waren, ihre Ablagerung in den Genen gefunden haben und so die ohnehin naturhafte Anlage des Menschen verstärkt haben. Aus der Sicht schon von Menschengruppen der ältesten historischen Zeit, noch viel mehr aus der Sicht der wichtigsten Kulturnationen und Religionen, endlich aus der Sicht einer durch die Aufklärung mitbestimmten Welt ist die alleinige Fokussierung des menschlichen und institutionellen Handelns auf das biologistisch-naturhafte Programm inakzeptabel.

Menschsein heißt aus dieser Sicht, dass die biologische Anlage und ihre Weiterentwicklung in der vorgeschichtlichen Zeit unbedingt korrigiert, ergänzt und eingebunden werden muss in eine andere Dimension, nämlich in die Dimension der Kultur, des Geistes, der Vernunft, der Moral.

Die wesentlichen Inhalte und Bestandteile dieses geistig-kulturellen Bereichs sind ebenfalls in langen geschichtlichen Erfahrungshorizonten der Menschheit entstanden, allerdings vornehmlich wohl in der so genannten historischen, nicht in der prähistorischen Zeit. Insofern haben sie kaum die Chance, bereits in menschlichen Genen abgelagert zu sein, wie wir das von biologisch-biologistischen Verhaltensmustern annehmen können. Die kulturellen Dimensionen sind aber auch Produkt der menschlichen Erfahrungsgeschichte. Als Beispiel nennen wir hier die Zehn Gebote des Alten Testaments oder die grundlegenden ethischen Werte und Normen der griechischen und römischen Antike sowie der aufgeklärten Neuzeit. Insofern sind eben die religiösen wie die philosophisch-menschlichen ethischen Normen so etwas wie eine Erfahrungsweisheit, wie wir ja oben die Ethik bereits definiert haben.

Unsere These geht nun dahin, dass diejenigen Perioden und Institutionen der Menschheitsgeschichte, in denen die Bereiche Natur und Kultur, Materie und Geist, Wirtschaft und Ethik konstruktiv, kritisch und komplementär aufeinander bezogen waren, die gelingendsten und geglücktesten Zeiten waren. Anders herum: Wo diese Bezogenheit zerstört oder nicht vorhanden war, war das Gelingen des Menschseins in Frage gestellt, auf jeden Fall meistens für einen Großteil der betreffenden Menschengruppen. Bereits an dieser Stelle meldet sich die Grundthese dieses Beitrages, dass nämlich die Wirtschaftskrise 08 eben auf dem Hintergrund einer mangelnden Bezogenheit der beiden Bereiche zu deuten ist.

Menschen brauchen für das gelingende Handeln die Verankerung des Handelns in einem geistig-moralischen Bereich, eben in der Ordnung des Seins. Menschen brauchen die orientierende Funktion der Legitimität; nur so sind sie in der Lage, die Grenzen des Menschseins zu erkennen und sich so vor Grenzüberschreitungen, Maßlosigkeit und Hybris zu bewahren.

Recht und Demokratie

Im Zusammenhang der Legitimität kommt den Begriffen Recht und Demokratie große Bedeutung zu. Über die Idee des Rechts wird eine Verbindung hergestellt zu wichtigen Dimensionen der Grundordnung. Der Theologe Karl Barth hat Idee und Bedeutung des Rechts (aus christlicher Sicht) zutreffend formuliert. «*Das zieht nach sich, dass die Christengemeinde in der Bürgergemeinde auf alle Fälle da zu finden sein wird, wo deren Ordnung darauf begründet ist, dass von der Beugung unter das gemeinsam als Recht Erkannte und Anerkannte aber auch vom Schutze dieses Rechtes keiner ausgenommen, dass alles politische Handeln unter allen Umständen durch dieses Recht geregelt ist.*» (Karl Barth: Christengemeinde und Bürgergemeinde, Schriftenmission, 1946, S. 26).

In der Tat: Karl Barth trifft mit der «Beugung unter das gemeinsam als Recht Erkannte und Anerkannte» den zentralen Punkt. In der Idee des Rechts liegt die zwischenmenschliche Ordnung dessen, was für Menschen berechtigterweise gut ist, ferner die Idee, dass alle sich an eine solche Ordnung zu halten haben und dass diese gemeinsam erkannt und anerkannt wird, Dies bedeutet so etwas wie den Grundkonsens über die Ordnung des Zusammenlebens und des Umgangs unter Menschen. Zentrale Grundlage dafür sind Gedanken von Kant: «Der Mensch … existiert als Zweck an sich selbst, nicht bloß als Mittel zum beliebigen Gebrauche für diesen oder jenen Willen.» (Kant: Grundlegung, S. 59). Weitere inhaltliche Bestimmungen der Rechtsidee sind der Respekt vor der Menschenwürde, das Verbot der Erniedrigung anderer Menschen, die prinzipielle Achtung der Gleichheit aller Menschen, Verzicht auf das Recht des Stärkeren und auf Willkür. Otfried Höffe versteht das Recht als eine transzendentale Grammatik. «*Wie die Grammatik eine Sprache nicht etwa in Fesseln legt, wohl aber den Rahmen korrekten Sprachgebrauchs bildet, so müssen auch zwangsbefugte Regeln nicht zu Einschnürungen führen, wohl aber leisten sie Ordnung und Struktur. Als eine Grammatik des Zusammenlebens legen sie den Rahmen fest, innerhalb dessen alles Tun und Lassen, sei es von Individuen, sei es von Vereinen, Verbänden oder Institutionen, sozial zulässig ist.*» Die Rechtsform des Zusammenlebens «*besteht in Bedingungen, die das Zusammenleben erst ermöglichen, in Funktionsbedingungen von Gegenseitigkeit über-*

haupt, die den Rang einer transzendentalen (sozialen) Grammatik haben. Auf sie richtet sich der originäre Rechtsvertrag.» (O. Höffe: Demokratie im Zeitalter der Globalisierung, C.H. Beck, 1999, S. 59).

In diesem Sinne versteht sich das Recht als Aktivierung einer Grundordnung und deren Anwendung auf zentrale Bereiche des Zusammenlebens. Zugleich liegt in der Idee des Rechts die Möglichkeit der Weiterentwicklung und Vertiefung, ein Vorgang, der sich exemplarisch in der Geschichte der Menschenrechte oder in neuen rechtserzeugenden Formen der Zivilgesellschaft darstellt.

Ganz besonders wichtig ist aber der zweite Punkt, die Demokratie. In der Demokratie ist die Verbindung des politischen und wirtschaftlichen Handelns mit zentralen Werten wie Partizipation, Selbstbestimmung, Gleichheit, Toleranz, Gewaltenteilung, Transparenz, Minderheitenschutz usw. aufgehoben. Das heißt, dass in der Idee der Demokratie wichtige Dimensionen der Grundordnung aufgehoben sind. Diese werden im demokratischen Handeln und in demokratischen Institutionen lebendig, real und gelebt. Sie werden aktiviert in der realen Gestaltung menschlichen Zusammenlebens und ständig erweitert und vertieft, etwa in neuen Formen der Demokratie wie z. B. dem Ansatz der deliberativen Demokratie.

Das menschliche Maß

Nun kommen wir zum zweiten zentralen Begriff, dem Begriff des Maßes. Das gelingende Handeln setzt voraus, dass Menschen im Rahmen des ihnen gegebenen Maßes agieren.

Ein hervorstechendes Merkmal menschlichen Handelns in neuerer Zeit ist die Maßlosigkeit. Der Mensch hat es schwerer als andere Lebewesen, das ihm gesetzte Maß zu erkennen. Im Unterschied zu allen anderen Lebewesen gelingt dem Menschen im Laufe seiner Entwicklungsgeschichte eine ungeheure Ausdehnung seiner Macht und seines Einflusses.

Entwicklungsgeschichtlich hängt dies mit der Größe und Ausdifferenziertheit des menschlichen Gehirns zusammen: Der Mensch war in der Lage, eine hoch differenzierte Sprache zu entwickeln, die ihn dazu befähigt, das erworbene Wissen den nächsten Generationen weiterzugeben, zu entwickeln und zu kumulieren. So wurde der Mensch zum

«Tool-making animal». Aber diese Fähigkeit steigerte sich bis hin zu einer gigantischen Technologie, die den menschlichen Einfluss und Handlungsspielraum in ungeheure Dimensionen erweiterte. Obwohl bei weitem nicht das stärkste Lebewesen, ist der Mensch doch in der Lage, kraft der Technologie so etwas wie Alleinherrscher auf diesem Planeten zu werden. Und weil er auch noch zusätzlich dazu keine instinkt- oder gengesteuerten Grenzen des Handelns mitbekommen hat, ist die Frage des Ausmaßes, des Maßes, des dem Menschen und der Natur angepassten Maßes offen, auf jeden Fall nicht naturhaft-biologisch definiert. Damit ist prinzipiell eine Entwicklung zur Maßlosigkeit möglich, insbesondere auch deshalb, weil der Mensch tendenziell auf das größere, mächtigere, gewaltigere aus war. Angesichts des biologischen Urdranges, sich aus der Not, Kargheit und Bedrohung des archaisch-naturhaften Lebens zu befreien.

Die Grenze für sein Handeln musste sich der Mensch demnach selbst setzen. Jenseits seiner biologischen Steuerung, nämlich als Produkt der Kultur. Und so verwundert es nicht, dass das Thema des menschlichen Maßes in der europäischen Philosophiegeschichte schon sehr früh einen prominenten Platz einnahm. So galt das Maß in der griechischen Antike als eine der vier Kardinaltugenden. Das Maß halten war in der ganzen abendländischen Geschichte ein zentraler Wert mit gemeinsamer Wurzel. Diese zeigt sich schon rein sprachlich im selben Wortstamm: Maat (im alten Ägypten für Ordnung, Gerechtigkeit und Maß), Metron (griechisch für Maß), Midah (hebräisch für das rechte Maß bei Bauten wie für die Ordnung der Erde, Hiob 38, 5, in der Septuaginta die Übersetzung von Metron), Modestia (lateinisch für Mäßigung, Besonnenheit, Bescheidenheit, Gehorsam, Milde), Moderatio (lateinisch für rechtes Maß, Selbstbeherrschung, Lenkung), Immoderantia (lateinisch Maßlosigkeit), Mensura (lateinisch für das messbare Maß), Ma^zu (althochdeutsch), Maß, Mesure (französisch), Measure (englisch) (Christoph Stückelberger: Umwelt und Entwicklung, Kohlhammer, 1997). Im alten Ägypten war die Waage übrigens das Symbol für die Göttin Maat, die als Göttin des Maßes und der Ordnung gelten kann.

Für den berühmten Philosophen Aristoteles (384–322 v. Chr.) war die Tugend die Mitte zwischen zwei Extremen, so etwa zwischen Übermaß und Mangel. Besonders wichtig war ihm die Tugend des Maßhaltens.

Es ist nun besonders reizvoll zu sehen, wie ausgerechnet der Vater der liberalen Marktwirtschaft, Adam Smith (1723–1790), das Thema des Maßes und der Mäßigung in seinem Buch «Theorie der ethischen Gefühle» stark betont. Smith stellt sich diesbezüglich in die Tradition von Aristoteles und Cicero. «Mäßigkeit, Anstand, Bescheidenheit und Mäßigung» (Theorie der ethischen Gefühle, S. 402) sind für ihn wichtige Begriffe, ebenso wie zum Beispiel Harmonie, Ordnung oder Gleichgewicht. Solche Tugenden sind möglich, weil es nach Smith im Menschen tiefe Gefühle der Sympathie, der Empathie, des Mitfühlens gibt. Diese Sicht der Smith'schen Affektlehre hat dann eben auch ihre Bedeutung für seine Theorie der Zähmung des Marktes durch die Ethik. Auf jeden Fall ist es angezeigt, dass gerade Anhänger einer freien Marktwirtschaft immer wieder diese Zusammenschau von Markt und Ethik ihres Urvaters zur Kenntnis nehmen. Diese Mahnung ist umso mehr angebracht, als eben nach der Zeit von Adam Smith das Tor zur maßlosen Ausdehnung der Herrschaft des Menschen endgültig aufgestoßen wurde.

Gehen wir in Gedanken zurück zum Beginn dieses Abschnitts. Es ging um die Frage, was wohl die wichtigsten Ursachen für die Krise 08/09 bzw. für die behauptete Krisenlatenz sein könnten. Die Antwort ist klar: Die Ursachen liegen wesentlich im geistig-moralischen Bereich. Dies aus dem Grunde, weil menschliches Handeln und menschliche Institutionen, eingeschlossen die Wirtschaft, nur gelingen können, wenn diese verankert sind in einer Ordnung des Seins. Auch und gerade die ökonomische Ideengeschichte bietet ein anschauliches Bild für diese These. Die Bindung an diese Ordnung des Seins führt dann zur eigentlichen Legitimation des menschlichen Handelns gerade auch im institutionellen Bereich, ohne die eine gelingende Gestaltung von Gesellschaft und Wirtschaft nicht denkbar sind.

Legitimität und Maß sind also die zentralen Inhalte der Ordnung des Seins. Menschliche Aktivität ist dann in Ordnung, wenn sie legitim ist und das menschliche Maß nicht übersteigt. Werden diese zwei Grundvoraussetzungen missachtet, gerät menschliches Handeln in die Krise.

Aus: **Existenzanalyse. Wer sagt, was richtig ist? Ethik in Psychotherapie, Beratung und Coaching.** GLE International, Gesellschaft für Logotherapie und Existenzanalyse – Wien. Nr. 2, 30. Jahrgang 2013, S. 21–25.

Wer sagt, was richtig ist?

Seit den 68er Jahren des letzten Jahrhunderts macht es den Anschein, dass legitime und weniger legitime Kinder der Aufklärung eine immer dominantere und einflussreichere Position besetzen: Autonomie, Pluralismus, Toleranz, Freiheit, Moderne sind Begriffe bzw. Werte, die dafür stehen.

Seit einiger Zeit zeigt sich aber, dass sich eine weltweite Strömung und Gegenbewegung aufbaut, welche fundamentalistisch, intolerant, exklusiv und zum Teil gewalttätig mit kompromisslosem Geltungsanspruch daherkommt, nicht zuletzt im Blick auf den vermeintlichen Besitz der alleinigen Wahrheit und des eindeutigen Wissens um das Richtige, aber auch aus Entsetzen über den Totalverlust der Moral der anderen Seite.

Die spannende Frage dabei ist nun die, ob es einer prinzipiell an der Aufklärung orientierten Position gelingt, verbindliche Aussagen über das Richtige zu machen und ob sich die fundamentalistische Seite dadurch imponieren lässt.

Die hier vertretene These geht dahin, dass dieses Unternehmen dann gelingt, wenn die Vertreter der Autonomie in freier Entscheidung und vernünftiger Einsicht diese Autonomie als Selbstbindung an eine Konzeption der Lebens- und Gesellschaftsgestaltung verstehen, welche die Bedürfnisse aller gedanklich einbezieht. Das Attraktive dabei: Das Richtige ist vernünftig denkbar. Das Problematische: Dies gilt für die gutwillige Denkebene, aber nicht für die gesellschaftliche Realität.

Who decides what is right?

Since 1968 it appears that legitimate and less legitimate children of the Enlightenment occupy increasingly dominant and influential positions: autonomy, pluralism, tolerance, freedom, modernity are concepts or values which stand for this.

But for some time now, it becomes apparent that a worldwide trend and countermovement is developing, coming along in a fundamentalist, intolerant, exclusive manner, and violently claiming validity without compromise, and while doing so, allegedly possessing the sole truth and indisputable knowledge of what is right or wrong and being horrified by the total loss of morale by the other side.

The intriguing question now is, whether a position principally oriented towards the Enlightenment could succeed in making binding statements about what is right and whether the fundamentalist side could thereby be impressed.

The thesis supported here points out, that this undertaking can only be achieved if the representatives of autonomy, keeping an eye on freedom of choice and insight by reason, conceive this autonomy as self-commitment to a life and society concept which intellectually includes the needs of all. The attractive thing here is that what's right can be thought rationally. The problematic thing though, is that it applies to the good hearted level of thinking but not to social reality.

Ich beginne mit einem Satz, von dem ich intuitiv annehme, dass er richtig ist:
«Niemand soll auf Grund von Dingen, für die er nichts kann, schlechter dastehen im Leben als andere.» Es ist meine Absicht, im Verlauf des Referats zu fragen, ob der Satz immer noch richtig ist.
Der Aufbau meines Referates gliedert sich wie folgt:

1. Die Frage der Aktualität und Bedeutung des Themas.
2. Was ist der Status des Begriffs «richtig»?
3. Auf welchen Typus von Aussagen bezieht sich der Begriff «richtig»?
4. Ein entscheidendes Kriterium zur Beurteilung des Richtigen.
5. Wer ist wer?
6. Inhaltliche Konkretisierungen des Richtigen.

Die Frage der Aktualität und Bedeutung des Themas

Ich vertrete hier die These, dass je länger sie besteht desto mehr die regulative Idee des Richtigen unaufgebbar ist, ja dass diese Idee nicht nur lebenswichtig sondern überlebenswichtig ist. Dies gilt in vielfältiger Hinsicht. Nehmen wir zunächst das Faktum, dass wir weltweit ein Anwachsen des religiösen und fundamentalistischen Wahrheitsanspruchs feststellen, verbunden nicht selten und wohl immer mehr mit gewalttätiger Intoleranz. Nachdem wir gedacht haben, der «okzidentale Rationalismus» (Max Weber, siehe Habermas 2009, 121) entwickle sich zum universellen Weltmodell, finden sich die aufgeklärten Westeuropäer als kleine Minderheit wieder. Es gibt heute einen weltweiten Antagonismus zwischen dem Partikularismus und dem Universalismus. Die eine Seite reklamiert die Wahrheit, den Anspruch auf das Richtige, partikularistisch im Sinne einer Gruppenmoral, nicht einer Weltmoral. Die andere Seite, heute eine Minderheit, geht davon aus, dass nur das richtig sein kann, was für alle richtig ist. Entscheidend für die Beurteilung des Richtigen ist für diese Seite die «Annahme einer gemeinsamen Menschenvernunft», sowie die Überzeugung, dass «im weltanschaulich neutralen Staat nur diejenigen politischen Entscheidungen als legitim gelten dürfen, die im Lichte von allgemein zugänglichen Gründen unparteilich, also gleichermaßen gegenüber religiösen wie nicht-religiösen Bürgern oder Bürgern verschiedener Glaubensrichtungen gerechtfertigt werden können» (Habermas a. a. O., 127).

Dass diese Auseinandersetzung nicht nur mit Argumenten, sondern mit Gewalt geführt wird, erhöht wie gesagt die Dringlichkeit der hier verhandelten Fragestellung.

Genau so dringlich ist sie im Blick auf eine andere Grundstruktur der heutigen Weltgesellschaft, nämlich der Begehrlichkeit und Maßlosigkeit. Immer stärker setzt sich durch, dass man für sich nehmen soll, soviel man kann. Dies ist nicht nur die Doktrin von abgehobenen Managern im Westen, sondern von ganzen Kulturen, wohl nicht zuletzt in Asien und Russland, aber eben auch anderswo. Wie die Weltgesellschaft mit einer solchen Programmierung vor der Zukunft bestehen soll, ist fraglich, vor allem dann, wenn wir den sorgsamen Umgang mit den Lebensgrundlagen, das Teilen unter den Menschen und die Sinnfrage als die größten Probleme ansehen. Wie wir diese Probleme angehen können, jenseits der Frage nach dem, was richtig ist, ist mir schleierhaft. Etwas anders ausgedrückt: Das Überhandnehmen von Egoismus, Hedonismus und Utilitarismus ruft nach der Frage nach dem, was richtig ist.

Was ist der Status des Begriffs «richtig»?

Natürlich wird der Begriff in verschiedenen Zusammenhängen gebraucht, zum Beispiel: Die gestrige Wettervorhersage war richtig. Ich gehe aber aus guten Gründen davon aus, dass der Begriff richtig in unseren Zusammenhängen anders gebraucht wird, nämlich nicht als deskriptiver sondern als normativer Begriff, also als Begriff mit einer Präskription, mit einem Werturteil. Es handelt sich um ein moralisches Urteil. Aber was ist das? Sinnvoll ist die folgende Umschreibung: «Unter moralischen Urteilen verstehen wir diejenigen Urteile, die (1.) über eine als moralisch klassifizierte Angelegenheit getroffen werden und die (2.) prinzipiell als begründbar angesehen werden.» (Heilinger & Keller 2010, 173). Die Beurteilung bezieht sich entweder auf eine Aussage oder eine Handlung. Richtige Aussagen sind also Aussagen verbunden mit einem Werturteil, welches aus moralischer Sicht gut begründet ist.

Auf welchen Typus von Aussagen bezieht sich der Begriff «richtig»?

Über diese Frage gibt es in der Philosophie- und Ethikgeschichte eine epische Diskussion. Dabei ging und geht es im Wesentlichen um die Frage, ob moralische Urteile sich auf formale oder auch inhaltliche Fragen beziehen.

Im Anschluss an John Rawls bzw. die Diskussion über und mit ihm geht es um das Begriffspaar: Das Gute oder das Richtige? Geht es in der Ethik um Verfahrensregeln, zum Beispiel um eine Gerechtigkeitstheorie, oder geht es, im Anschluss an Aristoteles, um das Gute Leben?

Diese Fragestellung verschränkte sich und verschränkt sich heute wieder besonders mit der Bedeutung von Kognition und Intuition in der Ethik. «In der neueren psychologischen Diskussion über die Rolle von rationaler und emotional gefärbter Intuition in moralischen Entscheidungssituationen ist eine deutliche Veränderung festzustellen: Stand bis in die 1990er Jahre unter dem Einfluss kognitivistischer Theorien im Anschluss an Piaget und Kohlberg eine Betonung der rationalen Anteile bei moralischer Urteilsfindung im Vordergrund, richtet sich nun das Interesse verstärkt auf den Anteil der Intuition und der Emotion.» (Heilinger & Keller 2010, 163). Mit dieser Entwicklung kommt auch wieder Bewegung in die Frage formal oder inhaltlich. Die Affinität der kognitivistischen Ausrichtung zum formalen Urteil ist genauso anzunehmen wie die Affinität der Intuition zur inhaltlichen Füllung, zum Beispiel eben zum Begriff des Guten Lebens. Darauf ist später zurückzukommen, denn die Beobachtung ist nicht unwesentlich bei der Entscheidung der Frage, ob sich das Richtige auf das Formale oder Inhaltliche bezieht.

Ein entscheidendes Kriterium zur Beurteilung des Richtigen

In dieser Frage gibt es eine Konfrontation zwischen einem partikularistisch-autoritativen und einem universalistischen Ansatz. Beim ersteren ist das Richtige abhängig von einer Religion, einem göttlichen Wesen, einer Autorität, einer partikularistischen Kultur. Beim zweiten Ansatz steht die Idee der universalen, die Menschheit insgesamt in gleicher Weise betreffenden Bedeutung des Richtigen im Vordergrund.

Sucht man nach einer Lösung in diesem Konflikt, kann man von einer Grundsatzfrage ausgehen: Welche Gründe gibt es, bei der Beurteilung des Richtigen partikuläre, besondere, regionale Faktoren stärker zu gewichten als die Interessen aller Menschen? Oder einfach gefragt: Ist das Richtige stärker in Abhängigkeit zur Ungleichheit oder zur Gleichheit der Menschen? Auch wenn ich der Meinung bin, dass letztlich beides, Ungleichheit und Gleichheit zu berücksichtigen sind: Intuitiv vermuten wir doch das entscheidende Beurteilungskriterium im Zusammenhang mit der Gleichheit aller Menschen.

Ich übernehme aus diesen Überlegungen als Ausgangspunkt für die Beschreibung des Beurteilungskriteriums eine Formulierung von Ernst Tugendhat: «Denn moralisch gut ist, was im unparteilichen Interesse aller ist.» (Tugendhat 1984, 47)

Was steckt in der Aussage von Tugendhat? Aussagen über eine als moralisch klassifizierte Angelegenheit sind dann richtig, wenn

- die Interessen eines Menschen berücksichtigt sind,
- die Interessen anderer Menschen ebenfalls berücksichtigt sind,
- die Lebensgrundlagen (als Interesse aller) bewahrt werden,
- der Ausgleich der Interessen im Sinne einer Win-win-Situation erfolgt, das heißt, dass nach Möglichkeit alle Vorteile haben, also wenn etwas «gleichermassen gut für alle ist» (Tugendhat a. a. O. 128),
- vernünftigerweise keine zutreffendere Aussage möglich ist.

Soweit meine Umschreibung der Formel «Was im unparteilichen Interesse aller ist.» Zu einem ähnlichen Ergebnis kommt John Rawls. «Es sind diejenigen Grundsätze, die freie und vernünftige Menschen in ihrem eigenen Interesse in einer anfänglichen Situation der Gleichheit (Rawls meint hier den Schleier des Nichtwissens der Argumentierenden über ihre wahre Stellung in der Gesellschaft) zur Bestimmung der Grundverhältnisse ihrer Verbindung annehmen würden.» (Rawls 1988, 28)

Stellt man nun die Frage, woher, von welchen Voraussetzungen man zu diesen Aussagen über das Richtige kommt, dann wird klar, dass so oder so die Vorstellung einer idealen Kommunikationsgemeinschaft vorausgesetzt wird, in der Menschen friedlich und ohne Verfolgen von eigenen Interessen vernünftig nach dem Richtigen fragen. Ethiker kennen dieses oder ähnliche Modelle von Apel, Habermas, Rawls und anderen, wobei wissenschaftstheoretisch gesehen dieses Arrangement nicht mehr ohne weiteres akzeptiert wird.

Überhaupt kann auch dieses Entscheidungskriterium für die Bestimmung des Richtigen nicht den Anspruch auf vollkommene Objektivität oder intersubjektive Verbindlichkeit stellen. Der Zugang zu dem hier präferierten Entscheidungskriterium ist letztlich der Rekurs auf die Bereitschaft zum vernünftigen Diskurs unter aufgeklärten und gleichberechtigten Menschen. Nun ist diese Bereitschaft in der heutigen Welt wohl nicht mehrheitsfähig. Es gibt große Kulturkreise und mitgliederstarke Bewegungen, welche für die Entscheidung von richtig oder falsch von ganz anderen Voraussetzungen ausgehen. Zum Beispiel von der Autorität Gottes oder Allahs, von einer alten Tradition oder von einem religiösen Führer. Von solchen Voraussetzungen her wird das Richtige unter Umständen ganz anders bestimmt. Die Frage ist, woher wir das Recht nehmen, unsere Voraussetzungen als die besseren zu beurteilen.

Es gibt ein Argument, von dem anzunehmen ist, dass es intuitiv allem vorgebrachten überlegen ist: Der vernünftige Diskurs geht von einer Kommunikations- und Interessegemeinschaft aller Menschen aus, ist also universal angelegt und schließt keine anderen Menschen oder Interessen aus. Dem gegenüber enthalten religiöse oder ideologische Zugänge immer eine partikularistische Ausrichtung: Es geht dort nicht um eine universale, inklusive, sondern um eine partikuläre, exklusive Ausrichtung. Und eben die universale Ausrichtung, zum Beispiel eines kategorischen Imperativs von Kant, hat nicht nur eine hohe Akzeptanz in einer durch die Aufklärung bestimmten Kultur, sondern enthält ein aufklärerisches Potenzial für die sich in einer Entwicklung befindliche Welt. Darin besteht intuitiv eine Überlegenheit über alle partikularistischen Ansätze.

Im Übrigen ist es gar nicht so sicher, dass wir es bei kulturellen Unterschieden mit fundamentalen Unterschieden in der Auffassung von Moral zu tun haben. Otfried Höffe hat sicher recht, wenn er für den interkulturellen Ethik-Diskurs positive Perspektiven erkennt: «Im Kulturvergleich hebe man auf das gemeinsame moralische Erbe der Menschheit ab, etwa auf die Goldene Regel und die Hochschätzung von Rechtschaffenheit, Tapferkeit und Hilfsbereitschaft.» «In der Moralbegründung schließlich greife man nicht auf kulturspezifische, sondern auf jene kulturübergreifend gültigen Prämissen zurück, die in einer allgemeinen Menschenvernunft und in allgemein menschlichen Erfahrungen gründen.» (Höffe 2013, 24)

Wer ist wer?

Wer sagt, was richtig ist? Wir haben uns bisher mit der Bestimmung und Begründung des Richtigen befasst. Wer aber sagt nun, was richtig ist? Aus dem bisher Dargelegten geht wohl bereits hervor, dass es keine Autorität an sich geben kann, welche das Richtige bestimmt. Jeder Verweis auf eine Autorität ist Ausdruck eines Partikularismus und einer Verweigerung gegenüber dem vernünftigen Diskurs als letztes Kriterium für das Richtige. Diese Feststellung besagt nicht, dass es wohl eine Diskussion zwischen unserer Position und an Autoritäten orientierten Positionen geben kann und soll, mindestens solange diese ohne Gewalt und in Offenheit gegenüber Argumenten besteht. Es ist aber doch so, dass es letztlich niemanden gibt, der sagt, was richtig ist. Vielmehr entbirgt das Richtige sich selbst. Derjenige oder diejenige sagt, was richtig ist, der oder die das sagt, was das Richtige selbst sagt.

In diesem Zusammenhang muss man auch das Gewissen ins Spiel bringen. Im Gewissen sieht sich ein Mensch kategorisch und imperativ einer Anordnung unterstellt und verpflichtet, die er als die einzig Richtige anerkennen muss. Trotzdem: Man kann nicht generell zugestehen, dass ein Mensch auf Grund seines Gewissens das Richtige sagt; denn der entscheidende Punkt beim Gewissen ist nicht der Aussagegehalt, sondern die Unbedingtheit der inneren Forderung. Auch hier haben wir es mit der Spannung zwischen Partikularismus und Universalismus zu tun.

Inhaltliche Konkretisierungen des Richtigen

Nach all den theoretischen und formalen Überlegungen geht es nun um die Frage, in welcher Weise nun Aussagen über das Richtige in konkreten Bereichen und Zusammenhängen gemacht werden können.

Wir haben bereits darauf hingewiesen, dass es in der Ethik der westlichen Welt zwei große inhaltliche Thematiken der Ethik gibt: Die Thematik formaler Regeln oder Verfahren und die Thematik des Guten Lebens. Der kategorische Imperativ Kants oder die Gerechtigkeitstheorie Rawls' sind Beispiele für die erstgenannte Thematik. Die Vorstellung eines Guten Lebens nach Aristoteles ist das hervorstechendste Beispiel für die zweite Thematik.

Nun scheint es von vorneherein klar zu sein, dass es viel einfacher und einleuchtender ist, einer Regel oder einem Verfahren das Prädikat richtig zuzuschreiben, als einem Gebilde wie dem Guten Leben, das inhaltlich weit verzweigt ist, sich mit vielen Dimensionen des Lebens befasst und damit wohl schwer eindeutig zu fassen und zu bestimmen ist. Auch muss man zugeben, dass sich die formalen ethischen Regeln allermeist auf einen engen Bereich beschränken, nämlich die Gleichheit oder das Teilen. Auf der andern Seite ist aber gerade der Versuch, innerhalb der weitgefächerten Idee des Guten Lebens Aussagen über das Richtige zu machen, von besonderer Faszination.

Wir beginnen mit zwei Aussagen aus dem eher formalen Bereich, mit zwei Aussagen, denen wir das Prädikat richtig zuschreiben. Die erste Aussage kennen wir schon: «Niemand soll auf Grund von Dingen, für die er nichts kann, schlechter dastehen im Leben als andere.» Dieser Aussage kommt das Prädikat richtig zu, weil sie in jeder Hinsicht kompatibel ist mit den genannten Entscheidungskriterien. Sie ist im Sinne der praktischen Vernunft vernünftig. Es gibt keine Gründe, die dagegen sprechen. Sie entspricht den Forderungen der Gleichheit und des Ausgleichs, sie ist im unparteilichen Interesse aller. Es gibt schlechterdings keine ethischen Argumente gegen diesen Satz, auf jeden Fall nicht solange wir uns auf der Höhenlage des Prinzipiellen bewegen. Dass es auch ethisch begründete Argumente auf der Ebene der Praxis gibt, welche Abstriche an dieser Höhenlage verlangen, sei nicht bestritten.

Zum Beispiel kann man fragen, ob nicht auch verschuldet Leidende Anspruch auf Ausgleich haben sollen. Oder ob Ausgleichsleistungen nicht paternalistisch sind und die Eigeninitiative minimieren.

Gleiches gilt für eine weitere normative Aussage, welche den zentralen Gedanken der Gerechtigkeitstheorie von John Rawls zusammenfasst: «Alle sozialen Werte – Freiheit, Chancen, Einkommen, Vermögen und die sozialen Grundlagen der Selbstachtung – sind gleichmäßig zu verteilen, soweit nicht eine ungleiche Verteilung jedermann zum Vorteil gereicht.» (Rawls 1988, 83) Auch diese Aussage verdient das Prädikat richtig, allenfalls mit den für die vorherige Aussage gemachten Einschränkungen.

Viel schwieriger, aber auch viel spannender, ist nun der Versuch, Aussagen über das Gute Leben, die aristotelische Eudaimonia, das Prädikat richtig zu erkennen. In diesem Bereich haben wir es nicht mit Regeln, Regelsätzen oder Prinzipien zu tun, sondern mit der Vielfalt des Lebens und der Lebenswirklichkeit selbst. Aus diesem Grunde erachten es viele Philosophen und Ethiker für unmöglich, eindeutige Aussagen zu machen, welchen das Prädikat richtig zukommt. Insbesondere Kant hat ein Verdikt über die ethische Dimension des Begriffs Eudaimonia bzw. Glück verlangt, wenn er diese als Euthanasie der Moral bezeichnet (Kant 1968, 378).

Nun gehen wir aber davon aus, insbesondere nach der in der Einleitung beschriebenen Dringlichkeit der Frage nach dem Richtigen, dass wir uns nicht damit begnügen können, diese Frage nur in formalen und verfahrensrechtlichen Bezügen zu stellen. Es muss uns gelingen, das ist hier meine These, auch im Bereich des Ganzen des Lebens, der Vielfalt und Fülle des Lebens bzw. der Lebenswirklichkeit, klärende Antworten zu finden darüber, was eine richtige Lebens- und Gesellschaftsgestaltung ist. Es muss uns gelingen, im Blick auf die Lebenswirklichkeit eine Vorstellung des Guten Lebens zu entwickeln, welche intersubjektiven Anforderungen einer aufgeklärten Gesellschaft entspricht.

Wir versuchen nun zuerst, eine Vorstellung zu entwickeln zum Begriff des Guten Lebens, eben der Eudaimonia. Eine schöne Formulierung findet sich bereits bei Plato: «Frei von Neid, Eifersucht und anderen ‹asozialen Leidenschaften› leben sie in Frieden und Eintracht, sie führen ihr Dasein bei voller Gesundheit und sterben erst in hohem Alter; sie genießen die Freuden der Liebe; dank hinreichender Arbeitsproduktivität ernähren sie sich vergnüglich von Wein und Brot; sie bekränzen sich und lobsingen den Göttern.» (Plato, Politeia II, zit. nach Höffe 2013, 55)

Sicher ist, dass die philosophische Ethik in der Antike immer auch als Lebenskunst und Lebensweisheit verstanden wurde. Insbesondere unter dem Einfluss von Plato und Aristoteles wurde das Thema der Lebenskunst, der Eudaimonia, des Glücks auch zu einem Thema der praktischen Philosophie, das heißt angereichert mit prinzipiellen, methodischen und reflektierten Grundlagen.

Die Frage ist aber, ob es überhaupt möglich ist, den von Plato und Aristoteles gestellten Anspruch umzusetzen, nämlich dass es eine Vorstellung vom Guten Leben gibt, welche nicht der subjektiven Beliebigkeit anheimfällt, sondern eben zu recht eine intersubjektive Verbindlichkeit hat. Aristoteles ist jedenfalls überzeugt, dass dies möglich ist, und dies aus folgenden Gründen: Der Mensch führt kein tierhaftes Leben. «Das wahrhaft menschliche Leben ist dagegen ein Leben, das durch die Tätigkeit der praktischen Vernunft geleitet wird.» (siehe dazu Nussbaum 1988, 127) Die praktische Vernunft befähigt den Menschen, Urteile und Entscheidungen zu treffen, welche dem entsprechen, was wir vorher als das moralisch Richtige beschrieben haben: Eine Entscheidung, bei der Menschen zwar vernünftig ihre eigenen Interessen wahrnehmen, dabei aber die Interessen der anderen Menschen miteinbeziehen und die Erfüllung ihres Lebens ohne Parteilichkeit gestalten und darauf achten, dass dies «gleichermaßen gut für alle» ist.

Aristoteles ist der Auffassung, «dass es vom menschlich Guten, respektive von einer gedeihlichen menschlichen Entwicklung nur eine objektive Auffassung geben könne. Diese Auffassung sollte in dem Sinne objektiv sein, dass sie sich durch Gründe rechtfertigen lässt, die sich nicht nur aus lokalen Traditionen und Praktiken ergeben, sondern aus menschlichen Wesensmerkmalen, die unter der Oberfläche aller lokalen Traditionen vorhanden sind und wahrgenommen werden müssen ob sie nun von den lokalen Traditionen tatsächlich wahrgenommen und anerkannt werden oder nicht.» (Nussbaum 1988, 229)

Verfolgen wir nun, wie Aristoteles versucht, den Anspruch auf Objektivität des Guten Lebens umzusetzen. In seiner Tugendlehre geht er aus von grundlegenden menschlichen Erfahrungs- und Entscheidungsbereichen, in die alle Menschen gestellt sind. Gesucht ist nun jeweils das tugendhafte Verhalten, die Tugend. Diese liegt jeweils zwischen zwei Extremen. Zur Veranschaulichung ein paar Beispiele: Bei Furcht (= Erfahrungsbereich) sind die Extreme Tollkühnheit oder Feigheit. Die Mitte der beiden, die Tugend, ist die Tapferkeit. Beim Geld ist die Tugend Großzügigkeit, Extreme sind Verschwendung und Kleinlichkeit. Bei Begierden ist die Tugend Mäßigung, das Maßhalten. Das Konzept ist klar und durchsichtig, in den grundlegenden menschlichen Erfahrungs- und Entscheidungsbereichen sind jeweils zwei extreme und eine mittlere Haltung, eben die Tugend, möglich. Die Extreme bedeuten entweder ein Zuviel oder ein Zuwenig, ein Übermaß oder einen Mangel. «Die Tugend ist also ein Verhalten der Entscheidung, begründet in der Mitte im Bezug auf uns, einer Mitte, die durch Vernunft bestimmt wird und danach, wie sie der Verständige bestimmen würde. Die Mitte liegt aber zwischen zwei Schlechtigkeiten, dem Übermaß und dem Mangel.» (Aristoteles 1972, II, 6, 91) Die Tugend besteht darin, die Mitte zu finden und zu wählen. Zwei Begriffe sind es, welche mehrfach die Tugend bezeichnen: Die Mitte (zwischen den Extremen) oder das Maß, allenfalls zusammengenommen als das Mittelmaß (a. a. O., 93). Erkannt wird das rechte Maß, eben die Tugend, durch die Vernunft. Und damit ist klar: Über die Vernunft erkennen wir die Grundstruktur des Guten Lebens, die Tugend, bestimmt durch Maß und Mitte. Damit hat Aristoteles einen klaren Referenzpunkt für die Bestimmung des Richtigen gefunden. Richtig ist ein tugendhaftes Leben, welches sich am Maß orientiert. Das Maß, das Mittelmaß, wird zum Orientierungspunkt für das Richtige. Damit hat Aristoteles auch einen Referenzpunkt für die Beurteilung des Lebens und der Lebenswirklichkeit gefunden.

Es ist erstaunlich, welche Bedeutung der Idee des Maßes schon in alten Zeiten und in der ganzen Antike zugeschrieben worden ist. Maat im Alten Ägypten für Ordnung, metron im Griechischen, modestia im Lateinischen, midah im Hebräischen: Überall wird der Idee des Maßes, der maßvollen Ordnung eine hohe Bedeutung zugeschrieben. Ein ganz besonderes Beispiel ist die Proportionenlehre des Vitruv, eines römischen Architekten des ersten Jahrhunderts vor Christus. «Die griechische Kunsttheorie hat sich zur Bestimmung der rechten Masse in der Architektur wie in der Musik auf die mathematische Proportionenlehre gestützt und einen Kanon der Ausmessung von Gebäuden entwickelt, der, durch Vitruv überliefert, für die gesamte europäische Architektur bis tief in das 19., ja sogar das 20. Jahrhundert hinein verbindlich blieb.» (Picht 1979, 420)

Hinter dieser Wahrnehmung der Bedeutung des Maßes, der Grenze und der Proportionalität stand die Erkenntnis, dass alles in der Welt und in der Natur seine Maße, seine Ordnung und seine Grenze hat und dass der Mensch von dieser Ordnung nicht ausgenommen ist. Verständlich, dass Aristoteles das Maß halten zu den Kardinaltugenden zählt. Das Maßhalten ist eben auch eine condition humaine. Das menschliche Leben ist so an die Einhaltung von Maß-Verhaltensweisen gebunden. Konstitutiv für alles Leben ist die Tiefendimension einer Ordnung des Maßes, der Proportionen, des Gleichgewichtes und der Einhaltung von Begrenzungen.

Überblickt man die Begriffs- bzw. Bedeutungsgeschichte, dann wird klar, dass die Bedeutung des Maßes und verwandter Begriffe darin besteht, dass dadurch die Lebensgrundlagen, die Lebensmöglichkeiten, das Gelingen des Lebens sowie die Nachhaltigkeit und relative Stabilität der Lebensgrundlagen sichergestellt werden. Es ist auffällig, wie viele Begriffe die Idee des Maßes umkreisen und in wie vielen Lebensbereichen diese Vielfalt eine Rolle spielt. Folgende Begriffe drücken in irgendeiner Weise den Gehalt der Idee des Maßes aus:

- Proportionalität
- Angemessenheit
- Ausgewogenheit
- Gleichgewicht
- Balance
- Ausgeglichenheit
- Gegenseitigkeit
- Symmetrie
- Verhältnismäßigkeit
- Mitte
- Harmonie

- Schönheit
- Maß
- Grenze
- Stabilität

Auffällig ist, dass die meisten dieser Begriffe so etwas wie eine mathematisch-geometrische Komponente haben, aber dann trotzdem nicht exakt im naturwissenschaftlichen Sinne zu bestimmen sind. Offenbar geht es bei der Idee des Maßes um eine Kombination von Geometrie und Lebenswirklichkeit.

Im Rückblick auf Aristoteles und die Bedeutung des Maßes als Orientierungspunkt für das Richtige muss man sagen: Diese Sichtweise könnte aktueller nicht sein. Wir leben im Zeitalter der Gier, der Begehrlichkeit, der Maßlosigkeit und der Unersättlichkeit. Managerlöhne, Mobilität, Ausbeutung der Natur, Verschwendung, Burnout sind dafür Stichworte. Das Gute Leben setzt eben eine innere Ordnung, ein Maß, ein Gleichgewicht voraus. Die hohe Aktualität dieser Sicht beweisen neuere Buchtitel wie «Postwachstumsgesellschaft», «Wohlstand ohne Wachstum», «Wieviel ist genug?» und so weiter.

Die regulative Idee des Maßes ist der wichtigste und entscheidendste Orientierungspunkt für eine Gesellschaft, die sich den Wachstumstreibern ausgesetzt hat und selbst keinen Ausweg mehr sieht.

Ich habe bei der Frage nach dem Richtigen damit das Thema des Guten Lebens stark in den Vordergrund gerückt. Mir scheint, es gibt gute Gründe dafür.

1. Wir brauchen Orientierung an der Idee des Richtigen im Blick auf die komplexe Lebenswirklichkeit und die schwerwiegenden Probleme von heute. Ich nenne dazu einige Beispiele: Die Gefährdung der Lebensgrundlagen und die Bedeutung des Gleichgewichts. Die hohen Löhne und Boni und die Bedeutung der Proportionalität. Die Verschwendung von Nahrung in einer Welt voller Hunger und die Bedeutung der Angemessenheit. Die unsozialen Handelsbedingungen (Bangladesch) und die Bedeutung der Gegenseitigkeit.

Ich gehe davon aus, dass die Orientierung an der regulativen Idee des Maßes Bewegung in diese Landschaft bringen könnte. Ich erwarte von daher konkrete Beiträge zur Lösung der genannten praktischen Probleme. In den genannten Bereichen hat diese Diskussion ja bereits begonnen.

2. Die Frage nach dem Richtigen, nach dem Guten Leben könnte auch eine Bewegung erbringen im Dialog der Kulturen über das Richtige. Die Diskussion über das richtige Maß, die Angemessenheit und Balance könnte fruchtbarer sein als das Beharren auf einem aus der westlichen Aufklärung stammenden Universalismus.
3. Die Orientierung an der Idee des Maßes könnte auch eine erhöhte Bedeutung des intuitiven Zugangs zum Richtigen befördern. Begriffe wie Harmonie oder Balance sind hier zu nennen. Vielleicht darf man hier auch hinweisen auf die Nähe der Ästhetik zur Ethik, wie wir dies etwa bei Friedrich Schiller finden. Gerade aber die erhöhte Bedeutung der Intuition könnte eine weitere Stütze für den interkulturellen ethischen Dialog bedeuten.

Literatur

Aristoteles (1972) *Die Nikomachische Ethik.* Zürich und München: dtv

Habermas J (2009) *Zwischen Naturalismus und Religion.* Frankfurt: suhrkamp

Heilinger J-C, Keller M (2010) *Deliberation und Intuition in moralischen Entscheidungen und Urteilen.* In: Fischer J, Gruden S (2010) Die Struktur der moralischen Orientierung. Zürich-Berlin: LIT Verlag

Höffe O (2013) *Ethik.* München: C.H.Beck

Kant I (1968) *Kants Werke VI, Metaphysik der Sitten.* Berlin: de Gruyter

Nussbaum M (1988) *Gerechtigkeit oder das Gute Leben.* Frankfurt: suhrkamp

Picht G (1979) *Zum Begriff des Maßes.* In: Eisenbart C (Hg) Humanökologie und Frieden. Stuttgart: Klett-Cotta

Rawls J (1988) *Eine Theorie der Gerechtigkeit.* Frankfurt: suhrkamp, 4°

Tugendhat E (1984) *Probleme der Ethik.* Stuttgart: Reclam

Energie und Umwelt

Aus: **Studiengruppe Energieperspektiven/Groupe d'Etude des Perspectives Energetiques.** Dokumentation Nr. 10. Referat und Diskussion der 10. Sitzung der Studiengruppe Energieperspektiven, Baden, 10. November 1983, S. 1–17.

Anthropologische und soziale Grenzen des Energieverbrauchs

1. Die Thematik dieses Referats deutet auf so etwas wie die Umwertung aller Werte in der Energiediskussion hin: Sie insinuiert die These, dass wir sparsam mit Energie umzugehen haben, nicht weil wir zu *wenig* Energie haben, sondern weil wir zuviel Energie verbrauchen. Zuviel meint in diesem Zusammenhang bezogen auf die menschliche und soziale Aufnahmekapazität von Energie.

In der Tat ist mit dieser Insinuation die Richtung dieses Referates bezeichnet. Ich sage vorsichtigerweise: die Richtung. Denn wir befinden uns in der ganzen Energiediskussion auf einem Feld mit vielen Unbekannten, und jeder macht sich verdächtig, wenn er so tut, als hätte er die einzige Lösung bereit. Ich möchte deshalb im folgenden eher fragend als behauptend in eine allerdings für mich deutlich umreissbare Richtung vorstossen.

2. Oft ist es möglich und sinnvoll, eine öffentlich und wissenschaftlich diskutierte und akzeptierte Fragestellung einfach einmal umzukehren. Deshalb frage ich jetzt einmal: Haben wir nicht zuviel Energie? anstelle der üblichen Frage: Haben wir zu wenig Energie? oder: Wieviel Energie fehlt uns?

Damit stelle ich die Frage: Wieviel Energie erträgt der Mensch? Es gibt Gründe, diese – für viele absurde – Frage zu stellen. Man kann zumindest die Vermutung anstellen, dass viel von der für den Verkehr aufgewendeten Energie dem Menschen nicht gut tut: Einmal seiner Gesundheit nicht: Er bewegt sich selbst zu wenig. Auch seiner Psyche nicht: Er ist körperlich zu wenig gefordert. Beispielsweise aber auch in kultureller Hinsicht nicht, wenn wir uns das Beispiel des modernen

Tourismus vergegenwärtigen: Die im Verkehr aufgewendete Energie hilft mit an der kulturellen Zerstörung nicht nur schweizerischer Berggebiete, sondern vor allem der klassischen Feriengebiete in Spanien, Kenia, Sri Lanka, Thailand usw. Es stellt sich hier die Frage, ob die durch den Verkehr und übrige Kommunikationsmittel ermöglichte Penetration in anderen Kulturen überhaupt erträglich sein wird. Ob es nicht zu kulturellen Krisen, zu sozialer Instabilität, sozialer Desintegration, Tradition- und Wertzerfall kommen muss.

Erträgt eine Menschheit, die dadurch, dass sie bisher in der Gestalt überlebt hat, wie sie ist, ihre Ueberlebensfähigkeit bewiesen hat, derart tiefgreifende Eingriffe?

Oder nehmen wir noch andere Beispiele: Erträgt der Mensch die sich ankündigende totale Information, die keine Privatheit und keine Scheu mehr kennt? Erträgt der Mensch, dass auf 48 Kanälen Informationen aus aller Welt in seine Stube gelangen? Oder erträgt der Mensch die immer schnellere Artefaktizierung der Umwelt, welche die Energie ermöglicht: Etwa die Produktion von künstlichen Stoffen oder überhaupt die totale Umgestaltung und Neumöblierung der Umwelt?

Mit diesen Beispielen soll gezeigt werden: Die Frage nach der *Grenze* des Energieverbrauchs für den Menschen und die menschliche Gemeinschaft stellt sich offenbar. Man kann nicht davon ausgehen, dass der Mensch unendlich viel Energiekonsum erträgt.

3. Wenn in folgendem von Energieverbrauch bzw. allgemein von Energie die Rede ist, so gehe ich davon aus, dass man nicht einfach eine unvermittelte Beziehung zwischen Energieverbrauch und der sozialen Verträglichkeit von Energie voraussetzen kann. Energieverbrauch gibt es kaum als absolute, für sich alleinstehende Grösse. Die Feststellung des Bedarfs von mehr Energie gehört in den Zusammenhang eines Gesellschafts- und Wirtschaftsmodells, das wir mit Begriffen wie Wachstumsgesellschaft, Industriegesellschaft, moderne Zivilisation, Lebensstandard und Wohlstand umschreiben können. Das Postulat nach mehr Energie setzt eine ganz bestimmte, mit den genannten Begriffen bezeichnete Leitvorstellung von Gesellschaft und Wirtschaft voraus. Dabei bedingen sich Leitvorstellungen und Energieverbrauch gegenseitig: Das eine setzt das andere voraus und umgekehrt. Und was im folgenden

positiv zu sagen ist, kann nicht einfach dem mehr oder weniger hohen Energieverbrauch gutgeschrieben oder angelastet werden. Nur indem das Postulat auf hohen Energieverbrauch als Teil eines bestimmten Gesellschafts- und Wirtschaftskonzeptes verstanden wird, kann über ihn gesprochen werden.

Gleichzeitig sollten wir uns darüber verständigen, dass in den folgenden Ueberlegungen der Begriff «hoher Energieverbrauch» in dem Sinne zu verstehen ist, dass die gegenwärtige Energiepolitik der Industriestaaten mit dem Schwerpunkt auf nichterneuerbaren Energiequellen vorausgesetzt wird.

4. Die einleitenden Beispiele dürften eines sicher gezeigt haben: Man kann schwerlich bestreiten, dass es so etwas gibt wie eine *anthropologische und soziale Obergrenze des für den Menschen und die Gesellschaft zuträglichen oder kompatiblen Energieverbrauchs.* Aber im Anschluss an diese wohl unbestreitbare Aussage gibt es nun leider eine ganze Reihe von schwierigen Fragen, z. B.:

- Wo liegt diese Obergrenze?
- Wer setzt diese Obergrenze fest?
- Mit welchen Methoden lässt sie sich festlegen?
- Lässt sie sich überhaupt festlegen in einer Weise, die auf intersubjektive Verbindlichkeit wenigstens in Ansätzen hoffen kann? usw.

Das vordringlichste theoretische Problem, um das es geht, hat K. W. Kapp sehr gut wie folgt umschrieben: «Es wird deshalb die entscheidende Frage sein, ob soziale Werte … auf eine objektive Basis gestellt werden können. Gibt es wirklich Kriterien zur Bestimmung sozialer Werte in einem mehr oder weniger objektiven Sinne, auf die sich vernünftige Personen einigen können?» (Soziale Kosten und Marktwirtschaft, 215). Mit dem letzten Satz deutet Kapp bereits an, wie er das Problem lösen will: Er appelliert an das Forum vernünftiger Personen. Die Frage ist, ob sein Weg zu beschreiten ist.

Die Ausgangslage ist klar: Wer über die Verträglichkeit des Energiekonsums mit anthropologischen und sozialen Werten reden will, der muss sagen, von welchem Standort aus er menschliche und soziale Werte bestimmen will. Grob gesprochen bleiben da nur zwei Möglichkeiten: Ich kann (1.) einen christlich-theologischen – oder einen anderen, z. B. humanistischen – Standort einnehmen und von da aus menschliche und soziale Werte beurteilen. Oder ich kann (2.) der Methode Kapps folgen und vom Konstrukt einer fairen Vernunftsgemeinschaft ausgehen, ein Verfahren, durch das sich bereits die «goldene Regel» im NT, Kants kategorischer Imperativ, Smiths «unparteyischer Zuschauer», Rousseaus contract social und Rawls Theorie der Gerechtigkeit auszeichnen.

Wenn ich heute vom christlich-theologischen Standort ausgehe, dann laufe ich Gefahr, dass man mir sagt: Alles schön und gut, aber wir machen die Voraussetzungen nicht mit. Also bleibt mir heute nur der zweite Weg: Ich gehe davon aus, dass man bereit ist, in fairer Weise, d. h. unter Ausklammerung von Interessen, mit mir nach Regeln und Bestimmungsfaktoren für menschliche und soziale Werte zu fragen.

Zur Unterstützung meines Vorhabens könnte ich allerdings auch sagen: Wer sich mit der notwendigen Höhe des Energiekonsums befasst, muss sich auch mit menschlichen und sozialen Werten befassen. Denn es ist unwissenschaftlich, irgendetwas auszuschliessen, das für ein Problem von Belang ist (S. M. Clark, zit. nach Kapp, a. a. O., 207). Nun weiss ich natürlich, dass ich niemanden völlig behaften kann. Denn man kann immer noch sagen: Wir überlassen das Anstreben von Werten dem einzelnen innerhalb des Konzepts einer rahmengeplanten Marktwirtschaft.

Im folgenden gehe ich nun davon aus, dass wir in Form von Kriterien Massstäbe setzen müssen für die Beantwortung von zwei Fragen:

1. Welche Werte und Ziele soll der Mensch vernünftigerweise anstreben?
2. Welche Werte und Ziele darf der Mensch anstreben unter Berücksichtigung des Umstandes, dass es noch andere Menschen, Lebewesen und eine Umwelt gibt?

5. Wenn ich mich nun diesen zwei Fragen stelle, dann komme ich auf fünf Kriterien, die ich sogleich erläutern will:

1. *Sinnintegrierte Bedürfnisbefriedigung*
   Ich verstehe darunter die Befriedigung der menschlichen Bedürfnisse, welche letztlich integriert ist durch die Vorstellung von Sinn. Das heisst eine Anordnung der materiellen Bedürfnisbefriedigung, welche auf Sinnerfahrung hin, auf Erfüllung des Menschseins und der eigenen Persönlichkeit durch innere, nicht materielle Werte tendiert; welche letztlich auch offen ist für eine transmaterialistisch-empirische Orientierung, z. B. durch Bereitschaft zum Verzicht auf Vorteile, Einsicht in die Begrenztheit des Menschen, Bereitschaft zum Leiden.
2. *Handlungsfähigkeit*
   Diese meint, dass der Mensch nicht in Abhängigkeit von Zwängen, Gesetzmässigkeiten, Rationalisierungen usw. gerät, sondern seine autonome Handlungsfähigkeit beibehält. Zur Handlungsfähigkeit gehört auch die Uebernahme von Verantwortung für sich selbst und für andere, aber auch Partizipation.
3. *Mitgeschöpflichkeit*
   Dieser Begriff enthält ein ganzes Bündel von Kriterien. Einmal die Vorstellung, dass der Mensch ein soziales Wesen ist und also mitmenschlich leben sowie Ehrfurcht vor dem Leben haben soll. Aber auch, dass er Teil der gesamten Schöpfung ist und seinen Anspruch in fairer Weise mit allen anderen Geschöpfen abzustimmen hat. Endlich gehört dazu das Kriterium der Ueberlebensfähigkeit. Denn als einer, der leben will, muss ich annehmen, dass andere Geschöpfe heute und in Zukunft auch leben wollen. Ich kann auf keinen Fall mein Leben auf Kosten anderer Geschöpfe maximieren. Mitgeschöpflichkeitkeit bedeutet auch «Bereitschaft und Fähigkeit, Bedürfnisse und Interessen anderer wahrzunehmen und sie umso mehr zu berücksichtigen, je schwächer der andere ist». (F. Neidhard, 1970).
4. *Relativität* (A. Rich)
   Sie spricht die Begrenztheit allen menschlichen Tuns an. Weder ist dem Menschen eine maximale Deckung aller Bedürfnisse zugesagt, noch kann er davon ausgehen, dass menschliche Ordnung und Strategien letztgültig oder grenzenlos sind.

5. *Universalisierbarkeit*
Weil der Mensch Teil der Schöpfung ist, muss sich sein Handeln prinzipiell orientieren am Kriterium der Universalisierbarkeit. Das heisst, sein Handeln ist grundsätzlich nur dann gerechtfertigt, wenn man voraussetzen kann, dass dann, wenn alle so handeln, die übrigen Kriterien nicht tangiert werden.

Diese Kriterien sind, wie gesagt, normative, bewertete Aussagen. Sie nehmen einen Standort ein. Sie beanspruchen nun allerdings, dass sie nicht Ausdruck einer subjektiven Beliebigkeit darstellen. Sie verstehen sich vielmehr als logische und präskriptive, d. h. letztlich evidente Aussagen für eine Argumentationsgemeinschaft. welche nach fairen Regeln für das menschliche Handeln sucht. Sie sind letztlich nichts anderes als die Selbstauslegung dieser auf Fairness beruhenden Gemeinschaft. Falsifiziert werden können sie eigentlich nur von einem Standort ausserhalb dieser Fairnessgemeinschaft her.

6. Eine Analyse der westlich und östlich konzipierten und dominierten Industrie- und Wachstumsgesellschaft zeigt, dass diese Kriterien insgesamt in schwerwiegender Weise tangiert werden. Man könnte hier auf Umweltprobleme oder die Lage in den Entwicklungsländern eingehen. Ich konzentriere mich aber, entsprechend der Themastellung dieses Referates, auf einen besonderen Punkt, nämlich auf die Frage der menschlichen und sozialen Aufnahmekapazität von Energie. Der Energieverbrauch – immer im Rahmen der Industriegesellschaft – ist ein gewaltiger Eingriff in das menschliche und soziale Leben. Unzweifelhaft hat dieser Eingriff für den Menschen positive Folgen. Aber ebenso unzweifelhaft sind die negativen Folgen. Und weil ich mich heute mit den Grenzen der Kompatibilität zu befassen habe, bewege ich mich im folgenden eben stets dort, wo die positiven Wirkungen in negative umschlagen können.

Im folgenden wird versucht, diese negativen Einwirkungen auf den Menschen zu systematisieren. Als Massstab dient der Satz der Kriterien, wie er vorher entwickelt worden ist.

6.1. Der grosse Energiekonsum wirkt als Verstärker der menschlichen Aussenorientierung. Arbeit und Konsum, beide heute abhängig von grossen Mengen Energie, wirken als Verstärker der Aussenorientierung des Menschen. Diese geht einher mit einer Abschwächung oder niedrigeren Einstufung der an Innerlichkeit, Mitmenschlichkeit und Kultur orientierten Werte.

Ein interessanter Hinweis auf dieses Phänomen findet sich in einer Umfrage: «Betrachtet man z. B. die Selbstbeschreibung von persönlichen Eigenschaften bei Gymnasiasten, die Technik- bzw. Ingenieurwissenschaften studieren wollen, und vergleicht man dies mit Gymnasiasten, die sich für andere Studienrichtungen entscheiden, dann fällt auf: Die kommenden Technik- und Ingenieurstudenten sagen weniger häufig von sich, «es gibt vieles, was mir nahegeht, mich innerlich betrifft», … «ich habe einen grossen Bekanntenkreis» und «mit fremden Menschen komme ich schnell ins Gespräch» als dies kommende Geistes- oder Sozialwissenschafter von sich behaupten. Dafür sagen aber die Technik- und Ingenieurstudenten von sich: «Gewöhnlich rechne ich bei dem, was ich mache, mit Erfolg», und «ich bin ein fleissiger, arbeitsamer Mensch». (Allensbach, zit. nach Atomwirtschaft, Juli/Aug. 1983, S. 373).

Aussenorientierung heisst z. B. stärkere Abhängigkeit von Konsumgütern; weiter die Bevorzugung von materiellen Gütern wie Verkehrsmittel, was dann als Zerstörung echter menschlicher Kontakte und Kommunikation, aber auch menschlicher Innerlichkeit und Ruhe wirkt. Verstärkung der Aussenorientierung hat auch eine bestimmte Tendenz zur Problemlösung zur Folge: technische, materielle Probleme werden Lösungen zugeführt, menschliche, soziale, innere, kulturelle Probleme mindestens unterschätzt. Das stärkste Beispiel dafür ist, dass die grössten Probleme der Menschheit: Entwicklung, Gewalt, Wertzerfall, soziale Integration, Bevölkerungsexplosion, Umgang mit der Natur nicht umfassend genug in Angriff genommen werden. Den Grund sehe ich in der Tragik, dass die moderne Gesellschaft fixiert ist auf aussengeleitete Lösungsmuster auch dort, wo moralische, geistige, menschliche und soziale Kompetenz gefordert ist. Im gleichen Atemzug zitiere ich V. Hauff, Energieversorgung und Lebensqualität, Neckar Verlag Villingen 1978, 281: «Nur ein kleiner Teil der heute gekauften Produkte erfüllt einen positiv zu bewertenden Bedarf. Ein weit grösserer Teil wird gekauft, um

Bedürfnisse zu befriedigen, deren Hauptquelle in den Nebenwirkungen der gesellschaftlichen Fehlentwicklung liegt – z. B. starke Abhängigkeit vom Auto als Folge der grossräumigen Siedlungsstruktur, Fitness-Clubs als Folge mangelnder Bewegung. Medikamente gegen Uebergewicht, Psychopharmaka als «Spiegelbild der Hilfslosigkeit, Unsicherheit und Verzweiflung des heutigen Menschen». Endlich wäre darauf hinzuweisen, dass Aussenorientierung auch eine Verstärkung der Abhängigkeit des Menschen bedeutet.

Die Konzentration auf äussere Werte wie Konsumgüter vermindert z. B. auch die Handlungsfähigkeit des Menschen im Bereich Gesundheit. Schliesslich ist die Frage zu stellen, ob nicht die alten christlichen Werte wie Frugalität, Enthaltsamkeit (continentia) und Mässigkeit (temperantia) unseren Kriterien der Sinnintegration Relativität und Universalisierbarkeit sehr nahekommen.

H. Jonas / D. Mieth, Was für morgen lebenswichtig ist, Freiburg / Basel / Wien 1983, 23 / 24:

«*Frugalität*»: da wären wir also bei einem recht alten und erst jüngst aus der Mode gekommenen Wert. *Enthaltsamkeit* (continentia) und *Mäßigkeit* (temperantia) waren durch lange Vorzeiten des Abendlands obligate Tugenden der Person, und die «*Völlerei*» steht groß im kirchlichen Katalog der Laster. Beides waren, wohlgemerkt, sittliche Werte und Unwerte in sich selbst, d. h. zum Guten und Schlechten der Seele, die durch Indulgierung der Begehrlichkeit und des Leiblichen an Adel verliert. Rücksicht auf Kargheit und was man sich leisten kann, ist dabei sekundär. (Das spielt wohl bei der Sparsamkeit eine Rolle, die nicht dasselbe ist.) Auch wo Selbstversagung nicht geradezu Bedingung des Seelenheils war (worüber Nietzsche in seiner Anatomie «asketischer Ideale» manches und nicht durchweg Schmeichelhaftes zu sagen hatte), war doch eine gewisse Frugalität weithin das Wahrzeichen eines höheren Daseins. Die jetzt neu geforderte Frugalität hat hiermit, und mit persönlicher Vollkommenheit überhaupt, nichts mehr zu tun, obwohl als Nebenerfolg auch dieser Aspekt zu begrüßen wäre. Gefordert ist sie im Weitblick auf die Erhaltung des terrestrischen Gesamthaushaltes. Sie ist also eine Facette der Ethik der Zukunftsverantwortung. Am wenigsten hat sie mit bestehender Kargheit zu tun. Im Gegenteil, sie ist zu predigen in einer Lage, wo die «Völlerei» im weitesten Sinne der Konsumsüchtigkeit nicht nur durch üppigsten, allzugänglichen Güterreichtum begünstigt wird, sondern auch als fleißiges allgemeines Konsumieren des dazu erzeugten Sozialprodukts geradezu ein notwendiges und verdienstliches Mitwirken am Laufen der modernen Industriegesellschaft geworden ist, die ihren Mitgliedern zugleich das Einkommen dazu verschafft. Alles ist auf diesen Erzeugungs- und Verzehrkreislauf eingestellt, unaufhörlich wird in der Reklame jeder zum Verzehren ermahnt, angestachelt, verlockt. «Völlerei» als sozialökonomische Tugend, ja Pflicht – das ist wahrlich ein geschichtlich Neues im jetzigen Augenblick der westlichen Welt. Gegen diese Zwänge und Reize, dieses Klima allgemeiner Indulgenz und ihrer materiellen Ermöglichung, ist also der noch neuere Ruf nach Frugalität, nach erneuter Frugalität zu erheben. Der Sinn eines solchen Rufes ist, wie wir sahen, an sich nicht die Rückkehr zu einem alten Ideal, sondern die Aufrichtung eines in der Erscheinung ihm gleichenden neuen Ideals. Welche Aussicht, sich durchzusetzen, hat dieser Ruf, bevor die schließlich über uns hereinbrechende Kargheit zu viel Schlimmerem nötigen wird!

Erwähnenswert ist die Vermutung von Jonas, «dass schon die äusserlich guten Zeiten mit einer inneren Verwüstung des Menschen erkauft sein können, die vielleicht nicht weniger irreparabel wäre als die der Umwelt». (Jonas / Mieth, a. a. O. S. 15)

6.2. Der hohe Energieverbrauch im Rahmen der Industriegesellschaft löst die falschen Probleme.

Die schwerwiegendsten Probleme unserer Zeit sind nicht zunächst mit materiellem Einsatz, sondern mit politisch-geistig-moralischen Mitteln zu lösen.

Ich denke dabei etwa an die Liste der Probleme, wie sie der Präsident des Club of Rome, Aurelio Peccei, in seinem Buch: Die Zukunft in unserer Hand (Molden, Wien 1981), S. 78ff., zusammengestellt hat:

- Bevölkerungsexplosion
- Nicht-Vorhandensein von Plänen und Programmen
- Zerstörung der Biosphäre
- Krise der Weltwirtschaft
- Rüstungswettlauf
- Tiefgreifende soziale Uebel
- Anarchische wissenschaftlich-technische Entwicklung
- Ueberalterung und Verknöcherung der Institutionen
- Ost-West-Gegensatz
- Nord-Süd-Gefälle
- Mangel an moralischer und politischer Führung

Diese Liste trifft sicher die wichtigsten Aufgaben bzw. Krisen der Zukunft. Die Probleme, die damit verbunden sind, lassen sich durch einen höheren Energieverbrauch kaum, nur zum allergeringsten Teil, lösen. Zu vermuten ist vielmehr, dass manche dieser Probleme mit weniger Energie besser zu lösen wären (z. B. Zerstörung der Biosphäre, Rüstungswettlauf, soziale Uebel).

6.3. «Weiche» Energieformen haben positivere soziale Auswirkungen als «harte» Energieformen.

An dieser Stelle soll kurz auf den Umstand hingewiesen werden, dass es natürlich nur im Sinne einer abgekürzten Darstellung erlaubt ist, von «hohem Energieverbrauch» als von einer absoluten und eindeutigen Grösse zu sprechen. Es stellt sich natürlich sofort die Frage nach der Form der verbrauchten Energie bzw. nach den Energieträgern. Hier geht es um eine Behauptung, die Amory Lovins in einer grundsätzlich für mich überzeugenden Weise aufgestellt und begründet hat. Lovins definiert «soft energy technologies» (SETs) wie folgt: «... diverse renewable sources that are relatively simple from the user's point of view (though often technically very sophisticated) and that are matched in scale and in energy quality to our range of end-use needs.»

Die Grundthese besteht in der Behauptung, dass «weiche» Energiequellen positivere soziale Auswirkungen zeitigten. Damit sind weiche Energiequellen kompatibel mit dem Kriterium der Mitgeschöpflichkeit. Zusammenfassend lassen sich diese Erkenntnisse wie folgt beschreiben:

- increase the viability and reduce the vulnerability of the social system
- reduce social conflicts
- reduce social inequities
- increase democracy, social participation, and freedom
- reduce population and population concentration
- reduce international inequities, tensions, instabilities, and destructiveness

(Die Erkenntnisse von A. Lovins sind dargestellt und kommentiert in: Ann. Rev. Energy, 1981, 6:357–78.)

6.4. Die Gefährdung eines Wahrnehmungs- und Bedürfnisgleichgewichts. Die Abschirmung gegenüber den Wirkungen der Natur durch unser Energiesystem und die damit verbundene Entwicklung von Mitteln und Techniken gefährden die menschliche Wahrnehmung von Naturzusammenhängen und damit die Handlungsfähigkeit des Menschen.

- Viele Menschen kennen den Wald nicht mehr und sind heute überrascht durch seine wachsende Zerstörung.
- Kälte und Wärme, Tag und Nacht sowie Jahreszeiten werden durch Klimaanlagen geregelt; die gesamte Energieapparatur wird immer mehr dem direkten Erlebniszugang des Menschen entzogen. Problematisch sind die Folgen sowohl für die innere Orientierung des Menschen als auch für seine Orientierung im Ganzen der Natur.
- Der Verlust der physischen Anstrengung hat ebenfalls Auswirkungen auf das menschliche Wahrnehmungsverhalten.

(K.M. Meyer-Abich / B. Schefold, Wie möchten wir in Zukunft leben, München 1981, 33–34):

> Das Gleichgewicht von Energie und Gestaltung oder von physischer Leistung und Verwendungsintelligenz, das unser Handeln der menschlichen Körperbeschaffenheit nach ursprünglich charakterisiert, ist im Wirtschaftsprozeß so weitgehend nach der Seite der Intelligenz hin verschoben, daß unsere Arbeit kaum noch ein sinnlicher Vollzug, also sozusagen gar kein «Handeln» mehr ist und die Bewegungsarmut anderweitig kompensiert werden muß. «Der Seinsbeweis, den Arbeiten früher geliefert hatte: ‹Ich schwitze, also bin ich›, wird uns vorenthalten» (Anders 1980, 102). Noch nie war die Wirtschaftstätigkeit einer Gesellschaft so leiblos oder jedenfalls leibabgewandt wie die der unseren.

- Der Kontakt mit der Umwelt geschieht immer mehr mittelbar: über Schaltungen, Steuerungen usw., auch etwas über das Steuerrad des Autos. Die Einwirkungen auf die Umwelt werden nicht mehr physisch erfahren. Vielleicht kann man so die Toleranz gegenüber den Todesfällen auf der Strasse, aber auch die Planung und den Einsatz von Massenvernichtungsmitteln im Krieg erklären. Leidensfähigkeit des Menschen und damit die Bereitschaft des Leidens werden ausgeschaltet, aus dem Regelkreis zwischen Mensch und Natur herausgenommen.

Das Energiesystem hat so Auswirkungen auf die menschliche Bedürfniskonstellation. Seev Gasiet stellt in seinem wichtigen Buch: Menschliche Bedürfnisse, die Frage, warum der Mensch angesichts der Gefahr der totalen Vernichtung durch Krieg oder Umweltzerstörung weitgehend «kein Bedürfnis hat, die Gefahr zu erkennen» (a. a. O., S. 321ff.) Das heisst doch: Ist der Mensch noch fähig, richtig zu reagieren, bezogen auf die Anordnung seiner Bedürfnisse?

(S. Gasiet, Menschliche Bedürfnisse, Frankfurt / M / New York 1981, 322–23):

Ein wenig präziser bedeutet das, daß die vorherrschende Bedürfniskonstellation der Menschen so beschaffen ist, daß sie diese Art von Gefahr weder spüren können noch spüren wollen. Es handelt sich genaugenommen darum, daß die Menschen aufgrund einer kulturellen Tradition von Jahrtausenden auf diese, ganz neue und andersgeartete Gefahr (menschlicher Selbstvernichtung) genauso reagieren, wie auf eine jener Gefahren, die sie immer schon gemeistert haben.

Die Bedürfniskonstellation unter der Vorrangigkeit des Grundbedürfnisses nach Anerkennung war unter anderem ein sehr effizientes Mittel, alles zu bekämpfen und zu überwinden, was die menschliche Bedürfnisbefriedigung überhaupt gefährdete. Vorrangigkeit des Bedürfnisses nach Anerkennung und die entsprechende Beschränkung der Bedürfnisse nach zwischenmenschlichen Beziehungen und nach Sinngebung erwies sich als gleichermaßen nützlich für die Eroberung und Ausbeutung von Naturschätzen wie von Menschen.

Kam es bisher in politischen Machtkämpfen stets darauf an, aktuelle oder potentielle Gegner anzugreifen, um sie zu besiegen, gilt es heute, den Angriff um jeden Preis zu vermeiden, weil anstelle des Sieges nur die totale Vernichtung sowohl des Angreifers als des Angegriffenen in Aussicht steht. Während die wirtschaftliche Hauptaufgabe bisher darin bestand, die Produktion so weit wie möglich zu vergrößern, geht es heute darum, sie zu beschränken, um ihre Möglichkeit nicht überhaupt zu untergraben. Während bisher als selbstverständliches Zeichen eines menschlich, national und kulturell gesunden Gemeinwesens galt, daß es sich stetig vermehrt, kommt es heute darauf an, eine Geburtenregelung im Weltmaßstabe durchzuführen, damit nicht Millionen verhungern müssen.

Die Frage ist hier zu stellen, ob der Mensch in seinem Bedürfnishaushalt überhaupt in der Lage ist, auf eine so stark veränderte Umwelt sinnvoll zu reagieren. Man könnte so sagen: Das jahrtausendealte Gleichgewicht zwischen Werten wie Tapferkeit, Schnelligkeit, Macht, Gewalt, Leistung einerseits, Verzicht, Barmherzigkeit, Liebe andererseits ist massiv gestört. Die Folgen von Tapferkeit, Grösse, Schnelligkeit, Kühnheit sind heute ganz andere als in einer vorindustriellen und vorelektronischen Zeit.

Mit Recht hat Hans Jonas kürzlich geschrieben: «Unsere Macht ist gefährlicher als unsere Ohnmacht» (H. Jonas/D. Mieth, Was für morgen lebenswichtig ist, Freiburg i. B. 1983, S. 13). Die Fähigkeit des Machens, der Fortschritt, droht «zu vielleicht unheilbarer Umweltverwüstung zu führen» (a. a. O., S. 15). Und der alte und sicher bemerkenswerte Wert der Tapferkeit wird angesichts moderner Möglichkeiten zum Problem. «Unstreitig im Wert hohen Ranges in der Vergangenheit, hat sie im Bilde einer Zukunft, die dauern soll, kaum noch Platz» (Jonas, a. a. O., S. 17). Die Kriegsvermeidung wird wegen der Entwicklung der Kriegstechniken selbst zur Ueberlebensfrage der Menschheit; und auch in solchen bewaffneten Konflikten, die vor dem äussersten Mittel haltmachen, hat die persönliche Tapferkeit gegenüber der alles entscheidenden Macht unpersönlicher Technik immer weniger zu bestellen. Hier wird also ein Wert obsolet in dem doppelten Sinne, dass die Menschheit sich die Gelegenheit zu seiner Aktualisierung nicht mehr erlauben darf, und wenn sie es doch tut, die Gelegenheit selbst als ihm entfremdet dasteht.» (A. a. O. 17).

6.5. Der Mensch bleibt der alte, die Mittel werden gefährlicher.

Der Mensch war schon immer ein unvollkommenes Wesen. Die christliche Theologie spricht in diesem Zusammenhang von der grundsätzlich sündhaften menschlichen Natur: Feindschaft, Gewalt, Unterdrückung, Egoismus und Ueberheblichkeit sind Beispiele dafür. Der Unterschied zwischen früher und heute besteht im wesentlichen darin, dass sich der sündhafte Mensch heute ganz anderer, weitreichende Folgen der Destruktion zeitigender Mittel bedienen kann. Bereits das Steinbeil war in dieser Hinsicht ein gewaltiger Sprung in bezug auf die blosse Faust. Ganz zu schweigen heute von den Möglichkeiten der Kriegsführung, der elektronisch gesteuerten Unterdrückung, der Naturzerstörung. Die Mitgeschöpflichkeit und die Einsicht in die Relativität des Menschen sind wie nie zuvor gefährdet. Es ist kein Zufall, dass die Zeit der Industrialisierung einherging mit einem optimistischen – jede Relativität vermissenden – Menschenbild, was die sündhafte menschliche Natur betrifft. Francis

Bacon redet in diesem Zusammenhang von einer «Reinigung und Entsündigung des menschlichen Verstandes» (1620, I, 69). Aber der Glaube an den durch Energie und Industrialisierung geförderten Marsch zurück ins Paradies, war wohl eine echte Ideologie, die einfach notwendig war für die Legitimation des Tuns. Heute stehen wir vor der Tatsache, dass wir eine Apparatur aufgebaut haben, welche eigentlich nur in die Hände eines Menschen gehört, den es bisher nicht gegeben hat, und den es auch nie geben wird. Der Mensch ist heute im Besitz von Allmachtsmitteln, z. B. was die kriegerische Zerstörung der ganzen Schöpfung betrifft. Nur ist er selbst weit entfernt von den echten Attributen der Allmacht, und auch sein Vermögen zu vernünftiger Handhabung ist stark beschränkt. Dieser Gedanke war es wohl, der C. F. von Weizsäcker dazu bewogen hat, zu zweifeln an der Fähigkeit des Menschen zum vernünftigen Umgang mit Atomenergie. Woher nimmt man den kühnen Glauben, dass die Menschheit, die einen Adolf Hitler hervorgebracht hat, und die heute angefüllt ist mit Gestalten, die zu jeder Gewalt entschlossen sind, rational mit der höchstgefährlichen Apparatur umgehen wird?

6.6. Die mit hohem «hartem» Energiekonsum verbundenen Sicherheitsfragen können die menschlichen und sozialen Voraussetzungen überfordern.

Hoher Energieverbrauch hängt zusammen mit Kernenergie. Dass Kernenergie Sicherheitsfragen in einem ungewohnten Ausmass aufwirft, ist unbestritten. Das berühmte Zitat A. Weinbergs lautet wie folgt: (A. Rossnagel, Bedroht die Kernenergie unsere Freiheit? München 1983, 238): «Wir Atomfachleute haben mit der Gesellschaft einen faustischen Pakt geschlossen. Einerseits bieten wir ... eine unerschöpfliche Energiequelle ... aber der Preis, den wir von der Gesellschaft für diese magische Energie fordern, ist sowohl eine Wachsamkeit als auch eine Dauerhaftigkeit unserer sozialen Institutionen, die für uns ganz ungewohnt sind.» Unter dem Aspekt der Sozialverträglichkeit läuft in der BRD gegenwärtig ein Forschungsprogramm, das sich u. a. auch mit dem Sicherheitssystem kerntechnischer Anlagen befasst. Der oben zitierte Band ist ein Produkt dieses Projekts. Viele Fragen sind in diesem Zusammenhang zu stellen. So etwa, ob es gesellschaftlich wünschbar ist, die für die Kernenergiegesellschaft benötigten Ueberwachungsorganisationen zu schaffen, mit allem, was dazugehört. Man kann sich fragen, ob Staat und Bürger nicht überfordert sind, vor allem noch in einer zukünftigen Gesellschaft mit erhöhten sozialen Konflikten, Konsensverlust und terroristischen Möglichkeiten. Die notwendige Ueberwachung kann sehr wohl in ernsthafte Konflikte mit der Sicherung der bürgerlichen Freiheit geraten. (A. a. O., 207ff.) Bedenkenswert ist aber nach wie vor die Aussage des kürzlich verstorbenen Philosophen G. Picht aus dem Jahre 1978: (in: A. Rossnagel, a. a. O., 239) «Der Schutz der Anlagen muss über Tausende von Jahren hinweg garantiert werden können. Weder Naturkatastrophen, noch Epidemien, Wirtschaftskrisen, Revolutionen, Bürgerkriege oder Kriege dürfen die komplizierten Sicherungsmassnahmen ausser Kraft setzen, die alle Sachkenner für unentbehrlich halten. Das fordert eine politische und soziale Ordnung, die ebenso lang stabil bleibt, wie die ganze uns bekannte Menschheitsgeschichte bisher gedauert hat. Wer behauptet, eine Plutonium-Oekonomie sei ‹sicher›, muss sagen, wie er einen solchen Zustand herstellen will». Unter dem Aspekt von Sinnintegration, Handlungsfähigkeit und Universalisierbarkeit ist hier zu fragen, ob der eingeschlagene Weg sinnvoll sei.

6.7. Die Zerstörung von Kulturen, Traditionen und Werten.

Die Energie- und Industriegesellschaft bringt, gerade durch den Einsatz von Energie, den gesamten uralten, historisch gewachsenen Kulturhaushalt der Erde völlig durcheinander. Daniel Bell hat einmal darauf hingewiesen, dass die Einführung des Autos in den USA eine eigentliche kulturell-moralische Revolution ausgelöst hat: Die soziale Kontrolle am Ort wurde gesprengt, im Auto kann sich jeder dieser Kontrolle und also der geltenden Normen entziehen! Man steht am Anfang der permissiven Gesellschaft. Verkehrs- und Kommunikationsmittel erlauben eine physische und ideologische Penetration und Migration grundsätzlich aller an alle Orte, verbunden mit kulturellen Konflikten, vor allem aber mit einem Verlust von historisch gewachsenen Institutionen: Der dadurch mögliche Pluralismus macht alles relativ, Konturen werden abgebaut, Normen und Werte zerstört, Sitten und Verhaltensweisen tangiert. Der Mensch, der nach Gehlen Institutionen für das Ueberleben braucht, steht bald vor der Situation, dass die Selbstverständlichkeit von Institutionen, Werten und Traditionen völlig reduziert worden ist, und dass solche Institutionen eigentlich neu aufgebaut werden müssen. Darin liegt aber wohl eine völlige Ueberforderung für den Menschen: Zerfall von Werten, totaler Pluralismus; Konsens- und Regierungsunfähigkeit sind die Folgen.

6.8. *Die Schaffung einer künstlichen Welt.* Energie und Industrialisierung erlauben die Artefaktizierung mehr und mehr der ganzen Welt. Die Umwelt wird mehr und mehr zur vom Menschen gemachten Welt. Die Natur wird zur künstlichen Welt umgestaltet. Mehr und mehr werden Böden asphaltiert, Bäume und Wälder abgeholzt oder zerstört, Aussichten verbaut, Flüsse und Bäche genormt. Wir sind dabei, eine Kunstwelt aufzubauen, die aus Kunststoffen besteht. Bei der Umwandlung natürlicher Stoffe in Kunststoffe ist in erster Linie an die Möglichkeiten der Energie zu erinnern. Eine künstliche Welt muss ständig unterhalten werden. Der Mensch wird einerseits zum aussenorientierten Operateur. Andererseits stellt sich die Frage, wie er sich in der künstlichen Welt als «zu Hause» empfindet.

Auf jeden Fall sind die kulturellen Erfahrungen in Grossstädten und manchen Ländern der Erde keine gute Verbesserung.

7. Damit sehe ich meine Aufgabe, über anthropologische und soziale Grenzen des Energiekonsums nachzudenken, als erfüllt an.

Die Frage, welche theoretischen und praktischen Schlüsse daraus zu ziehen sind, muss nun allerdings neu gestellt und beantwortet werden. Dabei werden sich wieder vertrackte theoretische Probleme stellen.

Ich möchte fast annehmen, dass meine Kriterien und ihre Anwendung in den 8 Punkten über die negativen Auswirkungen des Energiekonsums manchem einleuchten. Trotzdem ist damit noch nicht definitiv über die Frage: Brauchen wir mehr oder weniger erneuerbare oder nicht erneuerbare Energie? entschieden. Selbst wer mir in meiner Analyse und Interpretation zustimmt, kann einwenden: Die normative Position ist begründet, deren Anwendung auch. Nur hat das alles keine Gültigkeit, wenn es um die Bestimmung des Zusammenhangs von Konsum und Bedarf geht. Denn diese normative Position ist ökonomisch nicht verhandlungsfähig: Was die einzelnen Menschen als sinnvoll und ethisch richtig ansehen, kann nicht in einem Zielkatalog verbindlich für eine Gesellschaft festgehalten werden. Es ist die Freiheit des einzelnen, seinen Lebens- und Sinnplan selbst zu erstellen. Also: Die Analyse mag begründet sein, sie ist aber auf der ordnungspolitischen und wirtschaftspolitischen Ebene weder theoriefähig noch operabel.

Ich halte dies für eine mögliche Position. Ich würde allerdings ordnungspolitisch einen anderen Schluss ziehen: Es ist ein politischer Konsens über verschärfte Rahmenbedingungen der Marktwirtschaft anzustreben, welche die negativen Auswirkungen des Lebens oder falschen Energieverbrauchs berücksichtigen.

Auch auf der Ebene des Unternehmens, der Gewerkschaften und des Konsumenten sehe ich mögliche Schritte, und zwar jenseits und diesseits neuer Rahmenbedingungen. Doch davon soll und kann hier nicht mehr die Rede sein.

Theologische und ethische Ueberlegungen zum Verhältnis des Menschen zum Boden

Die Bedeutung des Bodens für den Menschen ist elementar. Das leuchtet zunächst ohne weiteres ein. Ohne Boden gibt es nichts zu essen, und es gibt keine Heimat, keinen Wohnraum.

Es ist daher einleuchtend, dass der Boden in den religiösen Vorstellungen weitherum einen wichtigen Stellenwert innehatte. Dieser Umstand ist nichts anderes als der Ausdruck seiner elementaren, überlebensnotwendigen Bedeutung für den Menschen. Von besonderem Interesse für uns ist nun aber, dass diese religiöse, zum Teil auch philosophisch-ethische Einbindung des Bodens eine ganz bestimmte Ordnung in das Verhältnis des Menschen zum Boden brachte. Die religiösen Vorstellungen haben den Umgang mit dem Boden geordnet, kanalisiert, begrenzt, definiert.

Ein Beispiel dafür ist das Alte Testament. Zuvorderst ist hier an die Tatsache zu erinnern, dass das Volk Israel wusste, dass das Land letztlich von Gott geschenkt ist und Gott gehört, dem Menschen nur zu Lehen gegeben ist. «Grund und Boden darf nicht für immer verkauft werden, denn das Land ist mein». (3. Mose, 25).

Dieses Bewusstsein führte dann zweitens u. a. dazu, dass das Land im Idealfall nicht verkauft, sondern verlost wurde. Einige Bezeichnungen für den Boden weisen in diese Richtung: chebel (Messschnur), chelq (Anteil vom gemeinsamen Landbesitz) und vor allem goral: Los, Losanteil. (S. dazu Hans-Peter Mathys, Vortrag in Gwatt v. 13./14.1.1984, Maschinenschrift). Weiter, drittens, gehört es zu einer religiösen Bestimmung, dass der Boden Familienbesitz ist und bleibt. Viertens legen die Propheten ganz massiv gegen die Bodenspekulation los. Und fünftens gehört dazu die wichtige Bestimmung über die Brache (2. Mose 23, 10–11): «Sechs Jahre sollst Du Dein Land bestellen und seinen Ertrag einsammeln. Im siebenten Jahre aber sollst Du es brach liegen lassen und freigeben, damit die Armen Deines Volkes sich davon nähren können. Und was übrig bleibt, mag das Wild des Feldes fressen. Ebenso sollst Du es mit Deinem Weinberg und Deinen Oelbäumen halten».

Aus dem alten Griechentum ist der Spruch von Thales überliefert: «Alles ist voll von Göttern». Das ist ein anderer Ausdruck für die Vorstellung, dass alles, eben auch der Boden, von den Göttern besetzt ist. Der Boden steht also für viele Religionen, vor allem für das Alte Testament, im Geflecht einer Bindung zu Gott. Aus dieser *Bindung* (religio) ergibt sich eine *Ordnung* für den Umgang mit dem Boden.

Ob diese aus der Bindung entworfene Ordnung in jedem Fall gut war, und wie oft sie eingehalten wurde, wissen wir nicht. Aber eines wissen wir: Es gehört zum hervorstechendsten Merkmal der modernen Welt, dass der Mensch aus dieser Bindung herausgebrochen ist, und dass damit die alte Ordnung, ja vielleicht die Ordnung überhaupt, zerstört ist. Im besten Fall können wir sagen: Der aus der Bindung herausgebrochene Mensch steht vor der Aufgabe, sich selbst eine Ordnung zu geben für den Umgang mit dem Boden.

Es gehört zur Tragik und Tragweite dieses Ausbrechens, dass wir ein Stückweit dies auch ganz gut verstehen können. Der Mensch hat seit der Reformationszeit genug von der religiösen und moralischen Bevormundung durch die Kirche. Ja die Reformation war wohl der Startschuss zur Lösung von solchen Bindungen, der Startschuss zu einer allgemeinen Emanzipation von Religion, Kirche und Moral. Wer will diese allgemeine Emanzipation und Revolution nicht verstehen, wenn man an die Schindluderei und Unterdrückung denkt, die im Namen dieser Bindung praktiziert worden sind.

Eine weitere Etappe dieser Entbindung ist die kopernikanische Entdeckung der Unendlichkeit des Raumes. Hier erfolgte der Uebergang von einer geschlossenen Welt als Schöpfung Gottes zum unendlichen Universum. (S. dazu Jürgen Moltmann, Gott in der Schöpfung, S. 162ff). Wo aber ist Gott, wenn der Raum unendlich ist! *Eine* Antwort hat der Philosoph Descartes darauf gegeben: «Weil er res cogitans und res extensa strikt unterschied, und den Gottesbegriff nur auf die Seele, nicht mehr auf die Natur bezog, konnte mit seiner Ontologie die sichtbare Welt ohne religiöse Hemmungen objektiviert und ihre Objekte mathematisiert werden». (J. Moltmann, a. a. O., S. 163). Damit aber wird alles prinzipiell offen für den Zugriff des herrschenden Menschen, auch wenn dieser Zugriff zunächst noch religiös verpackt dargestellt wird. So sagt Francis Bacon: Das Ziel der wissenschaftlichen Erkenntnis der Naturgesetze ist die Macht über die Natur und damit die Wiederherstellung der Gottebenbildlichkeit und der Herrschaft des Menschen. Und Descartes ging es darum, den Menschen zum «maître et possesseur de la nature» zu machen (J. Moltmann, a. a. O., S. 41).

Auf diese Objektivierung der Natur (und damit der Umwelt und des Bodens) folgte die Rationalisierung im Umgang mit den Dingen. Die ökonomische Theorie seit dem 18. Jahrhundert lebt vom Leitgedanken, wie mit wenig Aufwand möglichst viel produziert werden kann. Die neueste Welle der Rationalisierung erleben wir heute.

Fassen wir diese geschichtlichen Ueberlegungen kurz zusammen: Der Mensch löst die *Bindung von Umwelt, Natur, Boden und Gott. Die Natur ist unendlich und offen für den herrschenden Zugriff des Menschen, der mit rationalen und rationalisierten Methoden damit umgeht.* Aber, so muss man jetzt fragen, nach welchen Grundsätzen, nach welcher Ordnung? Oder man kann auch fragen: *Wer* ist dieser Mensch, der alle Bindungen abgestreift hat und nach eigenen Gesetzen in die Natur einmarschiert?

Wer ist dieser Mensch? *Es ist der Mensch, der schnell (subito) und bequem möglichst vieles für sich geniessen will, dabei profitorientiert ist, wobei sich an den Rändern der normalen Profitsucht eine immer grössere Bandbreite von eigentlicher Kriminalität auftut und allfällige negative Folgen durch technologische Strategien behoben werden.*

Dieser Mensch ohne Bindungen marschiert ein in die Natur ohne Bindungen. Das Resultat kennen wir alle: Vergiftung der Meere, abgeholzte Wälder, Waldsterben, vergiftete Böden, überbaute Landschaft, Butterberg usw. «Die Götter liessen sich aus den niedergehauenen Hainen vertreiben, die Nymphen starben in den verrohrten, begradigten und vergifteten Bächen» (Sieferle, 1984, S. 197).

Diesen ganzen Befund könnte man auch beschreiben unter dem Aspekt einer Maximierung menschlicher Interessen, verbunden mit einer Orientierungslosigkeit im Verhältnis des Menschen zur Natur. Folgende Elemente sind dabei besonders augenfällig:

- Dadurch, dass der Mensch die Natur zum *Objekt*, sich selbst zum Subjekt erklärt, hört er auf, sich als Teil der ganzen Natur zu verstehen. Die nichtmenschliche Natur, und so besonders auch der Boden, wird zur Ware, die ausgebeutet werden kann, und die so in den Sog der Rationalisierung gerät.
- Der Boden wird zum Gegenstand menschlichen *Profit*strebens. Er wird vermarktet, verspekuliert, betoniert, ausgelaugt, zerstört.
- Der Mensch will möglichst *rasch* möglichst viel aus dem Boden herausholen. Technologie, Energie und Chemie sind die Mittel für den Zeitgewinn. Der Boden wiederum trägt die Folgen dieses Zeitgewinns für den Menschen, z.B. in Form von Vergiftung, Zerstörung des Gleichgewichts, Abgasen, Uebersäuerung, Ueberbeanspruchung etc.
- Der Mensch hat vergessen, dass von ihm im Umgang mit der Natur *Anstrengungen* verlangt werden.

Dass der Umgang mit dem Boden, sofern man ihm Nahrung abgewinnen will, menschliche Mühen und Anstrengungen verlangt, wird technologisch und chemisch zugunsten der Bequemlichkeiten überspielt. Diese Bequemlichkeit will die tiefe religiöse Wahrheit nicht mehr wahrhaben, dass eben die Arbeit (auch am Boden) in das Reich der Notwendigkeiten (Marx) gehört. Wir tauschen Mühe und Notwendigkeit der Tätigkeit gegen die Bequemlichkeit von Technologie und Chemie. Den Schaden trägt der Boden.

Wir haben oben von der interessenorientierten Orientierungslosigkeit des Menschen gesprochen. Es gehört zur Aufgabe der Ethik, auf jeden Fall die Orientierungslosigkeit zu beheben. Folgende Normen können dabei als grundlegende Orientierungspunkte dienen:

- Schon in anthropozentrischer Sicht ist ein schonender Umgang mit dem Boden geboten, denn die zukünftigen Generationen haben das gleiche Recht auf Leben und Entfaltung wie die jetzt lebende Generation.

- Der schonende Umgang mit dem Boden ist aber auch eine Forderung inbezug auf die gerechte Verteilung unter den heute lebenden Menschen: Wer aufgrund seiner ökonomischen Möglichkeiten einen Lebensstil pflegt, der die Natur stark belastet, schafft Umweltprobleme auch für Menschen, welche bescheiden leben müssen und so die Natur wenig belasten.
- Der Boden ist Lebensraum für viele Arten von Lebewesen. Grundsätzlich haben alle Lebewesen das gleiche Recht auf Leben. (Zu diesem Schluss müssen Menschen, die gerne leben, dann kommen, wenn sie sich klar machen, dass man nicht gleichzeitig gerne leben kann und den Willen zum Leben anderer Lebewesen nicht respektieren will).
- Es gibt eine gebotene Ehrfurcht vor dem in langer Zeit Gewordenen, das zudem ohne den Menschen geworden ist und durch den Menschen auch nicht mehr geschaffen werden kann. Dazu gehört im Speziellen der Boden.
- Jeder Mensch hat eine Pflicht gegenüber der Gesamtheit. Zu dieser Gesamtheit gehört auch der Boden.
- Zu diesen Pflichten gegenüber der Gesamtheit gehört, dass der Mensch Leistungen zu erbringen hat. Er darf sich nicht der Strategie der technologisch erleichterten Ausplünderung des Bodens verschreiben. Grundsätzlich verlangt der Nutzen eine menschliche Anstrengung.
- Solange der Mensch nicht weiss, welches die Funktion auch des kleinsten Lebewesens im Ganzen der Natur ist, soll er äusserst sorgfältig mit allem Lebendigen umgehen.

Mit der Formulierung und Begründung solcher Normen (letzteres müsste z. B. aufgrund der Bibel oder im Sinne einer vernünftigen Argumentationsgemeinschaft geschehen) ist natürlich nur ein erster Schritt getan: Es sind Grundlagen für eine Orientierung des Menschen in seinem Verhältnis zur Natur geschaffen. Diese Grundlagen sind die Basis für mögliche Strategien, wobei allerdings der Aspekt der menschlichen Interessen ausgeklammert bleibt. Diese letztere Frage gehört aber nicht mehr zur Ethik, sondern weist bereits hinein in das Feld der Politik.

27. Februar 1987

Aus: **Binding-Preis für Natur- und Umweltschutz 1991.** Verleihung des Binding-Preises für Natur- und Umweltschutz am 28. November 1991 in Vaduz. Binding-Stiftung, Schaan, Fürstentum Liechtenstein 1992, S. 18–21.

Ethik und Umwelt

Kurzfassung des Referates von Bindingpreisträger 1991 Hans Ruh

Der griechische Begriff Ethos bedeutet, wie einige seiner Abwandlungen, ursprünglich Haus, Hof, Wohnung. Ethik war die Regel, die galt in einem Haus, in einer Wohnung. Und als solche Regel, die dort galt, wo ich wohne, wurde sie zur Gewöhnung, d. h. zur gewohnten Sitte. Sowohl in der griechischen wie in der deutschen Sprache fand die gleiche Entwicklung statt: Nämlich von der Wohnung zur Ethik der Gewohnheit, zur Sitte, die gewöhnlich gilt.

Man kann von da her mit Recht sagen: Ethik meint die Regeln, nach denen wir miteinander wohnen in unserem Haus. Sofort lässt sich auch eine erste Brücke zur Umwelt schlagen: Umweltethik, ökologische Ethik meint die Regeln, nach denen wir im ganzen Haus unseres Planeten leben. Nicht zufällig kommt ja auch der Begriff Ökologie von Oikos, griechisch: Haus.

Ethik und Umweltethik, beide verstehen sich als Haus-Ethik. Aber welche Regeln gelten nun in diesem Haus?

Ich will einmal ein paar grundlegende ethische Regeln nennen

- Ehrfurcht vor dem Leben
- Unnötiges Leiden vermeiden
- Gleiches ist gleich zu behandeln
- Die Wohlfahrt aller ist zu fördern.

Solche grundlegende Regeln zieht der Ethiker nicht aus der Tasche. Sie sind auf den Begriff gebrachte menschheitsgeschichtliche Erfahrung. Erfahrung worüber? Darüber, wie das menschliche Leben gelingen kann.

Und wie kann nach der Erfahrung Leben gelingen? Eben: Ehrfurcht vor dem Leben, Wohlfahrt aller. Die Ethik als Disziplin befasst sich mit der Logik dieser in unserer Kultur von der Geschichte angeschwemmten Erfahrungssätze. Wenn ich nun nach der Tiefenstruktur dieser Erfahrungssätze frage, dann bringen sie eine dreifache Wahrheit der Geschichte zutage:

1. Menschliches Leben kann dann gelingen, wenn wir uns alle um die Wohlfahrt aller bemühen
2. Menschliches Leben kann dann gelingen, wenn wir den anderen Menschen achten
3. Menschliches Leben kann dann gelingen, wenn wir das Leben als geschenktes, befristetes dankbar und in Ehrfurcht annehmen.

Wohlfahrt aller, Achtung vor dem anderen. Ehrfurcht vor dem geschenkten Leben, das ist die menschheitsgeschichtlich, auch und gerade christlich bewährte inhaltliche Botschaft der Ethik.

Dass wir heute vor einem ökologischen Problem stehen, hat damit zu tun, dass wir diese Lebensregeln missachten. Wir alle empfinden so etwas wie eine Störung, die in unserem Oikos, im Haus des Planeten Erde um sich greift. Diese Störung nennen wir das ökologische Problem. Es ist nicht ganz einfach zu sagen, worin das ökologische Problem aus ethischer Sicht besteht. Wir reden von Zerstörung der Natur. Aber hier geraten wir bereits in Schwierigkeiten: Welche Natur ist bedroht? Die Lebensgrundlagen sind für wen oder was bedroht? Ist nicht auch eine natürliche Lebensgemeinschaft in anderer Zusammensetzung als die aktuelle auf unserem Planeten denkbar?

Ich vertrete hier die These, dass die sogenannte Zerstörung der Lebensgrundlagen deshalb für den Menschen nicht akzeptabel ist, weil die sozialen und kulturellen Folgen, sprich: Verheerungen und Leiden, nicht akzeptabel sind. Vom Menschen aus gesehen ist auch eine andere Zusammensetzung der Natur und sind auch andere klimatische Verhältnisse an sich durchaus vorstellbar: Ananas in Sibirien, Rollschuhfahren am Engadiner Marathon usw. Meine These ist, dass allein die Folgen einer raschen Veränderung des Klimas sozial und kulturell nicht zu verkraften sind: Nicht die weltweiten Wanderungsströme (Bangladesch mit

125 Millionen in Richtung höhere Gebiete Europas; die Holländer ins Engadin usw.), nicht die raschen politischen und sozialen Umwälzungen, nicht die Zerstörung von Kulturen. Es sind nicht die ökologischen Folgen im engeren Sinne der ökologischen Veränderungen, es sind die sozialen und kulturellen, allenfalls die politischen und ökonomischen, welche untragbar sind. Später könnten allerdings gesundheitliche Folgen (Krebs, Immunschwächen) dazukommen. Die Leidensspur einer durch den Menschen verursachten raschen klimatischen Veränderung und damit einer raschen Umwandlung natürlicher Verhältnisse ist für den Menschen unerträglich, nicht akzeptabel.

Genau in diese Richtung scheint sich aber die Entwicklung zu bewegen. Der Grund dafür ist relativ einfach auszumachen: Die stoffliche Veränderung der Lufthülle durch das anthropogene Aufreissen von Stoffkreisläufen verändert rasch die Wirkung der Sonneneinstrahlung, die Abstrahlung sowie die Reflexion der Ozeane, was zusammen die rasche Veränderung des Weltklimas ausmachen.

Meine These, die ich hier vertrete, lautet: Was wir nicht verkraften, weder sozial noch kulturell, sind die Folgen der vom Menschen gemachten, sehr raschen Veränderung der klimatischen Verhältnisse.

Wenn ich nun den Blick auf die am Anfang genannten ethischen Regeln zurückdenke: Es könnte wohl sein, dass wir insbesondere die Lebensregel der Ehrfurcht vor dem geschenkten Leben missachten, und zwar in doppelter Hinsicht: Wir haben keine Achtung mehr vor dem, was dem Menschen gegeben ist, was der Mensch nicht selbst geschaffen hat noch wird selber schaffen können. Und: Wir haben keine Achtung mehr vor dem in langer Zeit Gewordenen. Diese beiden Elemente: Ehrfurcht vor dem, was der Mensch nicht geschaffen hat und Ehrfurcht vor dem in langer Zeit Gewordenen. Diese beiden Elemente sind auch im biblischen Verständnis der Schöpfung gemeint.

Von da her heisst der erste Leitsatz einer ökologischen Ethik: Zurück zur Ehrfurcht vor dem, was Dir Mensch, vor langer Zeit, geschenkt worden ist. Der zweite Leitsatz betrifft das, was ich eingangs als die Regel von der Achtung der anderen bezeichnet habe: Leben kann nur gelingen, wenn wir die anderen achten. Unter den anderen verstehe ich hier ausdrücklich auch die zukünftigen Generationen und die nichtmenschlichen Lebewesen. Wir können nicht gerne leben und zugleich sagen, die Zukunft späterer Generationen interessiere uns nicht. Wir wissen zwar, dass wir individuell und auch als Art sterben müssen. Aber das enthebt uns nicht der Aufgabe, darauf zu achten, dass die zukünftigen Generationen eine mit der unsrigen zu vergleichende Lebenschance behalten. In gleicher Weise gehört dazu auch der tiefe Respekt vor jedem Lebewesen, das wir vor unserer gedankenlosen Zivilisationsmaschinerie zu schützen haben.

So kann es niemals richtig sein, dass eine einzige Art, nämlich der Mensch, in so kurzer Zeit so vielen anderen Arten die Lebensgrundlagen entzieht.

Und endlich zum dritten Leitsatz einer ökologischen Ethik: Es kann, auf dem Hintergrund des Gedankens der allgemeinen Wohlfahrt, niemals richtig sein, dass wir die Leiden durch soziale und kulturelle Umwälzungen im Gefolge von Klimaveränderungen akzeptieren. Wer vor 30 000 Asylanten in der Schweiz Angst hat, kann doch nicht behaupten, dass wir die Weltwanderung im Gefolge von grossen Klimaschwankungen ertragen können. Ebenfalls sind zu erwartende gesundheitliche Schäden nicht akzeptabel.

Aus diesen Leitsätzen einer ökologischen Ethik ist sicher ein Schluss zu ziehen: Wir müssen eine Stabilität und Langsamkeit der Entwicklung des ökologischen Gesamtsystems in einem Masse anstreben, als abrupte Veränderungen ausgeschlossen werden, sofern sie vom Menschen gemacht sind. Auf der Sachebene heisst das, dass wir alles daransetzen müssen, die vom Menschen aufgerissenen Stoffkreisläufe so rasch wie möglich zu schliessen.

Leider ist dies aber ein sehr ambitiöses Ziel, obwohl ich darin die einzige vertretbare Lösung sehe. Ambitiös deshalb, weil wir dann auf heute zentrale zivilisatorische Tätigkeiten und Produkte (z. B. Mobilität, Kunststoffe) verzichten müssten. Es könnte wohl sein, dass wir die heutige Lage so umschreiben müssen: Wir sitzen inmitten einer Alternative, wobei die eine, die sinnvolle, nicht realisierbar ist, die andere, die gefährliche, nicht ausser Kraft gesetzt werden kann.

Ich plädiere nun trotz allem dafür, und der mir zugedachte Preis gibt mir nochmals Mut dazu, dass wir fragen, wie wir die sinnvolle Alternative, eben die Schliessung der Stoffkreisläufe, anstreben.

Zum Schluss möchte ich ein paar Ideen äussern, wie man sich diesem Ziel nähern könnte. Ich nenne einige Handlungsebenen

- Die Erziehung: Gefragt ist eine Pädagogik und Didaktik, welche Sozialisationsziele formuliert, welche auf der Linie der Leitsätze einer ökologischen Ethik liegen.
- Das Alltagsverhalten: Gefragt sind Modelle, welche den Menschen Lust und Mut machen, den Alltag am Ziel der Schliessung von Stoffkreisläufen zu orientieren.
- Wirtschaftliche Unternehmen: Gesucht sind Unternehmer, welche Produktionsweise und Produkte stoffkreislaufverträglich gestalten.
- Staat: Wenn wir marktwirtschaftlich handeln wollen, dann brauchen wir ein Steuersystem, das sich am Stoffkreislaufproblem orientiert. Mein Vorschlag heisst: Abschaffung der Einkommenssteuer, dafür eine Lenkungssteuer Energie, eine Wirkungsgradssteuer Energie sowie eine Giftsteuer.

Auf eine solche Weise könnten wir im Haus unseres Planeten weiterhin ein gelingendes Leben anstreben.

Aus: Schweizerische Zeitschrift für Forstwesen. Journal Forestier Suisse.
143. Jahrgang, Nr. 11, November 1992, S. 877–884.

Wald und Gesellschaft: Ethische Aspekte*

Der Wald hat für den Menschen existentielle Bedeutung, zum Beispiel hinsichtlich Erneuerung der Luft, Stabilität des Klimas, Bewahrung der biologischen Vielfalt usw. Es ist hier nicht der Ort, diese hohe Bedeutung des Waldes zu schildern; wir setzen sie vielmehr voraus.

Die ethische Behandlung des Themas Wald setzt mit der Frage ein, wie der Mensch mit dem Wald umgehen soll. Sofort stossen wir auf den Umstand, dass der Mensch, im Unterschied wohl zu allen anderen Lebewesen, in bezug auf sein Verhalten nicht instinkthaft voll durchprogrammiert ist, sondern eine Reihe von alternativen Handlungsmöglichkeiten hat. Daraus folgt, dass der Mensch sich für sein Handeln Orientierung geben muss, woraus sich schon der Bedarf an Ethik ableitet. Dieser Bedarf nach Orientierung verstärkt sich in der heutigen Zeit, in der wir mehr und mehr schwerwiegende negative Folgen des menschlichen Handelns, vor allem im ökologischen Bereich, wahrnehmen, nicht zuletzt eben das Waldsterben.

Die Ethik versteht sich als Disziplin, welche sich methodisch mit der Orientierung menschlichen Handelns befasst. Der Inhalt solcher Orientierung lässt sich zunächst in wenigen Sätzen konzentriert ausdrücken:

- Ehrfurcht vor dem Leben
- Gleiches ist gleich zu behandeln
- Niemandem schaden
- Wohlfahrt für alle
- Ehrfurcht vor dem in langer Zeit Gewordenen.

* Referat, gehalten anlässlich des 5. Seminars «Wald und Gesellschaft», Schloss Lenzburg, 12./13. Mai 1992.

Was ist der Stellenwert solcher Sätze oder Normen? Sie finden sich in Ethikbüchern, aber auch in unzähligen schriftlichen Dokumenten und zugleich in unseren Köpfen. Solche Sätze sind das in unserer Kultur aufbewahrte Fazit menschheitsgeschichtlicher Erfahrung darüber, wie menschliches Leben gelingen kann, wie wir sinnvoll miteinander und wie wir mit der Geschenktheit des Lebens umgehen sollen. Es bleibt eine erstaunliche Tatsache, dass in unserer Kultur solche Grundsätze, Normen oder eben Erfahrungssätze trotz des Auf und Ab der Geschichte als Ideale erhalten und tradiert worden sind.

Im folgenden prüfen wir, inwieweit wir solche Erfahrungssätze auch auf das Verhältnis des Menschen zum Wald anwenden können. Wir tun dies unter zwei Aspekten: Zunächst frage ich nach der ethischen Bedeutung des Waldes, dann prüfe ich die ethische Bedeutung des Waldes im Rahmen einer ökologischen Ethik. Zunächst also zur ethischen Bedeutung des Waldes. Der Wald ist Leben und Grundlage für Leben. Die Forderung auf Ehrfurcht vor dem Leben muss sich also auch auf das Leben und die Lebensmöglichkeiten des Waldes beziehen. Folgende Beobachtungen stützen diese Forderung:

- Menschen wie nichtmenschliche Lebewesen sind in gleicher Weise Glieder der einen Erdgemeinschaft.
- Menschen wie nichtmenschliche Lebewesen sind Teile eines Systems von Interdependenzen.
- Alle Lebewesen sind teleologische Lebenszentren, das heisst, sie streben nach Entfaltung, Entwicklung oder nach einem Ziel.
- Die meisten Lebewesen sind leidens- und frustrationsfähig.
- Fast alle Lebewesen haben gewisse vergleichbare biologisch-physikalische Notwendigkeiten.
- Fast alle Lebewesen haben so etwas wie Verlangen nach Freiheit.

Es ist vor allem der Grundsatz der prinzipiellen Gleichheit allen Lebens, der uns dazu führen muss, dem Wald ein Eigenrecht auf Leben zuzugestehen und ihm mit tiefem Respekt zu begegnen. Das Verständnis des Waldes (wie der Natur überhaupt) als blosse Ressource ist ein gigantisches Missverständnis des Menschen mit den entsprechenden verheerenden Folgen. Der Mensch ist eben bloss Teil der Natur, die in allen

Teilen ein Eigenrecht auf Leben und Entfaltung hat. Die Beeinträchtigung solcher Lebensmöglichkeiten durch den Menschen ist prinzipiell rechtfertigungsbedürftig. Natürlich kann der Mensch nicht – wie die meisten Lebewesen – leben ohne zu töten. Aber die Grundhaltung soll die des tiefen Respektes vor allem Leben sein, insbesondere dann, wenn der Mensch meint, unbesehen und egoistisch zivilisatorische Erleichterungen (Mobilität!) und Güter auf Kosten anderer Lebewesen anstreben zu können.

Aber nun betrachten wir den Wald und seine Bedeutung noch unter dem Gesichtspunkt einer ökologischen Ethik. Diese Missachtung grundlegender Werte und Normen, die sich menschheitsgeschichtlich bewährt haben, versuchen wir auch zu begreifen als das ökologische Problem. Wir meinen damit eine Störung der Stellung des Menschen in der Lebenswelt. Es ist nicht ganz einfach zu sagen, worin das ökologische Problem aus ethischer Sicht besteht. Wir reden von Zerstörung der Natur. Aber hier geraten wir bereits in Schwierigkeiten: Welche Natur ist bedroht? Die Lebensgrundlagen sind für wen oder was bedroht? Ist nicht auch eine natürliche Lebensgemeinschaft in anderer Zusammensetzung als die aktuelle auf unserem Planeten denkbar?

Was ist das ökologische Problem? Wie gesagt, es ist nicht leicht, das ökologische Problem zu definieren, solange wir keine ethischen Voraussetzungen schaffen. Allerdings möchte ich heute doch die Frage aufwerfen, ob das ökologische Problem nicht schon dann gegeben ist, wenn die belebte Natur selbst – unter unfreundlicher Assistenz des Menschen – ihre Lebensgrundlagen total zerstört. Es ist noch umstritten, ob die Natur sich selbst zerstören kann, denkbar ist es schon, etwa bei der Produktion von zu hohen oder zu tiefen Temperaturen.

Spitzfindig könnte man dann immer noch fragen: Warum soll die Natur sich nicht selbst auslöschen, wenn sie es will? Ich lasse die Frage offen und stelle noch eine weitere unsichere Frage: Vor 70 Millionen Jahren hat ein Meteorit etwa ein Drittel des damaligen Lebens auf unserem Planeten zerstört, bezogen auf Artenvielfalt und Biomasse. Bezogen eben auf diese zwei Indikatoren: Artenvielfalt und Biomasse haben wir Menschen in den letzten Jahren oder Jahrzehnten, was niemals mehr seit 70 Millionen Jahren geschah, mehr Zerstörung angerichtet als jener Meteorit. Eine schreckliche Vision. Aber: Ist das schon das ökologische Problem?

Ich vertrete hier die These, dass die sogenannte Zerstörung der Lebensgrundlagen deshalb für den Menschen nicht akzeptabel ist, weil die sozialen und kulturellen Folgen, sprich Verheerungen und Leiden, nicht akzeptabel sind. Vom Menschen aus gesehen ist auch eine andere Zusammensetzung der Natur und sind auch andere klimatische Verhältnisse an sich zunächst durchaus vorstellbar: Ananas in Sibirien, Rollschuhfahren am Engadiner Marathon usw. Meine These ist, dass aber die Folgen einer raschen Veränderung des Klimas sozial und kulturell nicht zu verkraften sind: nicht die weltweiten Wanderungsströme (Bangladesch mit 125 Mill. in Richtung höhere Gebiete Europas; die Holländer ins Engadin usw.), nicht die raschen politischen und sozialen Umwälzungen, nicht die Zerstörung von Kulturen. Es sind nicht die ökologischen Folgen im engeren Sinne der ökologischen Veränderungen, es sind die sozialen und kulturellen, allenfalls die politischen und ökonomischen, welche untragbar sind. Später könnten allerdings gesundheitliche Folgen (Krebs, Immunschwächen) dazukommen. Die Leidensspur einer durch den Menschen verursachten raschen klimatischen Veränderung und damit einer raschen Umwandlung natürlicher Verhältnisse ist für den Menschen unerträglich, nicht akzeptabel.

Genau in diese Richtung scheint sich aber die Entwicklung zu bewegen. Der Grund dafür ist relativ einfach auszumachen: Die stoffliche Veränderung der Lufthülle durch das anthropogene Aufreissen von Stoffkreisläufen verändert rasch die Wirkung der Sonneneinstrahlung, die Abstrahlung sowie die Reflexion der Ozeane, was zusammen die rasche Veränderung des Weltklimas ausmacht. Weitere Ursachen sind: Versiegelung der Böden, die Zunahme der Entropie durch den Energieverbrauch sowie die Reduktion des Sauerstoffes.

Meine These, die ich hier vertrete, lautet: Was wir nicht verkraften, weder sozial noch kulturell, sind die Folgen der vom Menschen gemachten, sehr raschen Veränderung der klimatischen Verhältnisse.

Zusammengefasst besteht das ökologische Problem

- in der Beeinträchtigung der Lebensqualität für den Menschen durch eine lange und tiefe «Leidensspur»
- in der Gefährdung der Lebensgrundlagen für die zukünftigen Generationen

- in der unerlaubten Zerstörung der Lebensgrundlagen vieler Arten.

Wenn diese Analyse stimmt, dann ergeben sich für unser Handeln ultimativ die folgenden drei Oberziele:

- Sicherung der Lebensqualität heute und in Zukunft
- Erhaltung der Lebensgrundlagen für die zukünftigen Generationen
- Erhaltung der Lebensgrundlagen für die nichtmenschliche Lebenswelt.

Die nächste Frage lautet folgerichtig: Welche operativen Ziele sind anzustreben, wenn wir den genannten drei Oberzielen gerecht werden und entsprechen wollen? Ich sehe in erster Linie die folgenden materiellen Ziele oder Erfordernisse:

- Vermeidung rascher Veränderungen globaler Verhältnisse
- Orientierung an der Idee geschlossener Stoffkreisläufe
- Schutz der Qualität des Bodens
- Schutz der zentralen Ressourcen
- Produktion in und mit der Natur und nicht gegen sie
- Orientierung an Langfristigkeit und Nachhaltigkeit.

Zu solchen operativen Zielvorstellungen gelangt man dann, wenn man sich die Frage stellt, wie denn die genannten Oberziele zu erreichen sind. Ganz entscheidend ist, dass wir alles tun müssen, um eine rasche, dramatische Veränderung der globalen Verhältnisse zu vermeiden. Die in Gang befindliche Klimakatastrophe ist aber genau dies. Dass wir unser Handeln an der Idee geschlossener Stoffkreisläufe orientieren müssen, ist wiederum nur der logische Schluss aus dem Faktum, dass die raschen klimatischen Veränderungen vor allem durch die vom Menschen gemachte Veränderung der Lufthülle entstehen.

Fragen wir nun konkret nach der Bedeutung des Waldes im Lichte einer ökologischen Ethik.

1. Im Blick auf die Sicherung von Langfristigkeit, Nachhaltigkeit und Stabilität des Gesamtsystems spielt der intakte Wald eine entscheidende Rolle. «Der Wald ist mehr als eine Ansammlung von Bäumen, er ist eine eigenständige, nicht von Menschenhand geschaffene Lebensgemeinschaft, die sich auch ohne menschliches Zutun erhält und die verschiedenartigsten Wirkungen zu erbringen vermag. Es muss unser Bestreben sein, nicht nur den Holzvorrat zu erhalten und gegebenenfalls nachhaltig zu nutzen, sondern denselben Grundsatz der Nachhaltigkeit in allen seinen biologischen und ökologischen Komponenten und Zusammenhängen zu sehen, also auf die ganze Lebensgemeinschaft Wald zu erweitern.» (Aus: Thesen für mehr Natur im Wald, Beiträge zum Naturschutz in der Schweiz, 11, SBN, Basel 1989).

2. Im Blick auf die Biodiversität bzw. Artenvielfalt ist der Wald zentral von Bedeutung. Diese gilt sowohl hinsichtlich der Stabilität menschlicher Lebensmöglichkeiten als auch der Erhaltung der Lebensmöglichkeiten nichtmenschlicher Lebewesen. Zur ethischen Begründung der Artenvielfalt sind eine Reihe von Grundsätzen zu beachten wie:

- Die genetische Vielfalt ist Voraussetzung für Stabilität und damit Überleben.
- Die Artenvielfalt erhält für das Überleben potentiell unabdingbare Teile des Systems.
- Die Zerstörung der Artenvielfalt im heutigen Tempo und Ausmass gab es noch nie. Sie ist durch eine einzige Art verursacht und so unzulässig, weil unverhältnismässig. Die Folgen des Zerstörungsprozesses sind nicht absehbar.
- Wenn die Natur Arten aussterben lässt, sorgt sie für Ersatz. Der Mensch dagegen zerstört die Arten ersatzlos. (Die Meinung, der Mensch könnte mit Gentechnologie die Verluste wettmachen, ist Hybris.)
- Artenvielfalt ist Teil der überlebenswichtigen natürlichen Strategie des «trial and error».
- Es kann nicht richtig sein, dass der Mensch ohne lebensnotwendigen Grund zerstört, was er nicht gemacht hat und nie wird machen können.

Verantwortliche Nutzung heisst faire Aufteilung der Ressourcen. Es ist kaum richtig, wenn sich der Mensch so verhält, dass er in kurzer Zeit unverhältnismässige zerstörerische Eingriffe in die Lebensgrundlagen anderer tätigt.

Verantwortliche Nutzung geschieht in Ehrfurcht vor dem, was in langer Zeit geworden ist, was der Mensch nicht gemacht hat und so nicht wieder machen kann.

Die fehlende Einsicht in das ganze System und die fehlende Notwendigkeit nötigen zur Vorsicht bei genetischen Eingriffen in die Natur.

3. Der Wald spielt eine grosse Rolle bei der Erhaltung lebenswichtiger Ressourcen: allen voran sind Boden, Luft und Wasser zu nennen. Wenn es stimmt, dass das ökologische Problem zutiefst ein Stoffkreislaufproblem ist, dann ist die Bedeutung des Waldes, im Blick auf das Potential von Ressourcenerneuerung überhaupt, nicht hoch genug einzuschätzen. Dann hat der Wald sogar eine Schlüsselstellung inne.

4. Der Wald ist ein Frühwarnsystem für ökologische Gefahren.

5. Die Förster spielen eine entscheidende Rolle im Blick auf das Frühwarnsystem Wald sowie auf die pädagogische Funktion des Waldes.

Zum Schluss folgen zwei Beispiele für ethisch-ökologische Richtlinien der Waldnutzung. Das erste Beispiel stammt aus: Thesen für mehr Natur im Wald, Beiträge zum Naturschutz in der Schweiz, 11, SNB, Basel 1989:

- «Erhaltung möglichst grosser zusammenhängender, ungestörter Waldareale, namentlich durch eine bewusst weitmaschige Erschliessung mit Strassen.
- Naturgemässe Bewirtschaftung des Waldes mit dauernd stufigen Beständen und möglichst viel und gleichmässig verteiltem Altholz.
- Standortsgemässe Durchmischung der Wälder mit Begünstigung der natürlichen Entwicklung.
- Gewährung der natürlichen Dynamik und Sukzession bei ‹Katastrophenfällen›.

- Grosser Laubholzanteil bzw. hoher Anteil an Laubwäldern im Mittelland aufgrund der naturgegebenen Standortsbedingungen.
- Möglichst viele am Waldaufbau beteiligte Schichten.
- Berücksichtigung der speziellen Lebensraumansprüche einzelner Tier- und Pflanzenarten (zum Beispiel störungsempfindliche Arten wie Hasel- und Auerhuhn), namentlich durch Verzicht auf Walderschliessungen, bzw. Vornahme besonderer Massnahmen der Waldgestaltung.
- Erhaltung von seltenen und gefährdeten Waldformationen.
- Erhaltung der Kulturwerte im Wald (zum Beispiel auch Bodendenkmäler).
- Erhaltung von Alt-, Tot- und Moderholz.
- Ausweisung von Altholzbeständen mit natürlicher Zerfallphase in der Grössenordnung von mindestens 2–5% der bewirtschafteten Waldfläche, zum Beispiel als Reservatsflächen ohne menschliche Eingriffe.
- Naturverjüngung als Regel, Pflanzung als Ausnahme.
- Keine Hilfsstoffzufuhr, auch für die Schädlingsbekämpfung.»

Das zweite Beispiel stammt aus einem Seminar: Ist Naturschutz ökologisch oder ethisch zu begründen?, das ich im Wintersemester 1986/87 mit anderen Kollegen zusammen gestaltet habe:

«Aus der Ökologie abgeleitete Wertsetzungen bzw. Normen.

1. Grossflächige naturnahe Lebensgemeinschaften sind wertvoller als kleine.
2. Kritische Lebensraumgrössen liegen dort, wo das Minimumareal für eine Schlüsselart erreicht ist.
3. Traditionelle Nutzungsmethoden und Siedlungsformen haben Eigenwert.
4. Nutzungsintensivierungen sollen, wenn überhaupt, nur allmählich und nicht flächendeckend erfolgen.

5. Siedlungsräume und wirtschaftlich intensiv genutzte Flächen sollen in einem vielfältigen Muster mit naturnahen Gebieten abwechseln. Allgemeingültige Belastungsgrenzen, die zu einem gleichmässigen und mittleren Nutzungsmuster führen, vermindern die Diversität und sind zu vermeiden.
6. Naturnahe Areale sind miteinander zu vernetzen.
7. Die minimale lebensfähige Population der grössten und raumbedürftigsten in einer Lebensgemeinschaft lebenden Art soll die zu bewahrende Lebensraumgrösse bestimmen.
8. Vor allem bei komplizierten, allmählich entstandenen Lebens gemeinschaften wie Wäldern sollen verschiedene Sukzessionsstadien nebeneinander vertreten sein.
9. Aus der Sicht der Bewahrung genetischer Vielfalt und koevoluierter Systeme sind grosse, natürliche, diverse und für eine Region charakteristische Lebensgemeinschaften mit seltenen und fragilen Arten hoch zu bewerten.
10. Landwirtschaftliche Nutzungsformen müssen auf natürliche Prozesse, wie natürliche Bodenbildung und Stoffkreisläufe, abgestimmt sein.
11. Nutzungsänderungen, bedingt durch neue technische Möglichkeiten, sind durch kleinflächige Versuche auf Nebeneffekte wie zum Beispiel Auswirkungen auf Begleitflora und -fauna zu prüfen. Kosten-Nutzen-Analysen genügen nicht.
12. Die natürlichen und für den genetischen Austausch unerlässlichen Kommunikationssysteme von Pflanzen und Tieren dürfen nicht unterbunden werden.
13. Dank natürlichen Barrieren entstandene eigenständige Lebensgemeinschaften sind zu respektieren. Verpflanzen oder Umsiedeln von Arten oder Öffnen von Barrieren – wie zum Beispiel im Fall von Kanälen – kann ganze Lebensgemeinschaften bzw. gewordene geographische Rassen oder Ökotypen schädigen oder zerstören.
14. Durch zivilisatorische Eingriffe verhinderte Katastrophenereignisse (Überschwemmungen, Rutschungen) sind durch gezielte Massnahmen zu ersetzen.»

Résumé
Forêt et société: aspects éthiques

La forêt a pour l'homme, ainsi que pour tout le monde vivant, une importance existentielle. L'éthique permet à l'homme de s'orienter: des normes éthiques fondamentales telles que «respect face à la vie» ou «il faut traiter le semblable de manière semblable» sont à prendre comme résultat de l'expérience de l'histoire de l'humanité pour réussir sa vie.

Le problème de base écologique provient de la profonde contradiction entre la manière d'agir de l'homme aujourd'hui et les normes éthiques élémentaires. La destruction des bases vitales ainsi que la perspective d'un long calvaire pour tous les êtres vivants forment le véritable problème écologique.

Une stratégie des solutions orientée sur l'éthique doit s'orienter vers les buts opératifs suivants:

- Eviter un changement rapide des rapports globaux
- Orientation vers l'idée de métabolismes clos
- Protection de la qualité du sol
- Protection des ressources centrales
- Production dans et avec la nature et non pas contre elle
- Orientation vers la durée et la constance.

Le maintien et les soins à la forêt jouent un rôle essentiel pour atteindre les buts opératifs cités:

- Assurer la constance
- Assurer la biodiversité
- Maintenir les ressources.

Traduction: Stephane Croptier

Wirtschaft und Gesellschaft

Politische Erneuerung der Schweiz, dargestellt am Problem der Neutralität

Wir versuchen uns an die Probleme heranzutasten, indem wir uns Rechenschaft geben über das theologisch begründete Interesse an der Neutralität. Sozusagen a priori muss die Neutralität für die Theologie von Bedeutung sein; denn ihr Gehalt tendiert auf Begriffe wie Friede, Versöhnung, Vermittlung und, wie es für die Schweiz seit der Aera Petitpierre heisst, Solidarität. Dies sind alles Begriffe von eminenter theologischer, speziell sozialethischer Bedeutung. Es kann von sozialethischer Sicht her nicht gleichgültig sein, ob ein Staat zu seiner Maxime so gefüllte, von Frieden und Versöhnung bestimmter Begriffe erklärt oder eben ganz andere.

In der Tat lässt sich mindestens teilweise auch geschichtlich verifizieren, dass das sozialethische Interesse an der schweizerischen Neutralität zu Recht besteht. Etwas ungesichert ausgedrückt darf man sagen, dass die Alte Eidgenossenschaft in Marignano so etwas wie ein Hiroschima bereits erlebt hat. Die Einsicht in die Notwendigkeit des Verzichtes auf Krieg als ein Mittel der Politik ist wohl eine Folge von Marignano, die sich im Bewusstsein der Schweiz festgesetzt hat und die theologisch höchstes Interesse beansprucht. Hier sind Dinge in einem Volksbewusstsein festgelegt worden, um die mancher Pazifist heutiger Tage, nämlich im Atomzeitalter, die Schweiz beneiden müsste. In der Tat ist die politische, geistige und ich würde sagen auch geistliche Zucht bemerkenswert, der sich die Schweiz an dieser Stelle durch die Jahrhunderte hindurch unterzogen hat. Diese Zucht oder Disziplin ist ethisch von Bedeutung.

Von ähnlicher Bedeutung ist das, was meistens als *Mediation* umschrieben wird. «Die altschweizerische Maxime verpflichtete einige Bundesglieder bei innereidgenössischem Zwist nicht bloss zum Stillesitzen, sondern ebensosehr zur Mediation; in europäischen Kriegen hatte die Eidgenossenschaft vom 14. bis gegen Ende des 18. Jahrhunderts immer wieder die Initiative zur Friedensstiftung ergriffen, ja einmal dieses Streben als eine ‹vom Himmel eingegeisterte Idee› bezeichnet.»[1] Die Mediation als obligatorische Verpflichtung für ein Bundesglied der Schweiz ist eine wichtige Verantwortung für das Bewusstsein im Blick auf eine aktive Neutralitätspolitik oder eben Friedenspolitik der Schweiz. Immer wieder brach im Verlauf der Schweizergeschichte dieses Bewusstsein der Verpflichtung für die Friedensgestaltung durch, z. Z. auch noch während des 1. Weltkrieges, wo u. a. sogar die schweizerische Kirchenkonferenz, die römisch-katholischen Bischöfe, einige Universitäten, z. T. bekämpft von anderen Organisationen, am 24. Februar 1915 den Bundesrat baten, er möge eine internationale Konferenz der neutralen Staaten einberufen.[2]

Dass die eigenwillige Friedenspolitik von Bundesrat Hoffmann statt des Friedens nur die Auslösung der leninistischen Revolution in Russland zur Folge hatte, indem er mitbeteiligt war an der unfeierlichen Uebergabe Lenins an Russland, ist bekannt, spricht aber nicht gegen die von Friedenswillen geprägte Absicht des nachher gestürzten Bundesrates.

Zu der Mediation gehörte von Anfang an die Tendenz, statt kriegerische Auseinandersetzung einen Kompromiss zu finden, welches Wort mit gutem Recht «gut schweizerisch» genannt wird, ist es doch wahrscheinlich die Voraussetzung für die heutige Konkordanzdemokratie der Schweiz. Aber: doch wohl lieber Kompromiss als Krieg.

Nicht zuletzt ist in diesem Zusammenhang der ganze Komplex zu beachten, der sich als «humanitäre Verpflichtung» der Neutralität beschreiben lässt. Ich denke da an die traditionelle Asylpolitik der Schweiz, die zwar im Zweiten Weltkrieg etwas von ihrem Nimbus eingebüsst hat, die aber trotzdem von Bedeutung war und ist, und die eng mit der ganzen Neutralitätspolitik verflochten war. Das ganze Problem dürfte übrigens im Rahmen einer Totalrevision der Bundesverfassung wieder aktuell werden, indem da die verfassungsmässige Verankerung des Asylrechtes zu diskutieren sein wird.

«Das Asylrecht, diese Nebenerscheinung der Neutralität, wurde in der Eidgenossenschaft schon von früh an ausgeübt, in erster Linie gegenüber Glaubensflüchtlingen, dann aber ebenfalls gegenüber politisch Verfolgten. Zwar haben auch unneutrale Länder manchen Vertriebenen Asyl gewährt. Dass aber zwischen Neutralität und Asylrecht eine besondere Affinität waltet, beweisen die vielen Flüchtlingsangelegenheiten in der eidgenössischen Vergangenheit. Kein Staat hat wie die Schweiz so folgerichtig und gleichmässig nach allen Seiten und in so gewaltigem Ausmass Flüchtlinge aufgenommen, hat dieses christliche Verhalten geradezu zur nationalen Aufgabe erklärt und als Dankespflicht für den ungestörten Genuss der Freiheit und des Friedens empfunden. So erklärte schon Ulrich Zwingli in seiner ‹trüw und ernstlich vermanung an die frommen Eydgnossen› vom Mai 1524, die eidgenössischen Altvordern hätten ‹ouch so redlich gricht und recht gehalten, das alle, so in veeren landenn wider billichs getrengt, zu inen ein zuflucht hattend ... Daran man wol vermercken kan, das üwere fryheit von gott nit allein üch, sunder ouch den frömbden zu gutem angesehen ist, das sy under üwerem schirm glych als in einer fryheit zuflucht und frist hettind›.»[3]

Ganz besonders Beachtung verdient in diesem Zusammenhang der ganze Komplex «Rotes Kreuz» und all die Bemühungen der schweizerischen Diplomatie, einige humanitäre Grundregeln der Kriegsführung ins Völkerrecht aufzunehmen.

«Mit der Entwicklung der Neutralitätsdoktrin und einer völkerrechtlichen Ordnung der Neutralität im Sinne der Bestrebung, die Ausweitung von Kriegen zu verhindern und friedliche Verhältnisse und Beziehungen in möglichst weitem Umfang aufrechtzuerhalten, ging im 19. Jahrhundert die Entfaltung des Kriegsrechts einher, durch das die Leiden des Krieges gemildert werden sollten. Die 1864 abgeschlossene Genfer Konvention erklärte die Feldlazarette, in denen sich Verwundete oder Kranke befinden, und das mit der Pflege beschäftigte Personal als ‹neutral›, das heisst als unverletzlich. 1899 wurde die Anwendung der Grundsätze der Genfer Konvention von 1864 in den Verhältnissen des Seekrieges vereinbart, und 1907 wurde der aus der ‹Neutralität› oder genauer Immunität fliessende Schutz auf zivile Spitäler, auf Kirchen und Kulturgüter und in gewissem Sinne auch auf die Kriegsgefangenen erstreckt. So wurde der Gedanke der Neutralität, soweit er Unverletzlichkeit bedeutet, auf dem Schlachtfeld selbst in den Dienst der Menschlichkeit und des Friedens gestellt.»[4]

Ohne Neutralität kein Rotes Kreuz, das gilt für die Entstehung des Gedankens, für seine Weiterentwicklung wie wohl auch für die aktuelle Praxis. Das IKRK besteht allein aus Schweizerbürgern, und die eidgenössische Diplomatie sieht es bis zum heutigen Tage als ihre Verpflichtung an, dem Wirken des Roten Kreuzes diplomatische und dann auch finanzielle Unterstützung zu gewähren.

Allerdings muss an dieser Stelle bereits auch auf eine Schwäche des Neutralitätsgedankens hingewiesen werden. Das Rote Kreuz versteht sich als eine Institution, welche in erster Linie aus humanitären Erwägungen die menschlichen Härten des Krieges mildern will. Es hat, wenn man so will, eine charakteristisch individualethisch ausgerichtete Zielsetzung. Das hatte seine Berechtigung und Bedeutung zu gegebener Zeit und wohl auch heute noch. Es fragt sich aber, ob der Rot-Kreuz-Gedanke heute nicht auch weitergedacht werden sollte auf der gesellschaftlichen Ebene. Damit meine ich eine Ausdehnung der Aktivität des Roten Kreuzes im Bereich der Gesellschaft im Sinne einer Inangriffnahme auch der gesellschaftlich bestimmten Wurzeln des Krieges, nicht nur deren menschlichen Begleiterscheinungen. Man lese dazu eine Rede von Max Huber auf einer Rotkreuzkonferenz: «Vor allem muss hier festgestellt werden, dass die Annäherung der Völker das Rote Kreuz nichts angeht, soweit es sich bei ihr um politische Probleme handelt. Die Konferenz wird sich deshalb strengstens auf die allgemeine Fragestellung beschränken. Unsere Tätigkeit wird nur auf mittelbarem Wege, d. h. durch den Ausbau und die Stärkung der aufbauenden Kräfte, die im Roten Kreuz lebendig sind und durch es entwickelt und verbreitet werden können, auch im Bereiche der politischen Bestrebungen Früchte tragen können.»[5] Zwar war Max Huber durchaus auch der gesellschaftliche Aspekt des Krieges und auch die entsprechende Verpflichtung bekannt: «In der Tat und Wahrheit war aber der Krieg auch für die Gründer des Roten Kreuzes eine traurige Tatsache im Leben der Menschheit, von der sie jedoch wussten, dass sie sie nicht ausschliessen konnten, wenn sie es auch noch so sehr wünschten. Deshalb wandten sie ihre Bemühungen der unmittelbar zu verwirklichenden Aufgabe zu, den Opfern des Krieges Hilfe zu bringen. Indessen holten sie gerade dadurch, dass sie das Banner der Wohltätigkeit inmitten der Schrecken des Krieges entfalteten und es durch einen Vertrag heiligten, zum ersten

Schlag gegen den Krieg als einer im internationalen Recht verankerten Einrichtung aus, denn gerade auf diese Weise musste die Unvereinbarkeit des Krieges mit dem Rechtsgedanken aufs deutlichste zu Tage treten. Von diesem Augenblick an hat dieses Recht gewaltige Fortschritte gemacht, um den Frieden sicherzustellen und ist denn auch – als letzte logische Folgerung – dazu gelangt, ihn zu verurteilen.»[6]

Trotzdem ergibt sich heute die Aufgabe, von den Gedanken her, die das Rote Kreuz getragen haben, weiter vorzustossen.

Die Erkenntnisse, die wir heute im Spannungsbereich von Individualethik und Sozialethik gewonnen haben, sind hier sinnvoll anzuwenden.

Es gibt nun aber Anzeichen dafür, dass der Gedanke der Neutralität der Schweiz gerade in der Gegenwart bzw. nächsten Zukunft grösseren Belastungen ausgesetzt sein könnte. Ich denke da an die Entwicklung supranationaler Institutionen, wie sie die Gegenwart kennzeichnen: Gemeinsamer Markt, UNO, UNCTAD, usw. Zwar bewahrt uns ein alter Mann in Europa, der übrigens gerade von den Schweizern kritisiert wird, davor, dass uns jetzt schon die Gretchenfrage gestellt wird bezüglich des Beitrittes zur EWG. Aber das ist wohl nur eine Frage der Zeit. Hier werden wirtschaftliche Notwendigkeiten auf uns zukommen, welche – eben weil wirtschaftlicher Natur – Notwendigkeiten sind. Es könnte der Fall eintreten, dass sich die wirtschaftlichen Vorteile einer Integration in die EWG als so stark erweisen, bzw. dass der wirtschaftliche Druck auf die Schweiz hinsichtlich eines Mitmachens so aufdringlich sein könnte, dass die Schweiz in einem plötzlichen Akt auf ihre Neutralitätspolitik verzichten möchte oder müsste. Das wäre auch von theologischen Ueberlegungen her nicht zu begrüssen, vielmehr ist davor zu warnen, denn all das, was wir vorhin von theologischen Ueberlegungen her als positiv an der Neutralität gewürdigt haben, müsste damit aufgegeben werden. Es muss also mit daran gearbeitet werden, dass ein solches plötzliches Ueberbordwerfen nicht eintritt, bzw. es muss von der Sozialethik her mit dazu beigetragen werden, dass die Schweiz im Rahmen von solchen internationalen politischen Verhandlungen einleuchtend darstellen kann, warum sie neutral sein kann, muss und bleiben soll.

Gerade damit ist aber wieder ein Punkt berührt, der eine Gefahr für die traditionelle Neutralität bedeutet. Es ist fraglich, in welchem Masse die Neutralität heute noch eine glaubhafte politische Konzeption darstellt, etwa für unsere Nachbarländer, Es fragt sich, ob die Neutralität mit ihrer unbezweifelbaren egoistischen Komponente nicht allmählich suspekt geworden ist für eine Reihe wichtiger politischer Grössen. Natürlich hat die Neutralität Wesenszüge, welche vor allem ihren Solidaritätscharakter aufweisen, natürlich besteht der ganze Komplex humanitärer Verpflichtung. Aber es fragt sich mehr und mehr, ob nicht die national-egoistische Grundstruktur der Neutralität mehr und mehr die Schweiz in Misskredit bringt bei anderen Staaten. Die Neutralität ist gemäss der Bundesverfassung ein Mittel zur Erhaltung der Unabhängigkeit. Das muss ganz klar gesehen werden. Hier wird deutlich, was die Neutralität heute eigentlich meint: Ein politisches Mittel zu sein in der Ausrichtung auf ein nationales Ziel, das höchste nationale Ziel, nämlich die Unabhängigkeit. Selbstverständlich wird dieses Ziel als ein legitimes angesehen. Es wird aber von der Schweiz mit einer solchen Konsequenz durchgehalten, beispielsweise im Blick auf die UNO, dass für viele Staaten ein so weitreichendes Verständnis der Neutralität schwer gemacht wird. «Die Gründe, die es der Schweiz verbieten, einer Wirtschaftsunion wie dem Gemeinsamen Markt beizutreten, ergeben sich aus der Neutralität, aber auch aus der Sorge um die Erhaltung der Unabhängigkeit, die in der Neutralität ihren Ausdruck findet.»[7] «Die Neutralität stand der Beteiligung der Schweiz an der OECE nicht im Wege, weil die nationale Souveränität jedes Landes gewahrt blieb und jedes Mitglied nur im Ausmass der von ihm eingegangenen Verpflichtungen gebunden war.»[8] Aus der Einsicht heraus, dass gerade in den ersten Jahren nach dem 2. Weltkrieg die Neutralität nicht mehr auf ein grosses Verständnis zu stossen vermochte, ist sicher mit die Formel: Neutralität und Solidarität von Bundesrat Petitpierre geprägt worden. Solidarität heisst für ihn kein abstraktes, auch kein philosophisch-programmatisches Konzept, sondern ganz einfach die Bereitschaft der Schweiz, in internationalen Organisationen mitzuarbeiten, soweit nicht die Souveränität der Schweiz tangiert wird.

Man sollte also aufpassen, wenn man von der Solidaritätskomponente der Neutralität im Sinne von Petitpierre spricht, dass man sich darunter nicht vorschnell etwas ausserordentliches im Rahmen einer aktiven Neutralitätspolitik vorstellt. Petitpierre meinte, soweit ich es verstehe, darunter ganz nüchtern die Mitarbeit in allerlei internationalen Organisationen.

Man kommt auch nicht gut um die Feststellung herum, dass diese Formel «Neutralität und Solidarität» sich dadurch auszeichnet, dass sich die beiden Aspekte in einem Ungleichgewicht befinden. Die Solidarität ist kaum, auch und gerade in der Konzeption von Petitpierre, als eine Grösse verstanden, welche sich mit der Neutralität an Bedeutung messen könnte. Vielmehr muss man vermuten, dass die Solidarität einen Feigenblattdienst erweisen muss zur Verdeckung allzu nackter national-egoistischer Interessen. Wieweit und wie lange uns das Ausland diese Formel abkauft und wie lange wir im Zeitalter des Supranationalismus damit manövrieren können, ist sehr fraglich.

Man könnte also sagen, dass der Neutralität von verschiedenen Seiten Gefahr droht und dass die Sorge bestehen muss, dass sie so oder so ins Wanken kommt und dass damit eine Krise des schweizerischen Staatswesens zwangsläufig eintreten müsste. Auf all das muss ich nochmals zurückkommen; ich halte aber dieses Problem noch nicht einmal für das Hauptproblem. Worin ich das Hauptproblem erblicke, möchte ich jetzt gleich erläutern.

Die Neutralität ist gleichsam die Staatsmaxime der Schweiz. Als solche ist sie im Bewusstsein der Schweizer verankert. Wir haben im Verlaufe der bisherigen Ueberlegungen unschwer erkennen können, dass hinter der Neutralität eigentlich zwei Gedankenströme oder Komponenten wirken. Einmal ist die Neutralität verstanden als ein sich Heraushalten aus dem Krieg und von da her ein Mittel zur Bewahrung der Unabhängigkeit, also ein zwar sicher legitimes, aber klar national-egoistisches Ziel. Dem gegenüber entdeckten wir Wesenszüge der Neutralität, welche umschrieben werden könnten als humanitäre Aufgabe, Mediation, usw. Nun hat sich im Verlaufe der Jahrhunderte ganz klar die Entwicklung ergeben, dass die national-egoistische Komponente mehr und mehr ins Zentrum rückte. Das geht klar hervor aus der Bundesverfassung, wo die Neutralität als *Mittel* zur Bewahrung der Unabhängigkeit, nicht aber als ein *Ziel* an und für sich beschrieben wird. Diese Neutralität, die sich aus dem Krieg heraushalten will zum Zweck der Bewahrung der Souveränität, diese Neutralität ist letztlich und genaugenommen ein Begriff aus dem militärischen Bereich. Neutral im angedeuteten Sinne kann man nur im Krieg sein. Deshalb ist unser Begriff der Neutralität ein militärischer Begriff. Mit anderen Worten: Wir haben als Staatsmaxime einen militärischen Begriff. Von da her ergibt sich, dass die gesamte Bewusstseinsstruktur des Schweizers wesentlich bestimmt ist vom militärischen Bereich. Nun ist es ja, und ich will sagen, glücklicherweise nicht so, dass wir aus dem militärischen Bereich eine aggressive Maxime beziehen, im Gegenteil. Unsere Maxime ist die Neutralität, d. h. gerade das Gegenteil von aggressiv. Aber trotzdem sind aus diesem Umstand zwei bedeutungsvolle und weitreichende Folgerungen zu ziehen:

1. Da wir die Staatsmaxime aus dem militärpolitischen Bereich beziehen, besteht in unserem politischen Denken eine Dominanz des Militärischen über das Politische.
2. Da unsere aus dem militärischen Bereich bezogene Maxime in Gestalt der Neutralität wesentlich negative, abwehrende, eben neutrale, in sich gekehrte, abweisende, schützende, vorsichtige Züge trägt, bestimmen diese negativen Wesenszüge auch das politische Denken in unserem Lande.

Lassen Sie mich diese zwei Thesen nun im einzelnen erläutern. Sie gehören im Übrigen eng zusammen, und ich kann die Begründung gleich in einem Gedankengang vortragen.

Wenn wir den politischen Auftrag der Schweiz definieren wollen, dann reden wir zuerst von der Neutralität. Neutralität ist aber ein militärpolitischer Begriff. Von da her wird der Auftrag der Schweiz wesentlich aus dem militärischen Bereich heraus definiert. Das heisst, vorläufig mindestens in formaler Hinsicht, dass die politischen Grundzüge der Schweiz vom militärischen Bereich her definiert werden.

Materiell gesehen heisst das, dass die für den militärischen Bereich gültige Struktur auch die Grundlage für die politische Struktur ausmacht. Konkret ausgedrückt heisst das: Die Armee in unserem Staat hat die Aufgabe, die Souveränität unseres Landes zu schützen. Sie ist von vorneherein eine rein defensiv eingestellte Armee, nur auf Verteidigung, nicht auf Angriff ausgerichtet. Allerdings, auch die schweizerische Armee denkt an Krieg und nicht an Frieden. Auch sie kann, logischer- und legitimerweise nichts anderes tun, als sich auszurichten auf den möglichen Tag X eines Angriffes auf die Schweiz. Das ganze Denken, Planen und Handeln der Schweiz ist ausgerichtet auf diesen Tag X eines möglichen Angriffes. Sie wäre eine schlechte Armee, wenn sie nicht strikte bezogen wäre auf diesen Tag X, wenn sie nicht eigentlich fixiert wäre auf die Abwehr an diesem Tage X. Das alles ist klar, legitim und in Ordnung.

Problematisch wird die Sache aber deshalb, weil die Strategie dieser Armee, welche fixiert ist auf den Tag X, nun zur Strategie der Politik unseres Landes wird, weil wir eben unsere Staatsmaxime aus dem militärpolitischen Bereich beziehen. Der Auftrag der Schweiz heisst nicht Solidarität, nicht Gerechtigkeit, nicht Brüderlichkeit, nicht Rassentum und Klassenbewusstsein, sondern eben Neutralität. Damit verlagert sich das militärpolitische Denken auch auf den politischen Bereich, wird wirksam auch als politische Struktur, gibt die Richtlinien auch für das politische Denken. Die Konzeption der bewaffneten Neutralität wird zum Fixierungspunkt auch des politischen Denkens und Handelns der Schweiz. Der Staatsauftrag wird gesehen vom Tag X her, nämlich vom Tag eines möglichen Angriffs auf die Schweiz her. Von da her wird die gesamte politische Denkstruktur negativ und nicht positiv, abwehrend und nicht progressiv, verteidigend und nicht schöpferisch, protektiv und nicht produktiv, individualistisch und nicht auf Solidarität hin ausgerichtet.

Ich verhehle nicht, dass ich hier, an dieser Stelle, in diesem Umstand, all das begründet sehe, was unter der abweisenden, abwehrenden, in sich gekehrten, weltabgewandten, eigenbrödlerischen Haltung des Schweizers verstanden wird. Ich meine tatsächlich, dass unser ganzes politisches Bewusstsein von dieser Verlagerung militärischen Denkens in den politischen Raum her bestimmt ist. Hier liegt der Grund für einen bewusstseinsmässigen Mechanismus, der im Blick auf ganz verschiedenartige Probleme wirksam wird: Entwicklungshilfe, Ostpolitik, Jesuitenverbot, Frauenstimmrecht, aktive Friedenspolitik, usw.

Es ist ganz klar, dass beispielsweise eine Armee nicht die Aufgabe hat, sich Gedanken über Friedenspolitik zu machen. Es wäre dies eine schlechte Armee. Die Armee kann nur die Vorbereitung auf den Verteidigungsfall im Horizont ihres Denkens dulden. Problematisch wird es dann, wenn dieses Denken in der Kategorie Armee den politischen Raum beeinflusst, bestimmt und gar dominiert. Dann kann es geschehen, dass neben der Verteidigungspolitik eben keine Friedenspolitik mehr Platz hat, kein politischer Grosseinsatz für den Frieden, keine Friedensforschung, keine Konfliktsforschung, kein Friedensinstitut, kein Sonderstatus für Kriegsdienstverweigerer, kein Verständnis für Pazifismus. Von da her muss jeder Anflug von Pazifismus tatsächlich als zersetzend angesehen werden.

Von da her gibt es eine Entwicklungspolitik nur unter Berücksichtigung auch militärischer Fragen. Die Empfänger werden geprüft auch unter militärischen Gesichtspunkten. Von da her gibt es auch keine Koexistenzpolitik. Von da her muss das Kapitel Auseinandersetzung von Demokratie und Kommunismus in erster Linie unter dem Gesichtspunkt des Militärischen erfolgen. Wohl nicht zuletzt deshalb haben wir uns erst spät zur Liberalisierungsthese im Ostblock entschlossen, nach Kennedy, nach de Gaulle, nach Holland, Italien, usw., obwohl wir vielleicht von einer anders verstandenen Neutralität her eher darauf hätten kommen müssen. Dies deshalb, weil wir die Entwicklung im Osten nur unter dem Schema Freund–Feind betrachten konnten und dies wiederum deshalb, weil militärisches Denken wirklich nur in diesem Schema denken kann. Aber militärische Ueberlegungen sind in einem Konflikt wie dem zwischen Ost und West nicht die einzig möglichen und gebotenen. Es gibt auch noch genuin politische Ueberlegungen, etwa die, dass auf lange Sicht, selbst nach dem 21. August, unsere Politik auf Liberalisierung im Ostblock, auch in Russland, ausgerichtet sein muss.

Dieses Denken hindert uns wohl auch bis zum heutigen Tage daran, die Aufgabe zu erkennen, die wir an den Fremdarbeitern haben, weil an dieser Stelle ein Nationalismus mitschwingt, der übrigens ganz und gar unschweizerisch ist.

Ich denke hier auch an die ganze Konzeption der geistigen Landesverteidigung, wo bezeichnenderweise unter demselben Begriff zwei ganz verschiedene Komplexe verstanden werden.

Ich gehe aus von dem Schriftenverzeichnis der Dienststelle «Heer und Haus». Dieses Schriftenverzeichnis ordnet die bei «Heer und Haus» zur Verfügung stehenden Schriften – jetzt einmal rein bibliothekarisch gesehen – unter folgenden Stichworten ein: Psychologische Kriegsführung; revolutionäre Kriegsführung; Totalitarismus/Diktatur; die Schweiz als Demokratie; die Weltlage; Integration Europas; die Entwicklungsländer; Neutralität und Solidarität; militärische Landesverteidigung; Zivilschutz; wirtschaftliche Landesverteidigung; soziale Landesverteidigung; Spionage; Atomfrage; Kriegsrecht; die Schweiz im 2. Weltkrieg.

Mir scheint, dass sich unschwer aus dieser Zusammenstellung zwei Komplexe herauskristallisieren lassen, die miteinander nicht unbedingt in Beziehung stehen, bzw. es nicht unbedingt dürfen. Beim ersten Komplex handelt es sich um mehr technische Fragen im Zusammenhang mit der eigentlichen Aufgabe einer Armee. Es gehört zum technischen Arsenal einer Armee, dass sie sich befasst mit der psychologischen Kriegsführung oder beispielsweise mit Spionage, mit Gegenspionage, usw. Es sind dies notwendige und legitime Arbeitsbereiche für eine moderne Armee.

Beim zweiten Komplex handelt es sich um etwas ganz anderes. Hier passt vielleicht das Wort «geistig» hin. Es geht hier um grundsätzliche Ueberlegungen zum Wesen und zum Auftrag der Schweiz in der Welt überhaupt. Als Beispiel dienen die bereits erwähnten Themen: Die Schweiz als Demokratie; Neutralität und Solidarität usw. Mir scheint, dass die Vermischung dieser beiden Komplexe keine geringen Gefahren impliziert. Man muss sich immerhin einmal die Heterogenität dieser beiden Komplexe vor Augen halten: Es werden da miteinander vermischt rein technische Aufgaben unserer Armee mit den fundamentalen Ueberlegungen über das Wesen unseres Staates.

Damit soll der Versuch abgeschlossen werden, die gefährliche Dominanz des Militärischen im politischen Bereich zu beschreiben. Wir wenden uns nun einem andern Versuch zu, nämlich der Frage, in welcher Weise nun Voraussetzungen für eine Erneuerung schweizerischen Denkens und Handelns geschaffen werden könnten. Ich lege Ihnen dazu zwei Ueberlegungen vor, wobei sie sich an die eben vorgetragenen Gedankengänge anschliessen.

1. Wir haben von der Gefahr gesprochen, die der schweizerischen Neutralität im Spannungsfeld der Supranationalstaatlichkeit heutiger Tage droht. Wir sprachen vom möglichen Verlust der Neutralität, sei es aus eigenen Motiven, sei es aus dem Zwang wirtschaftlicher Notwendigkeiten heraus. Ein Indiz für die Gefährlichkeit der Situation mag die historische Feststellung sein, dass zwischen der Entwicklung der Neutralität

und der Souveränität der Schweiz eine genaue Parallele zu erkennen ist. Man vergisst sehr rasch, dass das Bewusstsein der schweizerischen Souveränität noch vor knapp 100 Jahren gar nicht so ausgeprägt vorhanden war, wie man meinen könnte. Die Solidarität mit radikalen Strömungen in der Mitte des letzten Jahrhunderts drohte oft stärker zu werden als das schweizerische Souveränitätsbewusstsein. Ich denke da etwa an die Tessiner Radikalen zur Zeit der Einigung Italiens. Je stärker aber sich das Bewusstsein der schweizerischen Souveränität ausbildete, desto stärker wurde auch die Neutralität gefasst. Eine Radikalisierung der Souveränität war immer auch eine Radikalisierung der Neutralität. Und so finden wir auf dem Höhepunkt der Nationalstaatlichkeit auch den Höhepunkt der konsequenten Neutralität. Das ist aber ein Indiz dafür, dass im Verlauf einer Gefährdung der Souveränität in unserem Zeitalter der übernationalen Zusammenschlüsse auch die Neutralität ernstlich in Frage gestellt werden könnte, und zwar sowohl von innen wie von aussen.

Dieser Gefahr muss begegnet werden. Wenn ich das so postuliere, so meine ich es als eine theologische Aussage. Die Neutralität, wir haben es erkannt, ist von derart grosser theologischer Bedeutung, dass wir sie nicht aufgeben dürfen, sondern alles daran setzen sollten, dass sie dem schweizerischen Staatswesen erhalten bleibt.

Daraus ergibt sich ein erstes Postulat: *Wir müssen mit dem schweizerischen Staat mitdenken und ihn befähigen, dass er imstande ist, die Neutralität gegen innen und aussen zu verteidigen.* Das heisst, dass wir daran zu arbeiten haben, sozusagen das Vokabular zu erarbeiten haben, mit dem die Schweiz im beginnenden supranationalstaatlichen Zeitalter die Neutralität gegen innen und aussen glaubhaft darstellen kann.

Ich glaube, dass das dann gelingen kann, wenn wir den einen Traditionsstrang wieder ans Licht bringen, den wir mit den Stichworten Solidarität, Mediation, humanitäre Aufgabe, Friedenspolitik, Erkenntnis in die Unmöglichkeit des Krieges, etc. beschrieben haben, wenn wir den Begriff der Solidarität wirklich ernst nehmen, in den ersten Rang erheben und zum integralen Bestandteil der Neutralität erklären. Das Schlagwort, das diesen Vorgang auszudrücken hat, will ich in Abwandlung des Petitpierre-Wortes Neutralität *als* Solidarität nennen. Wir müssen die Neutralität als Solidarität einleuchtend machen. Wir müssen dann zeigen können, wie die Tatsache, dass sich ein Land aus dem Kriege heraushalten will, keine Negation, sondern eine Position darstellt. Wir müssen Voraussetzungen schaffen, dass wir unseren europäischen Nachbarn einleuchtend zeigen können: Der innere Wert der Neutralität ist von solcher Bedeutung, auch für die Zukunft Europas, ja für die Welt im Zeitalter der Atomwaffe, dass ein Land unmöglich diese Position aufgeben kann, nicht aus national-egoistischen Interessen, sondern aus Verpflichtung der Zukunft Europas und der Welt gegenüber. Wir müssen offensiv werden mit dem Programm der Neutralität. Nicht diejenigen in einem vereinigten Europa haben sich zu entschuldigen, die neutral sind, sondern die andern, die es nicht sind.

Was ist das? Utopische Ausbrüche eines Theologen? Ich meine Nein. Ich meine, es sind denkerische Voraussetzungen für ein politisches Konzept, das es in unendlich langwieriger Kleinarbeit in Verhandlungen mit EFTA, EWG, usw. zu vertreten gilt. Wie man so etwas macht, kann man an der schweizerischen Politik im Vorfeld des Völkerbundes und zur Zeit des Völkerbundes selbst studieren. Man kann über Motta denken wie man will, aber dort wurde, ausgehend von seinen klaren Konzepten, Meter um Meter politischer Boden für die Neutralität errungen. Wir müssen eine besser verstandene Neutralität als Solidarität der Umwelt verkaufen können. Zu den Voraussetzungen dazu kann die Theologie einiges leisten, weil sie von der Bedeutsamkeit der Neutralität als Friedensfaktor und als Angeld auf die Zukunft der Welt etwas weiss.

2. Es müsste versucht werden, die Grundmaxime unseres Staates jenseits des militärischen Bereiches zu formulieren. Es muss versucht werden, aus den Ansätzen heraus, welche die Geschichte der Schweiz bietet, in einem positiven politischen Satz die Grundmaxime der Schweiz festzuhalten. Gestalten wie Niklaus von der Flüe und Huldrych Zwingli haben hier ebensolche Bedeutung wie etwa die hier andeutungsweise vorgetragenen Begriffe: Asylrecht, Mediation, Solidarität, usw.

Ich kann mich hier nur mehr ganz kurz fassen. Ich meine, wir müssten die Gedanken, welche bestimmend gewesen sind für das Rote Kreuz, heute umsetzen und im politisch-gesellschaftlichen Bereich anwenden. Von da her ergäbe sich als eine erste Komponente die Friedensbereitschaft der Schweiz mit all den notwendigen Beigaben. Wir müssen unsere Einsicht in die Unmöglichkeit des Krieges ganz anders nützen als wir es tun. Leidenschaftliches Bemühen um den Frieden müsste unseren Staat prägen: Friedensinstitut, Friedensforschung, Friedenskorps wären erste Konsequenzen davon.

Zweitens müsste die Aufgabe der Mediation neu gesehen werden, durchaus so, wie sie von den Bundesräten Wahlen und Spühler auch verstanden worden ist, aber wohl intensiver.

Drittens ginge es um die Proklamation der Solidarität der Schweiz im Rahmen der Weltgemeinschaft mit konkreten Verpflichtungen für Flüchtlinge, Fremdarbeiter und Entwicklungshilfe.

Aufgrund dieser Hauptbegriffe: Friede, Mediation, Solidarität, liesse sich eine Maxime formulieren, die genuin politisch zu fassen wäre und die nun plötzlich im Bewusstsein der Schweizer die Voraussetzungen für eine *Offenheit* schaffen könnte.

In dieser Richtung müsste, wenn über eine politische Erneuerung der Schweiz geredet wird, wohl vorgestossen werden. Ich habe nur ein paar Andeutungen gemacht. Grosse Fragen bleiben vorläufig noch nicht beantwortet. Probleme, etwa wie das der Gesinnungsneutralität, tun sich auf. Meine Aufgabe aber war, einen ersten Anfang zu machen.

Bern, 14. November 1968
10/109

Fussnoten

1) **Edgar Bonjour,** *Geschichte der schweizerischen Neutralität, Band II,* S. 612
2) a.a.O., S. 598
3) a.a.O., Band I, Seite 63f.
4) **Hans Haug:** *Neutralität und Völkergemeinschaft,* S. 7
5) **Max Huber:** *Rotes Kreuz, Grundsätze und Probleme,* S. 31
6) a.a.O., S. 32f.
7) **Bundesrat Max Petitpierre:** *Die schweizerische Neutralität in der Welt von heute,* Wien 1959, S. 15
8) a.a.O., S. 14

Aus: **Die CVP zwischen Programm und Wirklichkeit.** Herausgegeben von Urs Altermatt, Hans Peter Fagagnini, CVP Schweiz. Zürich: Benziger 1979, S. 163–170.

Dynamische Mitte: ein christliches Koordinatensystem?

Das Aktionsprogramm der CVP aus dem Jahre 1971 trägt den Untertitel «Politik der dynamischen Mitte.»

Verwundert nimmt man dann zur Kenntnis, daß der Begriff der Mitte in der 50seitigen Broschüre weiter praktisch nicht erscheint. Dabei wäre man vom Titelblatt her geneigt, im Begriff der Mitte gerade die grundsätzliche Seite, vielleicht sogar die Christlichkeit der CVP-Politik, erläutert zu bekommen.

Im Aktionsprogramm 1975, das wiederum den Untertitel trägt «Politik der dynamischen Mitte» (Titelblatt), wird der Begriff der Mitte dann aufgenommen, allerdings auch nur an einer Stelle und dann in recht sibyllinischer Form: «Unsere grundsätzliche Haltung setzen wir nach einer Beurteilung der jeweiligen Umstände in die Tat um. Unsere Politik ist deshalb dynamisch. Sie zielt auf die Mitte, denn dort erst kann die ganze Persönlichkeit des Menschen erfaßt werden, und dort liegt der Ort des Ausgleichs»[1]. In der Mitte also kann die ganze Persönlichkeit des Menschen erfaßt werden. Was soll das heißen? Wo ist diese Mitte? Was ist diese Mitte? Wie und durch wen kann in der (welcher?) Mitte die ganze Persönlichkeit des Menschen erfaßt werden? Welche Psychologie wird hier vorausgesetzt? Die Beantwortung dieser Fragen ist nicht leicht, denn wiederum gibt das Aktionsprogramm 1975 kaum direkte Interpretationshinweise dafür. Wiederum bleibt das erstaunliche Faktum, daß ein programmatisch angekündigter Begriff nicht weiter ausgeführt und nicht in weiteren Zusammenhängen verwendet wird. Das Jahrbuch der CVP 1977 gibt hingegen ein paar Hinweise, die als Interpretationshilfen verstanden werden können. Unter dem Titel «Standort und Marschrichtung der Partei» wird dort ausgeführt: «Die Parteiführung bekräftigte dabei ihren Willen, die Politik der dynamischen Mitte auch unter veränderten Verhältnissen fortzuführen. Sie sprach sich insbesondere gegen eine Blockbildung, etwa in Form eines Bürgerblockes innerhalb der Regierungsparteien, aus. Als Partei der Mitte gehöre es vielmehr zur Aufgabe der CVP, mit eigenständigen Vorschlägen einen wirkungsvollen Beitrag zur Lösung der anstehenden Probleme in unserem Lande zu leisten.» Und etwas später heißt es: «Die Parteiführung war sich aber auch darüber einig, daß eine Volkspartei der Mitte vor allem in Zeiten verstärkter Polarisierung ein gehöriges Maß an Integration benötige»[2].

Im Jahre 1978 veröffentlichte die CVP als Entwurf ihrer Gesellschaftspolitischen Kommission einen Orientierungsrahmen unter dem Titel «Gesellschaftspolitisches Leitbild der CVP der Schweiz.» Wiederum derselbe erstaunliche Befund: Der Begriff der «Mitte» ist nicht präsent.

Damit ist die schwierige Ausgangslage skizziert für ein Unternehmen, das sich die Aufgabe gestellt hat, unter dem Aspekt der «Politik der dynamischen Mitte» nach den grundlegenden, allenfalls auch nach den christlich bestimmten Werten der CVP zu fragen. Diese Aufgabenstellung ist an sich legitim, denn zweimal erscheint ja der Begriff der Mitte sozusagen als Kopf des grundsätzlichen Programms. Man muß also annehmen, daß er seine Bedeutung hat.

Nun ist es allerdings so, daß sich aus der gegenseitigen Interpretation von Begriffen und programmatischen Ansagen der Gehalt des Wortes «Mitte» gleichwohl erschließen läßt. Aus den Zusammenhängen, in die dieser Begriff gestellt ist, lassen sich mit einiger Sicherheit ein paar wesentliche programmatische Elemente herausarbeiten, die damit wohl gemeint sein dürften.

Als Interpretation dieses Begriffes bieten sich die folgenden Programmpunkte an. Politik der dynamischen Mitte muß heißen, daß

- der Mensch die Mitte allen gesellschaftlichen Bemühens sein muß,
- die rechte Mitte zwischen den einschränkenden Maßnahmen des Staates und der Freiheit des einzelnen anzustreben ist,
- die rechte Mitte zwischen Wirtschaftswachstum, beziehungsweise Technik und Lebensqualität zu finden ist,

- ein vernünftiges Maß im Zusammenwirken der beharrenden und der verändernden Kräfte zu suchen ist,
- der Ausgleich zwischen arm und reich stattfinden muß,
- die Teilhabe aller Menschen gesichert sein soll,
- eine politische Blockbildung abgewehrt werden muß,
- Konsensusbildung und Integration der Polarisierung vorzuziehen sind,
- Machtkonzentrationen zu vermeiden sind,
- das Ethos des Maßes zu gelten hat.

Die dynamische Politik der Mitte ist wohl zutreffend in diesen genannten Programmpunkten der CVP abgedeckt. Diese sind zugleich alle mehr oder weniger gemeint als in der Nähe zu der christlichen Grundausrichtung der Partei stehend.

Wir unterziehen uns in der Folge der Aufgabe, diese hier genannten Punkte etwas detaillierter zu beschreiben und ihre Beziehung zur Mitte – und da und dort auch zum christlichen Grundsatz der CVP – aufzudecken. Dabei bewegen wir uns ausschließlich auf der Ebene der Beschreibung der normativen Position der CVP. Wir versagen uns hier den Vergleich des Programms mit der politischen Alltagswirklichkeit der Parteiarbeit.

Der Mensch soll die Mitte allen gesellschaftlichen Bemühens sein

Dem Menschen soll «situationsgerechte Hilfe»[3] geleistet werden. Ein wichtiges Anliegen ist es, daß «allen Menschen die Möglichkeit zur persönlichen Entfaltung und Selbstverwirklichung»[4] gegeben wird. Ganz besondere Aufmerksamkeit erfordert in diesem Zusammenhang der Schutz der Familie. Sie ist «erste und wichtigste Erziehungsinstanz» und verdient speziellen «Schutz und die Förderung von Staat und Gesellschaft»[5]. Die CVP erstrebt eine «Gesellschaft nach menschlichem Maß»[6].

Damit ist gemeint die «Rückführung des Menschen aus der Anonymität» sowie eine «familiengerechte Gesellschaftspolitik». «Wer von der Familie ausgeht, geht auch vom Menschen aus.» «Eine Gesellschaft nach menschlichem Maß erfordert eine familiengerechte Gesellschaftspolitik.» – «Die Entfaltungsmöglichkeiten jedes einzelnen werden ... durch die Qualität unseres Bildungswesens bestimmt»[7]. Es ist somit begründet, daß der bildungspolitische Aspekt im Rahmen der Parteiprogramme breiten Raum gewinnt. Ähnliches gilt für das Gesundheitswesen. Gerade in dem erwähnten Leitbild von 1978 nehmen auch die Bereiche Mitbestimmung, Konsumentenschutz sowie Humanisierung der Arbeitswelt einen relativ breiten Raum ein[8].

Auch wenn es im Zusammenhang des Leitbildes nicht explizit gemacht wird: Es besteht keine Frage, daß diese Akzentsetzung in bezug auf die zentrale Stellung des Menschen in der Politik nach wie vor als Ausfluß der christlichen Grundhaltung verstanden wird, wie sie im Aktionsprogramm 1971 formuliert worden ist: «Die CVP vereinigt Frauen und Männer, welche den öffentlichen Bereich nach einem christlich begründeten Verständnis von der Würde des Menschen ... gestalten wollen»[9].

Die rechte Mitte zwischen Staat und Freiheit des einzelnen

Mitte in diesem Sinne heißt, «stets den richtigen Ausgleich zwischen Individuum und Kollektiv zu suchen»[10]. Die CVP-Politik will deshalb «den richtigen Ausgleich ermöglichen zwischen den Ansprüchen der staatlichen Gemeinschaft einerseits und den Rechten und Freiheiten der menschlichen Person andererseits»[11].

Die rechte Mitte zwischen Wirtschaftswachstum und Lebensqualität

Im Aktionsprogramm von 1975 wird «eine systematische und nachdrückliche Aufwertung all jener Größen, die sich zwar nicht in Statistiken erfassen oder in Franken und Rappen ausdrücken lassen, aber für das Wohlbefinden breiter Bevölkerungsschichten absolut unerläßlich sind», gefordert. Die «dem wirtschaftenden Menschen gesetzten Grenzen» müssen künftig besser beachtet werden. Die Politik des wirtschaftlichen Wachstums muß verbunden werden mit einem sinnvollen «Zugang zu jenen Werten», «die das Leben erst menschenwürdig machen»[12].

Der Begriff der Mitte wird hier als Darstellungsmittel für die Ausgewogenheit zwischen Wirtschaftswachstum und Lebensqualität verwendet.

Das vernünftige Maß im Zusammenwirken der beharrenden und der verändernden Kräfte

«Wir wollen ein fruchtbares Zusammenwirken zwischen verändernden und beharrenden Kräften herbeiführen»[13]. Diese Mitte zwischen traditionalistischen und allzu fortschrittlichen politischen Kräften wird bereits im Aktionsprogramm 1971 deutlich eingehalten: «Die CVP versteht Politik nicht als bloßes Verwalten des Überkommenen, auch nicht als Zerstören des Bestehenden, sondern als evolutionäres, schöpferisches, kraftvolles Weiterentwickeln des Guten von heute zum Besseren von morgen und übermorgen»[14].

Ganz deutlich also versucht die CVP, einen Standort der Mitte einzunehmen, der ihr erlaubt, die in ihren Reihen stark vertretenen Traditionalisten nicht vor den Kopf zu stoßen und gleichzeitig in begrenztem Maße Veränderungen anzustreben.

Die Mitte als Position des Ausgleichs

Der Begriff der Mitte eignet sich in idealer Weise zur Umschreibung der Ausgleichsfunktion. Nicht zuletzt mit Rücksicht auf die christliche Grundorientierung ist die CVP darauf bedacht, wo immer möglich einen Ausgleich anzustreben zwischen bevorzugten und benachteiligten Schichten der Bevölkerung.

Ordnungspolitisch bedeutet dies das Bekenntnis zur modifizierten Marktwirtschaft im Sinne der sozialen Marktwirtschaft. Privatinitiative im wirtschaftlichen Bereich soll gefördert werden, aber der Staat muß eine korrigierende Funktion wahrnehmen[15]. Das bedeutet eine ständige Verbesserung des Sozialstaates. Das Schlagwort von den Grenzen des Sozialstaates wird als irreführend abgelehnt: «Das Prinzip der sozialen Gerechtigkeit muß sich gerade in Zeiten knapper Mittel bewähren»[16].

Die rechte Mitte bedeutet Teilhabe aller

Der Begriff der Mitte eignet sich ebenfalls als Ausdrucksmittel für das Prinzip der Teilhabe. Keine Gruppe oder Schicht soll ausgeschlossen sein von der Teilhabe an den Entscheidungen, die sie betreffen. Voraussetzung für die Teilhabe an den Entscheidungen ist die «informierte Gesellschaft»[17]. Bereits 1971 haben die Mitwirkungsrechte der Arbeitnehmer eine hohe Bedeutung: Die innerbetrieblichen Mitwirkungsrechte der Arbeitnehmer sind weiterzuentwickeln. Das doppelte Nein der Partei zu den Mitbestimmungsvorlagen im Jahre 1976 ist dynamisch zu verstehen: Zwar ist die Partei «nach wie vor von einer mittleren und vermittelnden Mitbestimmungsvariante überzeugt, ebenso davon, daß wir die wichtigsten Entscheide nicht vor uns herschieben dürfen». Von da her sind die parlamentarischen Bemühungen um einen Kompromiß in der Mitbestimmungsfrage zu verstehen. Sie finden ihren Niederschlag in der neuen Vorlage der betreffenden nationalrätlichen Kommission. Unmißverständlich drückt sich das Leitbild 1978 aus: «Die CVP räumt daher der *Mitbestimmung des Arbeitnehmers* am Arbeitsplatz, im Betrieb und auf der Unternehmensebene eine besondere Priorität ein»[18].

Mitte bedeutet Abwehr der Blockbildung

Gemeint ist die Bildung eines Bürger- und eines Linksblocks im Parlament oder in der Regierung. Getreu dem Leitbild der Mitte weist die CVP solche Tendenzen von sich. Dynamische Mitte bedeutet, daß sich die Partei «insbesondere gegen eine Blockbildung, etwa in der Form eines Bürgerblockes innerhalb der Regierungsparteien» ausspricht.

Es geht vielmehr um die «Weiterführung der Politik der Öffnung, und zwar durch Ansprache neuer Kreise und Unterstützung eigener Kräfte in den sogenannten Problemgebieten». Die «Intensivierung der Diskussion mit und der Beziehungen zu den übrigen C-Gruppen» soll wohl kaum als christliche Blockbildung verstanden werden, vielmehr als neue Öffnung.

Konsensusbildung und Integration sind der Polarisierung vorzuziehen

Aufgabe der Politik muß sein, «konsensfähige Leitbilder zu entwerfen»[20]. Die CVP hält es für die Pflicht einer Partei der Mitte und des Ausgleichs, «daß tragende Regierungsentscheide von allen mitgetragen werden müssen. Die Parteiführung war sich aber auch darüber einig, daß eine Volkspartei der Mitte vor allem in Zeiten verstärkter Polarisierung ein gehöriges Maß an Integration benötige. Es gelte, aus der Mitwirkung aller Kräfte eine gemeinsam verantwortete Politik zu schaffen»[21]. Die integrative Funktion der Partei wird also deutlich hervorgehoben. Sie soll ihre Funktion zwischen den verschiedenen politischen Kräften wahrnehmen in der Weise, daß sie die Rahmenbedingungen für einen breiten Konsensus überall fördern hilft. Der Rückbezug dieser integrativen und konsensorientierten Politik auf die christlichen Grundlagen ist unschwer zu erkennen. Dies ist immer ein Zeichen christlich verstandener Politik gewesen. Allerdings, in neuer Zeit erlaubt man sich auch eine kleine Korrektur: Heute soll eine «neue Politik» formuliert werden, «die den Konflikt nicht scheut»[22].

Ablehnung von Machtkonzentration

Nur folgerichtig steht eine Partei der Mitte der allzu starken Konzentration von Macht kritisch gegenüber. Diese Einstellung teilt sie mit anderen Volksparteien. In der Schweiz etwa mit der SVP, die sich immer wieder gerade wirtschaftlichen Konzentrationstendenzen widersetzt hat.

«Unkontrollierte Machtkonzentrationen jedweder Art sind zu verhindern»[23].

Dies bedeutet, daß auch der föderalistische Gedanke zu seinem Recht kommt, denn er «verhindert durch die vertikale Machtaufteilung übermäßige Machtkonzentration»[24]. Ohne Zweifel gehört in diesen Zusammenhang die starke Bedeutung, welche der Teilhabe und dem Gedanken der Mitbestimmung zugemessen wird, sowie die immer stärkere Forderung auf «Transparenz in der Unternehmung»[25].

Das Mißtrauen gegenüber der Größe wirtschaftlicher Unternehmen wird angedeutet. Unübersehbar sei, daß diese in zahlreiche Lebensbereiche eingriffen und diese beeinflußten.

Die Mitte bedeutet das Ethos des Maßes

Bei aller Offenheit für notwendige Reformen läßt sich die CVP vom «Ethos des Maßes» leiten[26]. Das Ethos des Maßes war seit jeher, bereits schon seit Aristoteles, gekoppelt mit einer an der Mitte orientierten Politik. Mitte meint eben maßvolle Politik.

Der rote Faden

Nach diesem Gang durch die vielschichtige Bedeutung des Begriffes der Mitte in den programmatischen Aussagen der CVP ist man eigentlich über zwei Dinge erstaunt: Einmal darüber, daß sich, wie eingangs bereits angeführt, keine auch nur einigermaßen erhellende Definition dieses Begriffes findet; dann aber, daß sich dann die wesentlichsten Programmelemente der Partei doch rückbeziehen lassen auf die «Mitte». Im nachhinein, d. h. nach dem Versuch einer Analyse, wie wir sie hier versucht haben, ergibt sich nämlich so etwas wie ein roter Faden, der sich durch das dynamische Programm hindurchzieht: Es ist tatsächlich die Mitte!

Die Frage, warum sich die Partei in den hier herangezogenen programmatischen Schriften einer Definition dieses für sie zentralen Begriffes verschlossen hat, muß offen bleiben. Man kann die Vermutung wagen, daß eine solche Definition nicht ohne Schwierigkeiten durchzuführen wäre: Der Begriff der Mitte ist zu wenig präzis, als daß er unter Beachtung von logischen Regeln zum axiomatischen Ausgangspunkt der vielen Programmpunkte gemacht werden könnte, für die er faktisch das Gütezeichen oder das Symbol abgibt. Die «Mitte» ist wahrscheinlich viel wirksamer, wenn sie weniger logisch und zwingend sich aufdrängt, dafür aber mehr als verbindender Gedanke und als psychologischer wie politischer Anziehungspunkt zum Schwerpunkt gerade der grundsätzlichen Elemente der Partei wird und bleibt. Man soll wohl nicht zu genau nachfragen, was nun die Mitte sei, aber Mitte sein und Mitte haben, das will jedermann. Wer würde nicht den Verlust «seiner» Mitte beklagen? Vielleicht ist es aber zu kleinlich gedacht, wenn man mit grammatikalisch-definitorischen Regeln an die Mitte herangeht. Die Mitte ist mehr: Sie spricht nicht nur den Intellekt, sondern den ganzen Menschen, die Mitte des Menschen an. Das ist auch für eine Volkspartei, zumal eine christliche, durchaus legitim.

Schwieriger wird es, wenn man versucht, den Begriff der Mitte mit dem der «Dynamik» zu koppeln. Die bei den Begriffe vertragen sich eigentlich schlecht: Das Maß hat kein natürliches Gefälle zur Dynamik, eher noch zum Gegenteil! Man muß hier die Frage stellen, ob mit den beiden Begriffen nicht zuviel auf eine einzige Formel aufgeladen worden ist. Man versteht zwar die Absicht: Die Maßvollen und die Dynamischen sollen angesprochen werden. Oder: Einerseits soll man gewählt werden und anderseits soll eine dynamische Politik gemacht werden.

Es fragt sich, ob die CVP nicht besser daran getan hätte, nicht zuviel auf den Wagen zu laden. Beispielsweise wäre denkbar gewesen, dem Begriff der Mitte erstens schärfere Konturen zu geben und zweitens gerade seine ausgleichende, soziale und Gerechtigkeit schaffende Funktion tiefer zu fassen. Warum also nicht soziale statt dynamische Mitte? Der Widerspruch wäre kleiner.

Anmerkungen

1. Aktionsprogramm 1975 der CVP, (= AP 75), 3
2. Jahrbuch 1977 der CVP, 4
3. Grundsatzprogramm der CVP, (= GP), Juni 1978, Ziff. 17
4. AP 75, Ziff. 12
5. AP 75, Ziff. 12
6. Gesellschaftspolitisches Leitbild (= GPL) der CVP der Schweiz. Ein Orientierungsrahmen für die 80er Jahre. Entwurf der Gesellschaftspolitischen Kommission vom 1. September 1978, 5
7. AP 75, Ziff. 52
8. GPL, 33ff.
9. AP 75, 3
10. Aktionsprogramm 1971 der CVP (= AP 71), 4
11. GP, Ziff. 8

12. GPL, 5
13. GP, Ziff. 17
14. AP 71, 3
15. GP, Ziff. 19 und 20
16. GPL, 5
17. AP 71, Ziff. 38
18. GPL, 33
19. Jahrbuch 1976, 3
20. GPL, 4
21. Jahrbuch 1977, 4
22. GPL, 21
23. AP 71, Ziff. 1
24. AP 71, Ziff. 23
25. GPL, 32
26. GP, Ziff. 17

Aus: **Arbeitszeit und Arbeitslosigkeit. Zur Diskussion der Beschäftigungspolitik in der Schweiz.** Herausgegeben von Hans Ruh, Jakob Schaad, Patrik Schellenbauer, Eberhard Ulich, Hans Würgler. Zürich: vdf Hochschulverlag AG an der ETH Zürich, 1994, 2., unveränderte Auflage 1995, S. 135–153.

Modell einer neuen Zeiteinteilung für das Tätigsein des Menschen*

Strategien zur Überwindung der Arbeitslosigkeit

Über Auswege aus der Krise der Arbeitslosigkeit wird viel geredet, aber es herrscht nach wie vor Mangel an neuen Ideen. Ich gewinne mehr und mehr den Eindruck, daß die Diskussion darüber nicht über das Niveau von Ladenhütern hinausreicht. Und ich vermute die Ideenlosigkeit hängt mit dem Umstand zusammen, daß wir der Frage zu wenig nachgehen, ob denn nicht «unsere» Arbeitslosigkeit Merkmale aufweist, die eben auch neu, auf jeden Fall anders als frühere, sein könnten.

In der Tat möchte ich behaupten, daß wir es mit neuen Randbedingungen der Arbeitslosigkeit zu tun haben, die wir zunächst benennen müssen, aufgrund derer wir dann aber auch neue Wege beschreiten sollten. Was sind nun die neuen Randbedingungen?

- Die Hoffnung auf ein wirtschaftliches Wachstum geht in die falsche Richtung. Wenn die USA heute aufatmen und dank eines neuen Booms in der Autoindustrie auf den weiteren Aufschwung hoffen, kann es nur ein kurzer Aufschwung werden. Diese Art Strategie der Überwindung wird in Zukunft immer mehr gegen eine Grenze anrennen, nämlich die der Ökologie. Genauso wie wir in den 80er Jahren ökonomisch – durch die Schuldenmacherei – auf Kosten der Zukunft gelebt haben, leben wir mit allen Wachstumsstrategien, die sich nicht an Nachhaltigkeit orientieren, auf Kosten der Zukunft. Das wird

* Referat, gehalten am 2. Dezember 1993 an der Universität Zürich, im Rahmen der Veranstaltungsreihe «Wege aus der Arbeitslosigkeit» des wirtschaftswissenschaftlichen Verbandes der Universität Zürich.

uns immer raschere und tiefere ökonomische Einbrüche bescheren, solange, bis wir das kopflose Anrennen gegen die Grenzen der Ökologie aufgeben.

- Die Arbeitslosigkeit rührt auch von daher, daß wir nur die Hälfte der Arbeit verrichten. Ich meine damit den Umstand, daß wir im Produktionsprozeß nur die Entwicklung, nicht aber die Entsorgung ernstnehmen. Wenn wir, um nur ein Beispiel zu nennen, die Rückholung der auf der ganzen Welt zerstreuten Stoffteilchen auch nur getreulich betreiben würden, wir hätten genug Arbeit. Aber wir hören sozusagen mitten in der Arbeit auf und lassen die Abfälle liegen.
- Wir haben dic weltweite Wirtschaft so programmiert, daß es fast keine Gewinner der Rationalisierung geben kann. Die Programmierung des Welthandels läuft wie folgt: durch die Idee des «ökonomischen Weltdorfes» gibt es im internationalen Raum keine funktionierenden Rahmenbedingungen des Marktes. Da alle miteinander ökonomisch verkehren, müssen alle Akteure immer konkurrenzfähiger werden, was wir durch eine ausgeklügelte Rationalisierungstechnologie noch verstärken. Niemand kann diese Teufelsmaschine bremsen, weil es keinen Weltstaat mit harten Interventionsmechanismen gibt. Die Folge wird sein, daß wir uns weltweit zu Tode rationalisieren werden, vor allem deshalb, weil wir so tun, als gäbe es weltweit so etwas wie eine schweizerische Marktwirtschaft. Das ist aber eine Fiktion. Gerade die Verfechter einer rahmengeplanten Marktwirtschaft machen sich etwas vor, wenn sie so tun, als sei international etwas ähnliches möglich. Für diese Fiktion müssen wir teuer bezahlen. Die ganze Welt ist unkontrollierbar an eine einzige Megamaschine angehängt, deren Devise heißt: immer konkurrenzfähiger!
- Durch diese unkontrollierbare Weltwirtschaft sind die einzelnen Unternehmen zu einer Logik gezwungen, welche in tiefen Widerspruch zu der Logik der Gesamtgesellschaft geraten muß. Wenn es keine oder nur schwache internationale Rahmenbedingungen für die Marktwirtschaft gibt, dann müssen die Unternehmen die Konkurrenzfähigkeit und Gewinnmaximierung als oberste Ziele anstreben. Damit verhalten sie sich aber katastrophal prozyklisch in bezug auf die heute schon bestehenden tiefgreifenden Schäden der Weltgesellschaft.

Die Strategie der Rationalisierung, z. B. in Form der Lean-Production, setzt der schon bestehenden Arbeitslosigkeit noch eines drauf. Sie verschärft zudem die weltweite soziale Disparität, sie verschärft die Umweltprobleme und steigert durch sinnlose Produkte die Sinnlosigkeit in der Welt. Diese Strategie entspricht der Logik der Unternehmen, nicht aber der Logik der Gesellschaft. Den Widerspruch könnten wir relativieren, wenn wir effiziente internationale Institutionen hätten, wenn die oft skizzierte Einheit von ökonomischer Effizienz und sozialen und ökologischen Gesichtspunkten praktizierbar wäre und nicht zuletzt, wenn wir freiwillige internationale Abkommen unter den großen Unternehmern, z. B. Ethik-Kodizes, verwirklichen könnten.

Alle drei genannten Strategien sind schwierig, und so bleibt vorerst nur die unkontrollierte Strategie der Rationalisierung, deren tiefe Irrationalität darin liegt, daß sie täglich die schon bestehenden Defizite, allen voran die Arbeitslosigkeit, noch erhöht.

- Immer mehr produzieren wir Güter, welche nicht den vitalen Bedürfnissen der Mehrheit der Menschen entsprechen. Der Weltmarkt produziert an den Bedürfnissen der Mehrheit der Weltbevölkerung vorbei. Dies ist nicht nur aus der Perspektive der Armen, es ist auch ökonomisch problematisch. Die Gag-isierung und Swatchisierung der Produktepalette verspricht nur kurzfristige Erfolge.
- Noch stärker ins Gewicht fällt in diesem Zusammenhang, daß ein großer Teil der Produktepalette und Dienstleistungen von heute die Sinnlosigkeit, an der die Welt schon leidet, verstärkt. Wiederum: auf sinnlosen Spielzeugen, Unterhaltungselektronik, Gags und ähnlichem kann man keine gesunde Ökonomie aufbauen. Aber die Erhöhung der Sinnlosigkeit beinhaltet einen noch gefährlicheren Aspekt: die Sinnlosigkeit in der Welt schlägt um in Langeweile, Aggression und Gewalt, in Destruktion und Radikalismus.
- Endlich ist auch die Arbeitswelt in den Bannkreis eines Wertezerfalls geraten, der von mangelnder Motivation über Individualismus, Interessenlosigkeit bis hin zu Gewalt und Kriminalität reicht.
- Die Arbeitslosigkeit bedeutet eine tiefgreifende Störung des menschlichen Tätigkeitshaushalts und legt vielfältige Widersprüche frei. Die Störung betrifft die Auseinandersetzung des Menschen mit seiner

Umwelt. Daß es sich um eine Störung handeln muß, wird dann besonders deutlich, wenn wir folgenden Widerspruch wahrnehmen: einerseits haben wir verbreitete Arbeitslosigkeit, andererseits haben wir so viele ungelöste Probleme, also eigentlich sehr viel zu tun. Offensichtlich unterliegt der Tätigkeitshaushalt des Menschen einer falschen Steuerung.

- Es gibt noch andere Anzeichen der Störung oder falschen Steuerung: die Arbeit der Menschen löst sehr oft die falschen Probleme. Wir produzieren Dinge, die wir vital nicht brauchen, wir produzieren aber gerade die Dinge nicht, welche eine Mehrheit der Menschen dringend bräuchte. Ich denke dabei an den Hunger, die Unterentwicklung, die Wohnungsnot. Man könnte diesen Widerspruch auch so ausdrücken: es sieht so aus, als stellten wir durch unsere Arbeit eine Welt her, die wir so gar nicht wollen, als strebten wir aber gleichzeitig in unserem Tätigsein die Ziele gerade nicht an, die wir eigentlich wollen.

Was wollen wir eigentlich vom Leben? Auch ohne tiefschürfende Bedürfnistheorien, die übrigens zu ähnlichen Resultaten kommen, würde ich sagen: wir wollen Deckung der Grundbedürfnisse, Geborgenheit und Anerkennung in einem sozialen Umfeld, Sicherheit und Gesundheit, gutes Wohnen, interessante Herausforderungen, Mitsprache bei dem, was uns betrifft. Aber ermöglicht die Produkte- und Dienstleistungswelt, die wir mit unserer Arbeit schaffen, das Erreichen dieser Ziele? Wohl kaum, sie verfehlt sie zumeist vielmehr. Warum streben wir das nicht an, was wir eigentlich möchten? Elektronische Unterhaltungsindustrie, stinkende und lärmende Mobilität, schlechte Wohnungen, ungesunde Lebensmittel – wollen wir das wirklich?

Zur Störung rechne ich weiter den Umstand, daß wir durch unsere Art der Arbeit die natürlichen Lebensgrundlagen schwerwiegend beeinträchtigen. Bereits ökonomisch ist es suspekt, wenn die durch Arbeit verursachten Umweltkosten in Deutschland auf ca. 200 Milliarden DM jährlich geschätzt werden müssen. Ökologisch ist dies eine Katastrophe. Endlich rechne ich zu der genannten Störung die Tatsache, daß weltweit die meisten Menschen in entfremdenden, erniedrigenden oder ungesunden Arbeitsverhältnissen tätig sein müssen.

Ich will nun versuchen, aus dem oben Gesagten einige grundsätzliche Folgerungen zu ziehen im Hinblick auf mögliche Ansätze zu Lösungen. Sicher ist, daß es angesichts der Komplexität keine eindimensionalen Lösungen geben kann, z. B. auch nicht die einer bloßen Umverteilung der Arbeit. Ich sehe die Richtung von Lösungsansätzen mit den folgenden Punkten markiert:

1. Wir brauchen eine neue Aufteilung, Zielsetzung und Fokussierung der menschlichen Tätigkeitszeit, d. h. der Dualismus Freizeit/Arbeitszeit muß durch ein differenziertes Modell ersetzt werden.

2. Wir brauchen eine teilweise Entkoppelung von Arbeit und Lohn. Wir brauchen eine Grundsicherung für alle, unabhängig von der Arbeit.

3. Wir brauchen neue Anreize oder vielmehr Motivationen für sozial und ökologisch bedeutsame Leistungen. Unter anderem läßt sich ein solches Ziel nur über einen umfangreichen obligatorischen Sozialdienst, der von allen geleistet wird, erreichen.

4. Wir müssen uns immer mehr und konsequenter auf eine an der Nachhaltigkeit orientierte Lebens- und Produktionsweise ausrichten, die letztlich nur eine bionische Produktionsweise sein kann.

5. Wir müssen – vor allem zur Überwindung des Widerspruchs zwischen der Logik der Unternehmen und der Logik der Gesamtwirtschaft bzw. der Gesellschaft – neue Koalitionen in der Wirtschaft finden und uns mit neuen Partnerschaften auf regionale Ziele ausrichten.

Im Folgenden sollen diese fünf Punkte einer detaillierteren Kommentierung unterzogen werden. Zuvor muß aber, im Sinne einer Regieanweisung, folgendes für das Verständnis festgehalten werden: die fünf Punkte sind der Versuch der Formulierung einer *ganzheitlichen Strategie* zur Lösung der Frage der Arbeitslosigkeit. Es kann nicht mehr genügen, eindimensionale Strategien zu entwerfen. So ist auch die isolierte Umverteilung der Arbeit, z. B. durch massive Reduktion der Normalarbeitszeit, keine Lösung. Neben der Umverteilung der Arbeit müssen in einer Strategie immer auch andere Gesichtspunkte berücksichtigt und aufeinander abgestimmt werden. Insbesondere sind folgende Gesichtspunkte von Belang: eine Strategie in diesem Sinne muß immer auch einen Beitrag leisten zur Brechung der fatalen Dynamik im Zusammenhang mit Konkurrenzfähigkeit, Rationalisierung und Umweltzerstörung. Sie muß eine Antwort bereitstellen auf die Anforderung des Konzepts der Nachhaltigkeit der Produktions- und Lebensweise und sie muß eine Antwort bereitstellen auf die Frage nach der Motivation zu gesellschaftlich und ökologisch bedeutsamen Leistungen. Und, last but not least, muß sie ein besonderes Potential an Erhöhung von Sinn und Lebensqualität ausweisen können.

Diese Regieanweisung soll verdeutlichen, daß die Kommentierung der fünf Strategiepunkte auf eine ganzheitliche, in sich stimmige Konzeption aus ist.

1.

Wir brauchen eine neue Aufteilung, Zielsetzung und Fokussierung der menschlichen Tätigkeitszeit, das heißt der Dualismus Freizeit/Arbeitszeit muß durch ein differenzierteres Modell ersetzt werden.

Die menschlichen Tätigkeiten werden unter sieben Aspekten neu konzipiert:

- Freizeit (siehe Punkt 2 u. 3)
- Monetarisierte Arbeit
- Eigenarbeit
- Obligatorische Sozialzeit (siehe Punkt 3)
- Informelle Sozialzeit
- Ich-Zeit
- Reproduktionszeit.

Monetarisierte Arbeit: Ich sehe für die Zukunft die Halbtagsstelle als Norm für Mann und Frau. Allerdings soll jeder Mensch soviel arbeiten können, wie er will, sofern er die entsprechende Arbeit findet, diese ökologisch und sozial nicht schädlich ist und die Grundbedürfnisse anderer dadurch nicht eingeschränkt werden.

Eigenarbeit: Möglichst viele Tätigkeiten sollten wieder in Form von Eigenarbeit ausgeführt werden können. Dies senkt die gesamtgesellschaftlichen Fixkosten, ist ökologisch verträglich, schafft Sinn, bringt Unabhängigkeit. Ich denke an Tätigkeiten für die Gesundheit, für Nahrungsbeschaffung, Haushalt, Bildung, Kultur, Mobilität (zu Fuß oder Fahrrad), Reparatur, Wohnungsbau etc.

Informelle Sozialzeit: Es soll jeder Mensch die Kraft, Bereitschaft und Möglichkeit haben, freiwillig sozial und ökologisch sinnvolle Tätigkeiten auszuführen. Ich denke da an Nachbarschaftshilfe, Privatstunden, Verwandtenbesuche.

Ich-Zeit: Jeder Mensch braucht Zeit für sich selbst, für seinen Körper, seine Seele und seinen Geist. Wendet er diese Zeit sinnvoll an, geschieht dies auch zum Nutzen der Gesellschaft. Bei der Ich-Zeit denke ich an die eigene Gesundheit, Sport, Kultur, Religion, Esoterik.

Reproduktionszeit: Darunter ist die Gesamtheit der Tätigkeiten von Mann und Frau zu verstehen, für die Entwicklung, Betreuung, Erziehung und Pflege der zukünftigen Generationen.

Auch wenn die Umrisse für ein neues Modell etwas schematisch erscheinen: die einzelnen Punkte sind natürlich als Richtpunkte gedacht, die unterschiedlich gewichtet werden können. Aber die fundamentale Störung des menschlichen Tätigkeitshaushalts läßt sich nur dann beheben, wenn wir grundlegende Veränderungen ins Auge fassen.

2.

Wir brauchen eine teilweise Entkoppelung von Arbeit und Lohn. Wir brauchen eine Grundsicherung für alle, unabhängig von der Arbeit.

Wiederum ist es ein komplexes Zusammenspiel von Faktoren, welches zu diesem Element einer Strategie führt: es sind ökologische, soziale, psychologische und gerechtigkeitstheoretische Aspekte, die dabei berücksichtigt werden.

Die praktische Durchführung der Grundsicherung für alle wird hier im Sinne eines Grundlohns oder einer Bürgerrente vorgestellt. Es gibt auch die Vorstellung der Negativsteuer, d. h. das Konzept, wonach Schlechtverdienende nicht Steuern zu entrichten haben, sondern finanzielle Beiträge vom Staat erhalten. Ich trete hier für den Grundlohn, nicht für die Negativsteuer ein, und zwar deshalb, weil die Negativsteuer keine Anreize zu vermitteln vermag. Wenn jemand mehr verdient, bekommt er im gleichen Masse weniger Beiträge von der Steuer, was einem Nullsummenspiel gleichkommt.

In der heutigen Lage wäre der Grundlohn in der Schweiz auf die Größenordnung von Fr. 1300.– für jeden erwachsenen Menschen zu veranschlagen. Zunächst geht es beim Grundlohn auch um einen Beitrag zur Brechung einer fatalen Dynamik. Er ist aber auch als Anreiz und Belohnung gedacht für eine Lebensweise, die sich an ökologischer Bescheidenheit orientiert. Unter langfristigen Gesichtspunkten betrachtet, insbesondere unter dem Aspekt der Nachhaltigkeit, ist zumindest zu vermuten, daß eine sehr bescheidene, ressourcen- und umweltschonende Lebensweise manche Vorzüge aufweist. Warum sollte ein solches Verhalten nicht «belohnt» werden? Es ist nicht einzusehen, warum wir auf Bescheidenheit orientierte Menschen gegen ihren Willen zwingen sollten, an der Herstellung einer Zivilisation, die sie für sich nicht beanspruchen, teilzunehmen.

Für eine aufgeklärte, an Freiheit orientierte Gesellschaft kann es nur sinnvoll sein, wenn sie grundsätzlich eine minimale Sicherung für alle vornimmt. Denn es ist zumindest nicht eindeutig und nicht vollständig auszumachen, welches nun positive oder negative, freiwillige oder nicht freiwillige Einwirkungen eines Menschen auf die Gesellschaft sind. Dieser Unmöglichkeit einer exakten Quantifizierung begegnet man am besten mittels einer *Grundsicherung* für alle, d. h. durch die Gewährung eines Sockelbeitrags für alle als Kompensation nicht auszumachender Unterschiede.

Eine wichtige Funktion des Grundlohns besteht in der Ermöglichung und Vermittlung von Anreizen für sinnorientierte Tätigkeiten. So ist es einer Bauernfamilie aufgrund der zweimal 1300.– Franken monatlich möglich, nachhaltige, z. B. biologische Landwirtschaft zu betreiben. Auch viele andere Berufe, z. B. Handwerker, erhalten so die Chance, sich aus dem ökonomischen Zwang unökologischer Produktionsweisen herauszuarbeiten. Der Grundlohn schafft auch die ökonomischen und damit zeitlichen, zum Teil auch psychologischen Voraussetzungen für ein weites Feld informeller, freiwilliger sozialer Leistungen, z. B. Pflege der Gemeinschaft mit älteren und einsamen Menschen, Lebens- und Nachbarschaftshilfe usw. Ferner ist der Grundlohn eine ökonomische Basis für die Flexibilisierung der Arbeitsgestaltung und für eine, den individuellen Bedürfnissen und Interessen angepasste, Gestaltung der Pensionierung. Er ermöglicht auch verstärkte Anstrengungen zur privaten Weiterbildung.

Es kann natürlich kein Zweifel darüber bestehen, daß der Übergang zum System des Grundlohns große bildungspolitische Anstrengungen voraussetzt. Die Menschen müssen schon in der Schule verstärkt in die Übernahme von Verantwortung und in die Befähigung zu sinnvollem Umgang mit den eigenen Kräften und «der Zeit» eingeführt werden.

Ein Vorteil des Systems einer solchen Grundsicherung besteht wohl auch im Abbau administrativer Kosten. Es ist eine einheitliche Kasse denkbar, welche Arbeitslosenversicherung, Sozialhilfe, Stipendien, AHV usw. versichert. Darüber hinaus wären bedarfsorientierte Zulagen zu konzipieren.

3.

Wir brauchen neue Anreize oder vielmehr Motivationen für sozial und ökologisch bedeutsame Leistungen. Unter anderem lassen sich die Anreize nur über einen umfangreichen obligatorischen Sozialdienst, der von allen geleistet wird, erreichen.

Umfangreich heißt, daß der vorgeschlagene obligatorische Sozialdienst auf die Dauer von drei Jahren für jeden Mann und jede Frau angelegt ist. Ein Jahr wäre um das 20. Lebensjahr zu leisten. Ein zweites Jahr wäre zu konzipieren als Wiederholungskurse, z.B. 14 Tage jedes Jahr, ein System, das wir in der Schweiz vom Militärdienst her kennen. Das dritte Jahr könnte in Blöcken oder kurzen Einsätzen wenig vor oder nach der Pensionierung geleistet werden, als Komplementärdienst zu einem flexiblen Übergang in die Pensionierung, u.a. auch im Sinne der gesellschaftlichen Nutzung der Erfahrung älterer Menschen. Die gesetzliche Basis für einen solchen Sozialdienst könnte über die Einführung einer «Allgemeinen Dienstpflicht» auf Verfassungsebene geschehen, wie dies in der Schweiz zur Zeit der Diskussion über die Totalrevision der Bundesverfassung vorgeschlagen worden ist. Die konkreteren Bestimmungen wären dann über ein Bundesgesetz sowie auf dem Verordnungsweg zu erlassen. Es ist überhaupt nicht an eine umfangreiche Bürokratisierung des Sozialdienstes gedacht, im Gegenteil: er wäre zwar in den Grundzügen durch einheitliche Bundesnormen zu bestimmen, die Durchführung bzw. Organisation erfolgte jedoch dezentral. Insbesondere gemeinnützige Organisationen und Gemeinden, bekämen jährliche Kontingente an Sozialdienstpflichtigen zugewiesen.

Welches sind nun die wichtigsten Leistungen, die in einem Sozialdienst zu erbringen wären? Es sind dies vor allem ökologisch und sozial sehr bedeutsame Dienstleistungen, welche personalintensiv und teuer sind und im gegenwärtigen System nicht oder nur unzureichend erbracht werden.

Bevor dazu konkrete Beispiele genannt werden, ist eine Vorbemerkung nötig: der Sozialdienst darf nicht zur Konkurrenzierung einiger Berufe, wie der Sozialarbeit und der Krankenpflege, führen. Es muß etwas wie eine «Opfersymmetrie» angewandt werden: möglichst viele Bereiche sind zu berücksichtigen, wobei schon die soeben erwähnte Bestimmung, wonach es um Leistungen geht, die heute nicht erbracht werden, eine Barriere darstellt.

Im Vordergrund stehen Leistungen im ökologischen Bereich, weil sich hier besonders schwerwiegende Defizite zeigen. Dies gilt z. B. für die Sortierung und Rückholung von Abfällen, wenn man davon ausgeht, daß die Dispersion von Stoffteilchen auf dem ganzen Planeten durch unsere Produktionsweise dem Gebot der Nachhaltigkeit besonders gravierend widerspricht. Fast schon traditionelle Leistungen wie Wald- und Seesanierung wären hier zu nennen, ebenso wie Dienstleistungen für ältere Menschen. Angesichts des steigenden Lebensalters warten gerade in diesem Sektor besonders personalintensive Aufgaben, die auf jeden Fall das gegenwärtige ökonomische System überfordern. Kommunikation mit älteren Menschen, Hilfe bei Gebrechlichkeit, Betreuung der Ernährung, Unterstützung der Pflege und Hilfestellung zu besserer Mobilität sind hier die wesentlichen Stichworte.

Wichtig ist ebenfalls die Intensivierung der Betreuung von Kranken, vor allem von psychisch kranken Menschen. Einzelne psychische Krankheiten verlangen im Hinblick auf eine optimale Behandlung so viele personale Dienstleistungen, daß diese jede heutige ökonomische Basis übersteigen. Als Beispiel sei das Problem der Kommunikation mit schizophrenen Patienten genannt.

Intensive menschliche Betreuung ist auch im Bereich der Suchtprobleme nötig, vor allem hinsichtlich des Drogenproblems. Auch hier sind anstelle administrativer und polizeilicher Maßnahmen umfangreichere soziale und kommunikative Dienstleistungen nötig. Das immer akuter werdende Problem der Gewalt ruft ebenfalls nach personalintensiven Leistungen, und zwar sowohl hinsichtlich der *Prävention* von Gewaltursachen wie auch in bezug auf den *Schutz* vor Gewalt. Unter dem Aspekt der Prävention ist an die Betreuung von Jugendlichen zu denken, z.B. durch das Anbieten von sportlichen und kulturellen Möglichkeiten. Die ganze Palette der Gewaltursachen muß abgefragt werden unter dem Aspekt der Chancen einer personalintensiven Prävention.

Der am weitesten gehende Vorschlag in diesem Zusammenhang reicht bis hin zur Forderung nach Schaffung und Organisation einer gewaltfreien nationalen und internationalen Truppe, welche dort eingesetzt wird, wo das Entstehen von Gewalt vermutet wird. Aber der Sozialdienst hat auch für den Schutz vor Gewalt seine Bedeutung. Wenn die Sicherheit in den Abend- und Nachtzügen ökonomisch nicht mehr gewährleistet werden kann, dann könnten Angehörige des Sozialdienstes diesen Dienst leisten. Ähnliches gilt für die Sicherheit auf bestimmten Plätzen und Straßen.

Auch den Anliegen der Familienpolitik könnte der Sozialdienst entgegenkommen: in Form von Kinderhütediensten bezüglich der Berufstätigkeit von Mann und Frau, als Pflege und Betreuung der Kinder in der Schule, als besondere pädagogische Hinwendung zu schlecht integrierten Kindern, endlich als schulbegleitende Dienste für die Kinder ausländischer Bürger. Wenn es stimmt, daß Familien und Schulen mehr und mehr zur Quelle für gewalttätiges Verhalten werden, dann müssen künftig außerordentlich viele Mittel für diese Bereiche aufgewendet werden.

Wenn man davon ausgeht, daß der Sport angesichts des Anwachsens der Freizeit, aber auch im Hinblick auf die gesundheitliche Prävention einen viel höheren Stellenwert erhalten muß, wäre auch hier ein Einsatz des Sozialdienstes möglich, z.B. im Rahmen von Sportclubs für junge und alte Menschen, die von Krankenkassen und Gemeinden mitorganisiert werden könnten. Endlich ist darauf hinzuweisen, daß auch der Militärdienst im Rahmen der allgemeinen Dienstpflicht absolviert werden könnte, selbstverständlich unter Anrechnung der geleisteten Zeit.

4.

Wir müssen uns immer mehr und konsequenter auf eine an der Nachhaltigkeit orientierte Lebens- und Produktionsweise ausrichten, die letztlich nur eine bionische Produktionsweise sein kann.

Die Diskussion um den Begriff der Nachhaltigkeit hat mehr und mehr deutlich gemacht, daß der Mensch im Hinblick auf seine Lebensqualität und die Lebensgrundlagen der zukünftigen Generationen nur dann seine Nische erhalten kann, wenn er sich mit seiner Lebens- und Produktionsweise in die übrige Natur einordnet. Überlebens- und permanenzfähig ist nur eine Produktionsweise, welche sich auf einige wenige Grundregeln der Natur stützt. Solche Grundregeln sind in erster Linie das Arbeiten in geschlossenen Stoffkreisläufen und die alleinige Nutzung von dezentraler Sonnenenergie. Dazu kommt der Verzicht auf «Abfallproduktion» im Sinne einer dispersiven Anordnung von vorher veränderten Stoffen.

Die These, die hier vertreten wird, ist einfach: nur wenn es dem Menschen mittel- und langfristig gelingt, seine Produktionsweise im wesentlichen unter strikter Einhaltung dieser Grundregeln der Natur zu gestalten, hat er eine Überlebenschance. Gelingt ihm das nicht, tritt er zuerst in eine Periode schwerer sozialer und ökonomischer Krisen ein, z. B. im Gefolge von Klimakatastrophen, später sind die Lebensgrundlagen selbst in Frage gestellt. In unserem Zusammenhang interessiert nun in erster Linie der ökonomische Aspekt dieser Problematik. In der Tat sind schwere ökonomische Krisen als Bestandteil zukünftiger sozialer Krisen zu erwarten, z. B. im Gefolge der Weltwanderungen von Umweltflüchtlingen. Zu solchen Krisen wird auch die Arbeitslosigkeit gehören, schon deshalb, weil die ökologischen Grenzen des traditionellen Wachstums immer penetranter wirksam werden.

Der einzige Ausweg ist eine Technologie, welche sich konsequent an den genannten Grundregeln der Natur ausrichtet. Die zukünftige Technologie ist demnach konsequente Nachahmung der Natur und Entdeckung der geradezu unglaublichen Möglichkeiten, die in der Natur liegen. Man nennt eine Technologie, welche Nachahmung der Natur betreibt, Bionik. Der Begriff ist eine Zusammensetzung von Wortteilen der Begriffe Biologie und Technik. In den 50er Jahren hat man Bionik aus Effizienzgründen betrieben. Heute muß sie aus ökologischen Gründen betrieben werden.

Insbesondere Unternehmer und Wissenschafter müssen heute Initiativen ergreifen, zur Entwicklung einer solchen Technologie. Gerade die Schweiz könnte sich, mit ihren technologischen und handwerklichen Möglichkeiten, auf die Entwicklung von bionischen Produkten, z. B. im Material- oder Systembereich, konzentrieren. Sie könnte, wenn sie rasch mit Forschung und Entwicklung begänne, auch einen Wettbewerbsvorteil auf dem Weltmarkt erreichen. Auf jeden Fall sollten gerade führende Industrien in der Schweiz nicht länger Klage führen über die Nichtverkäuflichkeit von in der Schweiz hergestellten Produkten. Sie sollten vielmehr heute damit beginnen, Produkte zu entwickeln, welche in zehn Jahren z. B. den Anforderungen der Nachhaltigkeit entsprechen. Ein wirtschaftlicher Aufschwung wäre auf diese Weise sehr wohl möglich, und zwar einer mit langfristig guten Aussichten. In mehrfacher Weise wäre damit ein Beitrag zur Lösung des Arbeitslosenproblems geleistet: sinnvolle und ökologisch günstige Produktion, Schaffung neuer Arbeitsplätze in der Entwicklungszeit, Sicherung von Arbeitsplätzen in der Zukunft.

Es ist klar, daß auch die Umstellung der Lebensweise, beispielsweise in bezug auf Nahrungsmittelproduktion, Wohnungsbau und Mobilität, viele neue Arbeitsplätze schaffen würde, weil ganz generell eine nachhaltige Lebensweise mit viel mehr menschlicher Tätigkeit und weniger Ressourcenverbrauch gekoppelt ist.

5.

Wir müssen – vor allem zur Überwindung des Widerspruchs zwischen der Logik der Unternehmen und der Logik der Gesamtwirtschaft bzw. Gesellschaft – neue Koalitionen in der Wirtschaft finden und uns mit neuen Partnerschaften auf regionale Ziele ausrichten.

Unter den eingangs beschriebenen Bedingungen der Weltwirtschaft müssen, wie gesagt, Unternehmen ein Stück weit unerbittlich auf Konkurrenzfähigkeit und Gewinnstrebigkeit aussein. Diese Logik schafft aber Probleme auf der gesamtgesellschaftlichen Ebene durch die damit verbundene Erhöhung der Arbeitslosigkeit. Nun gibt es zwar durchaus begrenzte Möglichkeiten für eine neue, zumal extern gesteuerte, Unternehmenspolitik. Unternehmensintern sind folgende Vorschläge bedenkenswert:

- bessere, auch ethische Motivation der Mitarbeit;
- Motivation zur Verbesserung der Organisation (Lean-Production, ohne deren negative Folgen);
- Innovationsförderung;
- Erhöhung des Freiheitsraums von Mitarbeitern;
- Erproben von Arbeitszeitreduktionen auf freiwilliger Basis: 80%-Stellen/Halbtagsstellen;
- Prüfung der Gehaltssysteme hinsichtlich der ökonomischen Notwendigkeit der Unterschiede;
- Schaffung von Innovationszirkeln;
- Mitarbeiterbeteiligung, evtl. an Innovationsprojekten.

Auf der Ebene der Unternehmensstrategie sind denkbar:

- bessere Produkte;
- langfristig ökologisch verwertbare Produkte und Produktionsweisen (dies kann nur von einer bionischen Produktionsweise im strikten Sinne gesagt werden);
- Verbesserung des Images durch Betonung der soeben genannten Produkte;
- Verbesserung der Akzeptanzbedingungen für sinnvolle und ökologisch vertretbare Produkte (politische Einflüsse);
- Konzentration auf Produkte und Dienstleistungen, welche die Menschen wirklich brauchen;
- Suche nach Produkten und Dienstleistungen, welche die Trendsetter bevorzugen;

- Schaffung neuer Koalitionen, zum Teil auf ethischer Basis, zwischen Mitarbeitern, Geldgebern, Kunden und Lieferanten;
- Konzentration auf Innovation bezüglich Produkte und Dienstleistungen, welche aus sozialen, kulturellen, vor allem ökologischen Gründen für übermorgen dringlich sind;
- Konzepte für langfristige, nicht kurzfristige (!) Gewinnstrebigkeit;
- Unterlaufen der internationalen Konkurrenzbedingungen durch Konzentration auf regionale Märkte.

Angesichts der Unvollkommenheit und Wirkungslosigkeit bisheriger Strategien wäre aber ein Ausweg aus dieser Widersprüchlichkeit vor allem dann denkbar, wenn sich im Hinblick auf konkrete Zielsetzungen in größeren Regionen neue Koalitionen finden könnten. Eine Region könnte sich das Ziel setzen, die gesamtwirtschaftlichen Fixkosten drastisch zu senken, beispielsweise die Gesundheits- und Energiekosten. Damit dieses Ziel erreicht werden kann, müßten neue Partnerschaften bzw. Koalitionen gefunden werden: Ärzte, Konsumentinnen, Banken und Unternehmen würden auf Unterstützung und Mitarbeit verpflichtet. Ebenfalls sind solche Zielsetzungen und Koalitionen nötig für die Überbrückung einer Durststrecke bei der Entwicklung von neuen Technologien. So könnte sich eine traditionelle Industrieregion das Ziel setzen, in zehn Jahren ein exportfähiges Material herzustellen, das dem Gebot der Nachhaltigkeit entspricht. Banken, diverse Sponsoren, Landbesitzer, Gewerkschaften, Wissenschafter und Unternehmen müßten sich zusammenfinden und im Sinne einer konzertierten Aktion ein solches Ziel innert der gesetzten Frist erreichen wollen. Durch eine solche *Strategie neuer Koalitionen* mit konkreten Zielsetzungen für eine Region könnte der Widerspruch zwischen der Logik von Unternehmen und der Gesellschaft wenigstens teilweise unterlaufen werden.

Aus: Für uns – Die Zeitschrift für den Dialog der Generationen.
Nr. 1, Januar 1995, S. 7–10.

Portrait Hans Ruh: Aufbruch in die Zukunft

Hans-Peter Studer (HPS) im Gespräch mit Hans Ruh (HR)

Der Zürcher Professor Hans Ruh gehört zu den Vordenkern der Schweiz für eine neue Wirtschaft und Gesellschaft. Er tritt vehement dafür ein, aus überkommenen Denkmustern und Handlungsweisen auszubrechen.

HPS: Herr Ruh, Sie sind Professor für Sozialethik an der theologischen Fakultät der Universität Zürich. Was muss man sich unter Sozialethik vorstellen, was heisst das?

HR: Ethik ist der Versuch, nach dem Gelingen des Lebens zu fragen, auf der Basis menschheitsgeschichtlicher Erfahrungen. Sozialethik meint nun nicht das Leben des einzelnen, sondern wie das Leben in der menschlichen Gemeinschaft gelingen kann – auch auf der Ebene der Struktur und Ordnung, der Gesellschaftsordnung. Insofern ist Sozialethik in gewisser Weise Gesellschaftsberatung: Wie kann das Leben gelingen? Wo sind Grenzen des menschlichen Lebens? Wo sind Grenzen des Spielraums des Menschen? Und natürlich hat Sozialethik immer auch mit dem Verteilungskonflikt zu tun. Wie nehmen wir Ansprüche der anderen wahr, und wie verteilen wir entsprechend?

HPS: Was heisst jetzt Sozialethik in der heutigen Situation, in einem hochindustrialisierten, dienstleistungsorientierten Land wie der Schweiz?

HR: Da sehen wir natürlich Probleme. Ein Hauptproblem scheint mir zu sein, dass wir plötzlich wieder auf die Idee kommen, dass der Starke siegen muss. Im politisch-wirtschaftlichen Bereich nimmt die Vorstellung zu, man solle die Starken machen lassen. Sie sollen sich durchsetzen, und die Schwachen werden an die Wand gedrängt. Früher hatten die Starken noch Hemmungen, die Schwachen zu unterdrücken. Heute ist dieses Tabu irgendwie weg, nach dem Motto: «Es gibt nun mal Starke, und es gibt Schwache. Wir haben kein Geld mehr für die Schwachen, denn wir haben im Sozialstaat überbordet.» Die Grundverträge, die bisher gegolten haben, sind irgendwie aufgekündet. Das gilt auch für den Sozialvertrag, der den Menschen über die Arbeit Identität und Sicherheit, auch materielle Sicherheit, gegeben hat.

HPS: Wie sind wir in diese Situation geraten, wie ist es dazu gekommen?

HR: Ich weiss es eigentlich auch nicht. Manchmal habe ich das Gefühl, der letzte Überlebenskampf hat begonnen, der letzte Kampf um die Verteilung der Ressourcen. Wir gehen quasi zurück ins Tierreich: jeder gegen jeden.

HPS: Ist es auch ein letzter Kampf, bei welchem wir alle innerlich spüren, dass unser heutiges System auf Dauer gar nicht funktionieren kann? Vor dem endgültigen Zusammenbruch bäumt es sich sozusagen noch ein letztes Mal auf?

HR: Ja, ich sehe es auch in diese Richtung. Die meisten würden natürlich sagen, das stimme überhaupt nicht. Die Wahrnehmung, dass das System am Ende ist, ist natürlich eine Minderheitswahrnehmung. Im Grunde genommen hoffen die Leute, es gehe jetzt dann wieder nach oben. Man müsse nur die Hemdsärmel aufkrempeln.

Wir kommen jedoch innerhalb der nächsten 15 Jahre in einen gewaltigen Umbruch. Der Umbau der Gesellschaft und der Wirtschaft, der vor uns steht, wird sehr konfliktreich sein. Ich bin zwar nicht der Meinung, wir stünden vor dem Weltuntergang, aber vor einer sehr konfliktreichen Umorientierung, vor dem ökologischen Umbau unserer Gesellschaft. Das ist hochspannend, eine absolut verrückte Herausforderung und eine Chance, gleichzeitig aber chaotisch, ähnlich wie das Ende der Sowjetunion.

HPS: Damit dieser Umbruch zur Chance wird, ist es wichtig, dass nicht das gleiche passiert wie im Ostblock, wo nach dem Zusammenbruch keine eigentlichen Alternativen zur Verfügung standen. Wir hätten ja kein System mehr, das wir einfach kopieren könnten.

HR: In vielen Unternehmen, auch in grossen und wichtigen, werden diese Probleme wahrgenommen. Irgendwie stelle ich einen interessanten Widerspruch fest: Auf der einen Seite sprechen alle von Deregulierung und Macht dem Stärkern. Auf der anderen Seite sehe ich in etlichen Firmen eine Tendenz, die Ideale und Sehnsüchte des einzelnen mit den Idealen der Firma näher zusammenzubringen.

Da, finde ich, liegt eine Chance. Die guten Firmen wollen den Mitarbeitern möglichst viele Chancen geben, damit sie ihre Vorstellungen, ihre Sehnsüchte, ihre Wahrnehmung einbringen können. Früher hat man ja an der Garderobe der Firma sozusagen seine eigenen Vorstellungen abgeben. Und dann hiess es, hier drin sage ich, was gemacht wird, und denken könnt ihr dann draussen wieder, wenn ihr überhaupt denken könnt.

Jetzt, finde ich, haben viele Unternehmen in der Schweiz gemerkt, dass sie umdenken müssen. Sie haben gemerkt: Das grösste Potential sind die Menschen, und zwar jene Menschen, die sich mit den Zukunftsproblemen befassen. Also müssen wir auf sie hören, müssen sie in die Firmenpolitik miteinbeziehen und eine Firmenkultur schaffen, in welcher diese Menschen ihre Vorstellungen einbringen können.

Und dann haben wir natürlich viele junge Leute, junge Wissenschafter, junge Ingenieure, Technologen, Naturwissenschafter, die auch etwas ändern wollen. Die kommen jetzt in die Firmen, und das könnte eine gute Kombination geben: Der ältere Herr, der findet, Ethik müsste eigentlich sein, und Junge mit dem entsprechenden Wissen. Ich erwarte viel von den Firmen.

HPS: Aber wie ist das jetzt umgekehrt mit dem Konkurrenz- und Rationalisierungsdruck, der ebenfalls vorhanden ist? Liegt da kein Widerspruch?

HR: Doch, ich habe ja gesagt, wir leben in einer widersprüchlichen Zeit. Der internationale Konkurrenzdruck schlägt natürlich durch. Und da ist die Logik unserer Unternehmen oft fragwürdig. Was für sie gut ist, ist nicht das gleiche wie das, was für die Gesellschaft gut ist. Das ist natürlich eine Katastrophe. Nur stelle ich jetzt fest, dass dieser Widerspruch vielen Unternehmern klargeworden ist. Und da sage ich den Firmen in meiner Rolle als Sozialethiker: Testet doch einmal aus, wo ihr einen sinnvollen Spielraum habt. Sucht zum Beispiel neue Koalitionen zwischen Geldgebern, Verwaltungsrat, Management und Arbeitnehmern. In diesem Zusammenhang müsste man auch die Aktionärsversammlungen ökologisch aufrüsten. Es dürfte dort nicht mehr nur von Geld gesprochen werden, sondern von ökologischen Zukunftspotentialen. Nur so kann nämlich die Firma auch längerfristig überleben.

HPS: Besteht auch eine Möglichkeit, diesen Spielraum zu erweitern, indem mehrere Unternehmen gemeinsam etwas in diese Richtung unternehmen oder staatliche Instanzen ebenfalls mit eingebunden werden?

HR: Beides. Ich sage aber immer, ihr könnt nicht auf den Staat warten. Der Staat hat diesen Knopfdruck nicht, bei welchem er sagen kann: So, jetzt wirtschaftet ökologisch. Das, was Sie ansprechen, sähe ich innerhalb bestimmter Branchen, als Absprache von zwei, drei Grossen. Eine Branche baut beispielsweise Qualitätszirkel auf, mit Qualitätsstandards und laufendem Ökocontrolling.

Eine Monopolstellung kann man immer entweder für Geld oder auch für Ethik ausnützen. Man kann den andern auch ethisch den Marsch blasen, wenn man eine gute Position hat. Mit derartigen Initiativen kann man in gewisser Weise den Konkurrenzdruck abfedern. Ich diskutiere sie in Firmen, und sie finden dort eine gute Resonanz.

HPS: Die Akzente gehen also primär von der Wirtschaft aus, vom einzelnen Unternehmen. Sehen Sie dort den zentralen Ansatzpunkt im Hinblick auf eine andere Zukunft?

HR: Ich sehe noch ein paar andere. Ich sehe auch, dass die Wissenschaft aufgeklärt wird und ihre Verantwortung wahrnimmt. Auch da versuche ich, die Leute zusammenzunehmen. Im Moment gerade bin ich an der Idee, einen Stamm ins Leben zu rufen, bei welchem sich einmal im Monat aufgeklärte Wissenschafter und aufgeklärte Unternehmer treffen.

Dann finde ich auch die Frauen wichtig. Wir müssen jetzt endlich einmal die Frauendimension einbringen. Wir Männer haben lange genug gefuhrwerkt und die Welt im digitalen System aufgebaut und kaputtgemacht. Wir haben immer zwei Lösungen: entweder – oder. Und die Frauen haben etwa sieben dazwischen. Mein Hobby ist, in der Stadt Zürich Tramchauffeusen und Tramchauffeure miteinander zu vergleichen, die Art, wie sie Tram fahren. Und dann sieht man die Handlungsmöglichkeiten, die eine Frau zusätzlich hat, die einem Mann gar nicht in den Sinn kommen. Er kann nur entweder fluchen oder zufahren. Aber die Frau kann noch schnell die Türe öffnen oder etwas früher anhalten. Dieses Potential sollte nun auch miteinfliessen.

Dann sind aber auch die Konsumentinnen und Konsumenten zu erwähnen. 10 bis 15 Prozent sind schon dort, wo sie bewusst kaufen, und dort müssten natürlich die aufgeklärten Unternehmer ebenfalls ansetzen. Sie müssten denen eine Chance geben. Ich bin für ein doppeltes Angebot, ein ethisch-ökologisches und ein hochgezüchtet-vergiftetes. Der aufgeklärte Konsument müsste heute eine Chance haben, er muss unterscheiden können, und dann macht er es auch.

Ebenfalls enorm wichtig ist der Bildungsbereich. Der grosse Dialog zwischen Schule und Wirtschaft, der hat bisher nicht stattgefunden, zum Beispiel über Ziele von Berufsschulen. Was wollen wir eigentlich? Was für Bildungsziele haben wir, was für Sozialisationsziele? Was ist das Profil eines Menschen in diesem Umbruch, was muss er können? Er muss beispielsweise hochflexibel sein, oder er muss hochkreativ sein. Er muss sich aber auch querlegen und selber autonom Verantwortung übernehmen können. Er muss sich vor den Chef hinstellen können und sagen: Diesen Unsinn mache ich nicht, da müssen wir zusammen eine andere Lösung finden.

HPS: Wie kann sich auch ein älterer Mensch auf diesen Wandel einstellen? Wie kann er hier Akzente setzen?

HR: Wenn er nicht bereits hoffnungslos frustriert ist, kann er seine Erfahrung einsetzen. Und er hat ja zum Teil sein Scherflein im trockenen. Er könnte eigentlich mit einer gewissen Gelassenheit anfangen zu überlegen und sagen: Ja gut, ich habe meine Sache geleistet, aber was kann ich jetzt aufgrund meiner Erfahrung noch beitragen? Hier sehe ich schon Möglichkeiten, natürlich auch über die Pensionierung hinaus.

HPS: Der ältere Mensch hat also oft Geld, hat Zeit und Möglichkeiten. Aber gleichzeitig fühlt er sich vielleicht manchmal etwas ausgeschlossen, oder aber er geniesst nur noch. Das wird aber künftig schwierig sein.

HR: Der ältere Mensch ist eines der grössten Probleme, und zwar quantitativ. Die Alten werden immer zahlreicher und sind immer gesünder, und viele von ihnen sind dauernd auf der Flucht. Wenn sie es noch können, sitzen sie in irgendein Vehikel. Pointiert gesagt müsste man fast eine zweite Neat bauen für die Pensionierten, und dann noch ein paar Flugstrecken. Das darf eigentlich nicht passieren. Es ist erstens ökologisch eine Katastrophe und zweitens auch vom Sinn her. Relativ frustriert gondeln viele im Land herum und sagen nichts zueinander von Zürich bis Bern, und in Olten sagt die Frau: «Jetzt sind wir schon in Olten.» Und dann ist das eigentlich bereits alles.

Hier müsste ebenfalls die Bildung einen neuen Stellenwert bekommen. Ich sähe beispielsweise den Zugang zu Studien und vielleicht auch einen Altersabschluss, einen neuen Seniorendoktortitel, Dr. sen. oder etwas Ähnliches. Zudem plädiere ich für einen neuen Vertrag zwischen den Alten und den Jungen. Wir sollten uns überlegen, was diese beiden Gruppen einander bieten können. Die Alten können Erfahrung einbringen, Geld und Zeit. Die Jungen können ihre Attraktivität der Jugend bieten und ihre körperliche Gesundheit. Im Wohnbereich zum Beispiel könnte man neue Wohnformen mit Durchmischung von Alten und Jungen schaffen, wo die Jungen beispielsweise den Einkauf übernehmen oder mit den Alten zusammen hie und da Sport treiben. Auch die Krankenkassen müssten hier einen Schritt machen und sagen, wir wollen quasi flächendeckend zwei Stunden Turnen für die Älteren. Das braucht jedoch viele Trainer. Hier wäre ein Sozialdiensteinsatz junger Leute möglich, in Sportklubs älterer Menschen.

Aber auch für Ältere sind Sozialdiensteinsätze denkbar. Es ist sowieso heute so, dass wir die notwendigen Leistungen, die wir brauchen, nicht mehr über den Markt hinkriegen. Ökologisch, sozial, was die Sicherheit betrifft, was menschliche Zuwendung betrifft, was Sinnstiftung betrifft, in diesen fünf Bereichen werden wir ohne freiwillige Sozialzeit und ohne obligatorische Sozialzeit nicht mehr die nötigen Leistungen erbringen können.

Da braucht es Menschen und nicht einfach nur Geld. Die grösste Ressource sind Menschen selber, in den Firmen und in den gesellschaftlichen Bereichen. Und da ist die Frage: Wie setzen wir diese Ressourcen in Trab? Genf mit einer bürgerlichen Regierung hat beispielsweise damit angefangen. Dort hat man gesagt, gut, Langzeit-Arbeitslosen zahlen wir, aber sie müssen bereit sein für einen Dienst für die Stadt.

Ich glaube, jetzt wäre der Moment da, wo Kommunen oder auch gemeinnützige Vereine kleine Projekte zum Beispiel im Sportbereich, im Umweltbereich, im Sicherheitsbereich, im Beratungsbereich aufstellen müssten. Die Finanzierung wäre auf unkonventionelle Weise zu gewährleisten. Da könnten auch die Regionen neue Akzente setzen: Wir wollen bei uns eine neue Energiepolitik, eine neue Gesundheitspolitik, keine Arbeitslosen mehr. Wir setzen sie anders ein, finanzieren das über Arbeitslosenkassen, Zukunftsbanken und Sozialpläne von Firmen, in denen die betreffenden Menschen nicht mehr gebraucht werden.

HPS: Es sind also ganz neue Ideen gefragt.

HR: Sicher, und es braucht auch eine neue Begeisterung. Ich bin zum Beispiel der Meinung, dass die nächste Landesausstellung einen Zukunftspark bauen müsste, der dann bestehen bleibt. Darin werden beispielsweise alle neuen Energien gezeigt: Windenergie, Veloenergie. Anstatt Eintritt zu zahlen, geht man zwei Stunden auf das Velo und speist Energie ins Netz. Man kann aber auch zwei Stunden biologisch gärtnern gehen. Neuer Gartenbau, neue Landwirtschaft, neue Esskultur, neue Wohnkultur, neue Medizin, das alles wird gezeigt.

Man kann einen ganzen Tag durch den Park gehen und sieht die Lebens- und Produktionsweise der Zukunft. Das wäre dann die Landesausstellung. Anschliessend bleibt sie bestehen, und es wird noch eine Volkshochschule, eine Technologieabteilung usw. integriert.

HPS: Die vielen Ideen, die da nur so sprühen, wie gehen Sie mit diesen in Ihrem eigenen Leben um?

HR: Ich würde sagen: halbe, halbe. Manches davon kann ich verwirklichen. Ich habe da auch gewisse Vorteile, zum Beispiel sehr viel Zeitsouveränität. Es ist schon viel, wenn man sich den eigenen Blödsinn selber verordnen kann. Darin liegt bereits eine hohe Lebensqualität. Ich kann auch ab und zu eine Ruhepause machen. Vor allem im Gesundheitsbereich habe ich an mir selber Veränderungen erfahren. Durch Einsicht, Sport und anders Leben kam ich von 90 auf 70 Kilo Körpergewicht herunter. Darum kann ich mit Überzeugung auch diesen Teil der Predigt vertreten. Andererseits ist es für mich beispielsweise nicht mehr möglich, nur noch halbtags zu arbeiten, obwohl ich auch diese Idee vertrete. Aber vieles von dem, was ich mache, ist Sozialzeit, zum Beispiel ein einwöchiges Seminar in den Semesterferien mit den Studenten.

HPS: Herr Professor Ruh, herzlichen Dank für das spannende Interview, das hoffentlich zur Diskussion herausfordert und mit seinen Gedanken ansteckend wirkt!

Hans Ruh

Haupttätigkeit:	Lehre und Forschung an der Universität Zürich
Akademischer Titel:	Professor für systematische Theologie und Sozialethik
Geburtsdatum:	26. April 1933
Hobbies:	Jogging und Langlauf, Engadiner Marathon
Liest zurzeit:	Bücher von Prof. Binswanger zum Thema Geld, Bücher zum Thema Gesundheit
Freut sich über:	Zusammensein mit jungen Leuten und die kommende Langlaufsaison
Ärgert sich über:	echt eigentlich über nichts; wundert sich allenfalls über jene gescheiten Politiker, die immer noch meinen, sie könnten sich hinter der angeblichen Dummheit des Volkes verstecken.
Lebensmotto:	Nehmen, wie's kommt.

Krieg und Frieden

Aus:
Friedenssicherung und Aggressivität.
Herausgegeben von Ernst-Otto Czempiel und Hans Ruh.
Freiburg im Breisgau: Herder, 1973, S. 113–126.

Bedingungen und Möglichkeiten einer theologischen Friedensforschung

Die theologische Friedensforschung hat, wenn es so etwas überhaupt gibt, ihren theologiesystematischen Ort innerhalb der theologischen Beschäftigung mit der Gesellschaft. Somit fällt theologisch für die Friedensforschung dort eine Vorentscheidung, wo das Verhältnis von Kirche und Gesellschaft festgelegt wird. Das theologische Lösungsmuster für dieses Verhältnis bestimmt die Grundstrukturen für eine theologische Friedensforschung. Nun gibt es, wie bekannt, eine Reihe von solchen Lösungsmustern und darum auch eine Reihe von Konzepten einer theologischen Friedensforschung.

Insbesondere gibt es nun zwei Grundmuster im Verhältnis von Kirche und Gesellschaft, welche zu unterscheiden sind: einerseits das Konzept, das nach einem dichotomischen Schema Kirche und Gesellschaft stärker voneinander getrennt auffaßt, andererseits das Konzept, das von einer wenn auch verborgenen Einheit von Kirche und Gesellschaft ausgeht[1].

Zum ersten Konzept müßten wohl alle Spielarten eines theologischen Denkens gerechnet werden, welche sich an einer puristischen Fassung z. B. des göttlichen Friedens orientieren, eines Friedens, der letztlich eine Metawirklichkeit, eine imaginäre Nebenwelt neben der Gesellschaftswirklichkeit intendiert. Unzählige papers von Kirchenleitungen jeglicher Konfession, von Konferenzen und Arbeitstagungen sind nach diesem Schema konzipiert. Ihre Relevanz für die Gesellschaft ist fraglich, weil das Verhältnis zwischen göttlicher und gesellschaftlicher Wirklichkeit von vornherein als unvermittelt erscheint.

Viel differenzierter erscheinen all diejenigen Konzepte, welche die Trennung von Kirche und Gesellschaft in der Weise darstellen, daß die Gotteswirklichkeit ausgelegt wird entweder als Befreiung der Vernunft zu einem vernünftigen Handeln in der Gesellschaft oder als christlich-theologische Motivation für ein vernünftiges Handeln in der Gesellschaft. Dies ist wohl die Leitidee von Martin Honecker[2], wenn er schreibt: «Durch die Nachfolge Jesu werden Christen motiviert, sich der Aufgabe zu stellen, den Schalom praktisch zu verwirklichen.» Aber: «Wenn die Gemeinde der Gesellschaft ihr gesellschaftliches Handeln verständlich machen will, so kann sie dies freilich nur durch Argumente der Vernunft tun.»[3] Das heißt: «Auch wenn Christen nicht nur aus Gründen der Vernunft, sondern aus dem Motiv des Glaubens an Gottes Rechtsanspruch auf die Welt heraus für Gerechtigkeit und Humanität eintreten, so können doch auch sie ihre konkreten gesellschaftlichen Entscheidungen nur einsichtig machen, indem sie sich bemühen, andere Menschen in einem Prozeß rationaler Diskussion von der sachlichen Richtigkeit des angestrebten Verhaltens zu überzeugen.»[4]

Auf der Linie eines solchen Konzeptes müßte theologische Friedensforschung, was ihren materiellen Beitrag betrifft, als orientiert an der Vernunft dargestellt werden, vielleicht – wie Honecker es dann im Blick auf das allgemeine Verhältnis von Kirche und Gesellschaft tut – als orientiert an der kritischen Vernunft der kritischen Theorie.

Diesem einen Grundmuster scharf entgegengesetzt, stellt sich nun eine sozialethische Theorie dar, welche ausgeht von einer – verborgenen – Einheit von Kirche und Gesellschaft, von göttlicher und gesellschaftlicher Wirklichkeit. Eine solche Theorie der Vermittlung von göttlicher und gesellschaftlicher Wirklichkeit geht davon aus, daß auch die gesellschaftliche Wirklichkeit im Horizont der Wirklichkeit Gottes interpretiert werden kann, ja interpretiert werden *muß*. Dies deshalb, weil es sich bei der Welt um keine andere handelt als die von Gott geschaffene und die von Gott in Christus geliebte. Eine prinzipielle Trennung von göttlicher und gesellschaftlicher Wirklichkeit ist von da her zum voraus auszuschließen, indem die Gesellschaft auch im Horizont des göttlichen Handelns zu interpretieren ist.

Damit ist die Gesellschaft nicht als ein theologisch neutraler, allein der Vernunft zugänglicher Bereich gefaßt, sondern als einer, der im Lichte der theologischen Wahrheit mit zu interpretieren ist. Das hat die Konsequenz, daß die Gesellschaft in dem Sinne als eine auch für die theologische Forschung offene verstanden wird, daß die Theologie an ihrer Interpretation teilnehmen kann, ja teilnehmen muß. Die Interpretation der Gesellschaft gilt so als offen für die Theologie. Aber auch das umgekehrte gilt: Die Theologie ist offen für eine gesellschaftlich immanente, rationale Interpretation.

So ist es, entsprechend diesem Muster einer sozialethischen Theorie der Gesellschaft, der Theologie verwehrt, sozusagen vor den Toren der Gesellschaft anzuhalten und sich bestenfalls auf eine Motivation für an der ratio orientiertes Handeln zu beschränken.

Soviel zum Verständnis einer theologischen Theorie der Gesellschaft, wie es vorausgesetzt wird für das weitere Fragen nach den Bedingungen und Möglichkeiten einer theologischen Friedensforschung.

Es liegt auf der Hand, daß die Voraussetzung dieses Grundmusters einer sozialethischen Theorie zwangsweise auf das Postulat hinausläuft, daß die theologische Friedensforschung teilzunehmen hat am interdisziplinären Bemühen um die Erkenntnis und Praxis des Friedens. Dieses Postulat ist vorerst eine Behauptung, die in irgendeiner Form des Beweises bedarf. Man kann zwar nicht so weit gehen, von den übrigen Wissenschaften zu fordern, sie müßten einen solchen Beweis als gültig anerkennen. Aber die Theologie selbst muß von ihren Voraussetzungen her aufweisen können, daß sie zusammen mit den anderen Wissenschaften am Thema der Friedensforschung arbeiten *muß*. Sie muß überzeugt sein, daß ohne ihren Beitrag der Prozeß der Interpretation der Gesellschaft hinsichtlich des Problems Frieden nicht hinreichend und nicht angemessen geschehen kann.

Dies allerdings soll in den folgenden Ausführungen thetisch behauptet und dann auch zureichend begründet werden.

Bedingungen und Möglichkeiten der theologischen Friedensforschung sind für mich vorerst in dem Umstand begründet, daß unter der Themastellung des Friedens die gesellschaftliche Problematik nicht ohne die Theologie hinreichend und angemessen zu interpretieren ist.

Die Notwendigkeit theologischer Friedensforschung ist durch diese Behauptung postuliert. Wer dieses Postulat ablehnt, theologisch ablehnt, der allerdings muß entweder ganz auf theologische Friedensforschung verzichten oder aber diese z. B. auf den Bereich der Motivation[5] verweisen. Daß letzteres auch theologisch möglich sei, wird hier nicht ausgeschlossen. Hingegen wird zusätzlich behauptet, daß sich die theologische Friedensforschung im Sinne der Anwendung von materiellen Kriterien zu beteiligen hat am Prozeß der Erforschung des Friedens.

Was hier behauptet wird, ist so etwas wie ein systemanalytischer Ansatz der Theologie, sofern sie sich mit der Gesellschaft befaßt. Systemanalytischer Ansatz heißt hier, daß die Theologie sich einordnen soll in das interdisziplinäre oder, wie man heute sagt, transdisziplinäre Bemühen der wissenschaftlichen Analyse der Gesellschaft als einem System. Die Theologie hat so ihren Ort im Miteinander der verschiedenen Disziplinen bei der Erkenntnis der Wirklichkeit der Gesellschaft.

Ein erster Gedankengang bezieht sich auf die Problematik der Friedensforschung, soweit sie sich mit der *Analyse der Kriegsursachen* befaßt. Es gibt eine ganze Reihe wissenschaftlicher Disziplinen, die sich mit Kriegsursachenanalyse befassen. In erster Linie sind es wohl Psychologie, Sozialpsychologie und Soziologie. Ich brauche hier nur auf die Stichwörter «Aggression» oder «Pathologie» zu verweisen, wie sie beispielsweise bei Senghaas[6] im Zusammenhang mit seiner Analyse der Abschreckung vorkommen. Mit diesen Stichwörtern ist ein Bereich angegeben, der theologisch im Umkreis von Begriffen wie Sünde, Böses, Entfremdung, ja schicksalhaft Dämonisches zu suchen ist.

Sofern der Mensch am Geschehen der Gesellschaft aktiv beteiligt ist, muß dieses Geschehen theologisch in solchen Zusammenhängen analysiert werden. Der Begriff des *strukturell Bösen* ist hier wohl von besonderem Interesse. «Strukturell Böses treibt zum personal Bösen der Kainstat, wie schon das personal Böse der menschlichen Selbstverfallenheit das strukturell Böse der Klassengesellschaft, überhaupt der zerspaltenen Welt, zur Folge hatte. Die in alledem zum Vorschein kommende Dialektik von personal und strukturell Bösem findet, wenn ich richtig sehe, ihren prägnanten Ausdruck in dem Wort des vierten Evangeliums: ‹Wer Sünde tut, der ist der Sünde Knecht› (Joh. 8,34). Die Sündentat ruft der Sündenmacht, die zu neuer Sünde zwingt. Oder eben – in unserer Terminologie gesprochen: Wo personal Böses geschieht, wird strukturell Böses in die Welt gesetzt, und wo sich strukturell Böses etabliert, ist personal Böses unvermeidlich. Es gibt tatsächlich – der Wahrheitskern der Erbsündenlehre – ein transpersonal Böses, in welchem der Mensch als gesellschaftliches Dasein je schon steht. Die moderne Soziologie spricht von ‹Sachzwängen›, die in den gesellschaftlichen Strukturen gründen.

Karl Marx redet von der ‹eigenen Tat des Menschen›, die ihm zu einer ‹fremden, gegenüberstehenden Macht wird, die ihn unterjocht, statt daß er sie beherrscht.›»[7] Der Begriff des strukturell Bösen umschreibt demnach die Virulenz der Macht des Bösen, sofern diese vermittelt ist durch gesellschaftliche und andere Strukturen, wie beispielsweise die Einteilung der Menschen in Klassen, in Rassen, in Nationen; durch Rollenfunktionen in Institutionen und Organisationen, die, orientiert je an anderen, partikularen Interessen, Menschen gegen Menschen stellen. Dabei setzt der Begriff des strukturell Bösen eine nur schwer entschlüsselbare Interdependenz von personalem und transpersonalem Bösen voraus, die gerade darum sich als Feld theologischer Analyse darstellt.

In diesem Zusammenhang hat Tillich den Begriff des Dämonischen eingeführt, das Dämonische verstanden als eine überpersönliche Macht im Sinne der Besessenheit. Das Böse ist nicht zuerst und allein zu verstehen als Faktizität und Kontingenz im persönlichen Bereich, sondern als Macht. Es geht um die Strukturen des Bösen, um die dämonischen und satanischen Strukturen[8].

Dies gibt alles in allem ein äußerst komplexes und nicht bis ins letzte transparentes Verhältnis zwischen Verantwortlichkeit des Menschen und seiner Bestimmung durch das schicksalhaft Böse.

Im Horizont dieser tragischen Dialektik von Freiheit und schicksalhaft destruktiver Bestimmung sind nun auch die Kriegsursachen mit zu analysieren und zu interpretieren. Sie sind theologisch nicht zureichend zu erfassen außerhalb dieser theologischen Dimension. Es spricht daraus ein tiefer Ernst im Blick auf die Faktizität und Virulenz der Kriegsursachen. Es wird hier recht eigentlich die Gefährlichkeit der gesellschaftlichen Situation erkannt, die jede Verharmlosung verbietet, die aber auch die Erforschung der Ursachen des Krieges selbst in diesen verhängnisvollen Kontext rückt. Hier ist vor einem optimistischen Glauben an eine ohne weiteres mögliche wissenschaftliche Entschlüsselung der Kriegsursachen zu warnen, welche absehen möchte von der Dimension des strukturell Bösen. Hier werden auch letzte Fragen aufgeworfen für eine Ethik der wissenschaftlichen Analyse der Kriegsursachen: die Frage etwa, unter welchen Voraussetzungen es dem Menschen überhaupt möglich ist, die Dynamik des Bösen *und* seine enge Verflochtenheit damit zu erkennen, oder: unter welchen Voraussetzungen etwa die Mechanismen menschlichen Egoismus, menschlicher Macht, menschlichen Interesses, menschlicher Ideologisierung in verhängnisvollen kriegsfördernden Prozessen zu erkennen sind, beispielsweise also bei pathologischen Erscheinungen im Rahmen der Abschreckung, in der Dynamik der Rüstungspolitik, in den Mechanismen des internationalen Waffenhandels, in Eskalationsprozessen, in reaktionärer und revolutionärer Gewaltanwendung. Es gehört wohl zu den Voraussetzungen für eine Erkenntnis der Kriegsursachen, daß die tragische Verflochtenheit des Menschen in solche Prozesse erkannt wird, und zwar im Horizont von Begriffen wie Sünde, menschliche Schuld, Egoismus und Fatalismus, wobei stets daran festzuhalten ist, daß alle Menschen bis hin zum Friedensforscher selbst in diesem Gesamtzusammenhang des Bösen stehen. Diese Zumutung, daß es von da her keine objektive, interessefreie Friedensforschung geben kann, muß die Theologie sich und ihren wissenschaftlichen Partnern abfordern. Die Dimension der Ideologiekritik, Gesellschaftskritik, Interessenkritik und Selbstkritik tritt damit in das analytische Feld der Theologie ein.

Bedingungen und Möglichkeiten der theologischen Friedensforschung sind demnach dadurch gegeben, daß ohne sie die Kriegsursachen nicht hinreichend interpretierbar erscheinen.

Damit erschöpft sich nun allerdings theologische Friedensforschung keineswegs, wie sich ja die Friedensforschung selbst nicht erschöpft in der Analyse der Kriegsursachen. Dies schon darum nicht, weil die Theologie nicht dort stehenbleibt, wo von der dämonischen Macht des Bösen die Rede ist. Gott ist in Christus immer schon gegen das Böse, d. h., daß in der Welt ein Prozeß läuft, der auf die Überwindung des Bösen gerichtet ist. Dieser Prozeß ist das Heilshandeln Gottes an der Welt. Im Lichte dieses Schalomhandelns Gottes erscheint der Teufelskreis des Bösen als nicht unüberwindbar. Theorien, Methoden und Modelle zur Überwindung des Krieges und für die Gestaltung des Friedens drängen sich auf. Insbesondere sind alle Modelle des Friedens, welche sich im Horizont der menschlichen Solidarität und Kooperation darstellen, des besonderen Interesses der Theologie sicher, z. B. diejenigen Modelle, welche sich unter dem Stichwort der Integration zusammenfassen lassen, insofern Integration zu verstehen ist als «Zusammenkommen»[9], als Prozeß, durch den zwei oder mehrere Akteure sich zu einem neuen Akteur vereinigen. Als Beispiele wären hier zu nennen etwa das funktionalistische Konzept[10], die Konvergenztheorie[11], aber auch die Vorstellung der Weltregierung[12] sowie gewisse Modelle des Regionalismus[13].

Solche Modelle sind für die Theologie insofern von Interesse, weil sie Vehikel darstellen für die Entdeckung der durch das göttliche Schalomhandeln Gottes bestimmten Ökonomie des Lebens, weil in Christus immer schon die «Ökonomie des Todes»[14] in Frage steht. Die theologische Strategie des Friedens versteht sich denn auch als eine permanente *experimentelle Praxis des Friedens.* Sie behauptet einerseits die Wirklichkeit des Friedens, andererseits sucht sie den Frieden ständig im Sinne einer experimentellen Praxis zu entdecken. Insofern verbindet sie Theorie und Praxis, insofern nimmt sie auch die politische Strategie des Friedens hinein in die Problematik des Friedens überhaupt. Die Theologie bemüht sich auf diese Weise, eine Dynamik in das gesellschaftliche Geschehen einzubringen, das der Dynamik des Heilshandelns Gottes entspricht und von ihm den Antrieb bekommt. Das Konzept des Gradualismus[15], das ja zuerst im Bereich der Abrüstung entwickelt worden ist, hat hier paradigmatischen Charakter. Es sollen Bewegungen und Prozesse der gegenseitigen Deeskalation eingeleitet werden, in deren Verlauf der Friede Gestalt gewinnen kann.

Diese experimentierende Praxis hat es nun aber, wie der erste Gedankengang gezeigt hat, mit einer Dimension zu tun, die als Gesamtzusammenhang des Bösen bezeichnet worden ist. Dieser Gesamtzusammenhang ist von Gottes Schalom in Frage gestellt. Die Frage ist nun aber, inwieweit ihm der Mensch entrinnt, ohne ihn als solchen diagnostiziert zu haben. Diese Diagnose ist, so haben wir gesagt, im Horizont der Erkenntnis menschlicher Verstrickung in der Schuld zu finden, d.h., daß der Mensch diesem Schicksal des Bösen nicht entrinnt außerhalb der Dimension der Erkenntnis seiner Verstrickung, der Selbstkritik, der Buße, des Verzichts, der Aufgabe von Interessen, ja der Vergebung und Versöhnung. Solche Handlungen sind nun nicht im Horizont von Leerformeln, sondern in säkularen Bezügen gemeint: sie können als Verzicht auf Waffenverkäufe, Anerkennung von Grenzen, Leisten von Reparationen, Veränderung der Geschichtsschreibung, Bewußtseinsänderung usw. geschehen. Sie können, wie ein Hauptakteur in der Entspannung zwischen Ost und West gezeigt hat, auch mitten im Verlauf einer säkularen Staatsvisite religiöse Formen als symbolische Handlungen annehmen. In welcher anderen Dimension als in der der Versöhnung kann man überhaupt mit den Toten der vergangenen Kriege fertig werden! In welcher anderen Dimension mit der Geschichte fertig werden, die als eine Geschichte des Todes in unserem Rücken steht und stets neue Opfer verlangt!

Bedingungen und Möglichkeiten der Theologie ergeben sich also auch hier aus dem Umstand, daß Modelle des Friedens nicht praktizierbar sind außerhalb der Dimension von Vergebung, Buße, Verzicht und Versöhnung, ja des Leidens und Mitleidens. Darin besteht die Zumutung der Theologie an die Gesellschaft. Aber eben: es bleibt nicht bei der bloßen verbalen Zumutung. Es kommt dazu die Forderung nach einer experimentellen, d. h. permanent an der Gestaltung des Friedens zu arbeiten. Damit ist auch die theologische Dimension des Friedens teilweise einer empirischen Nachprüfung unterworfen.

Es wurde bisher mit Absicht unterlassen, eine genaue Definition dessen zu geben, was unter Frieden verstanden wird. Bekannt sind die Diskussionen um den Inhalt des Friedens, um den negativen und den positiven Friedensbegriff[16]. Im allgemeinen ist man geneigt, anzunehmen, daß die Theologie im Bereich der Definition des Friedens ihren spezifischen Beitrag zu leisten vermöchte[17].

In der Tat schätzen sich die Theologen – mit welchem Recht, ist zu prüfen! – glücklich, daß der biblische Begriff, insbesondere das alttestamentliche «Schalom», alles andere als ein bloßer Gegenbegriff zum Krieg darstellt. Etymologisch bedeutet Schalom Ganzsein, Wohlsein; Schalom zielt also auf den Begriff des Ganzen, Unversehrten, Ungeteilten, Vollständigen hin[18]. «Schalom als das Heilsein einer Gemeinschaft bezieht immer *alle* Kreise, alle Bereiche des Daseins ein, und die Bedeutung des Wortes liegt gerade darin, daß es alle Gebiete und Bereiche des Lebens zu umfassen imstande ist.»[19] Dieser umfassende Bedeutungsgehalt von Schalom ist nun unbestreitbar vergleichbar mit dem umfassenden Begriff von Frieden, wie er mehr und mehr von der Friedensforschung intendiert wird: Friede nicht bloß als Nicht-Krieg, sondern als Prozeß der Freiheit, Überwindung von personaler und struktureller Gewalt, von Abhängigkeit und Erniedrigung, ja Friede verstanden als Emanzipationsprozeß des Menschen und der menschlichen Gemeinschaft. Was bedeutet nun diese Konvergenz eines theologischen Friedensbegriffes im Sinne des Schalom und eines an dem Interesse auf Emanzipation orientierten Friedensbegriffes? Ohne Zweifel ist dies eine interessante Konstellation, und ohne Zweifel bestehen geistesgeschichtlich Beziehungen zwischen diesen beiden Vorstellungen.

Es scheint aber, daß eine differenzierte Analyse dieser Konstellation erforderlich ist. Einmal ist es sicher von großer Bedeutung, daß sowohl eine an der umfassenden Idee der Vernunft orientierte kritische Theorie als auch gleichzeitig eine am Schalombegriff orientierte Theologie den Frieden als einen umgreifenden Prozeß zu verstehen gelehrt haben, der weit über die Vorstellung des bloßen Nicht-Kriegs hinausführt.

Dieser Erkenntnis- und Denkprozeß, der die Entwicklung der neueren Friedensforschung kennzeichnet, ist von großer Wichtigkeit. Etwas anderes ist die Frage, ob wir nicht *heute, nach* diesem Denkprozeß, kritisch innehalten und sowohl den Weg der neueren Friedensforschung wie deren heutigen Standort kritisch analysieren müssen. Man könnte eine solche Analyse unter dem Aspekt der Wissenschaftslogik durchführen, unter der Fragestellung nämlich, ob die *Friedens*forschung im Blick auf die Veränderung in ihrer Themastellung und Stoßrichtung wirklich noch Friedensforschung zu heißen sei oder ob sich aus ihr nicht eine andere Wissenschaft entwickelt habe. Kann und muß eine wissenschaftliche Disziplin, die die Gesellschaft als ganze analytisch und kritisch in ihre Thematik einbezogen hat, noch zureichend und zutreffend mit Friedensforschung umschrieben werden?

Wenn man berücksichtigt, daß in jüngster Zeit gerade auch die ökologische Dimension als friedensforschungsrelevanter Bereich genannt wird, so wird diese Frage noch stärker akzentuiert. Solche Friedensforschung wird zur Erforschung der Bedingungen eines menschenwürdigen Lebens und Oberlebens schlechthin. Damit, so meinen wir, zeichnet sich das Bild einer Wissenschaft ab, welche in umfassender Weise die Ethik der Gesellschaft thematisiert. Endet so also nicht eine Friedensforschung, sofern sie dem umfassenden und weitreichenden Ansatz verpflichtet bleibt, bei einer Wissenschaft von der Ethik der Gesellschaft, bei einer wissenschaftlichen Ethik der Gesellschaft? Wenn dem so ist, müßte sie dann auch nicht deutlich als das bezeichnet werden?

Das ist keine Kritik an der Entwicklung der Friedensforschung. Es ist bloß das Postulat einer wissenschaftslogischen Standortbestimmung. Denn der Höhenflug der Friedensforschung, in gewissen Ausprägungen orientiert an einem durch die kritische Theorie vermittelten hegelianischen Vernunftsbegriff, war notwendig und hilfreich. Aber eben, ist Friedensforschung in diesem Sinne nicht zu dem geworden, was früher einmal die Theologie, dann die Philosophie gewesen ist: der Ort der umfassenden Reflexion der menschlichen und gesellschaftlichen Grundfragen?

Im Verlauf einer solchen wissenschaftslogischen Besinnung müßte dann wieder versucht werden, wirklich die friedensspezifische Thematik der Friedensforschung herauszuarbeiten. Dies würde den Vorteil bieten, daß die Friedensforschung oder eben bestimmte Ausprägungen der Friedensforschung sich konkreter und direkter auf den Frieden beziehen. Das heißt nicht, daß sie wieder deckungsgleich mit der Disziplin der Internationalen Beziehungen werden soll. Aber das heißt, daß sie, kritisch angereichert durch ihre neueste Entwicklung, wieder konkreter bei *konkreten* friedensrelevanten Problemen einsetzt.

Die Theologie hat in diesem Zusammenhang wiederum ein besonderes Interesse anzumelden. Nachdem der Jubel über die Konvergenz eines an der aufgeklärten Vernunft orientierten positiven Friedensbegriffes *und* eines im Sinne eines Prozesses interpretierten theologischen Schalombegriffes abgeklungen ist, könnte sie etwas stutzig werden über die Konsequenzen. Etwa dann, wenn diese Konsequenzen sich im Sinne des folgenden Zitats von Habermas andeuten: «Die Irrationalität der Geschichte ist darin begründet, daß wir sie ‹machen›, ohne sie bisher mit Bewußtsein machen zu können. Eine Rationalisierung der Geschichte kann darum nicht durch eine erweiterte Kontrollgewalt hantierender Menschen, sondern nur durch eine höhere Reflexionsstufe, ein in der Emanzipation fortschreitendes Bewußtsein handelnder Menschen befördert werden.»[20] Wenn Friede in diesem Horizont absolut verstanden wird, wenn Friede als Zustand der Befreiung von allen Zwängen *allein* durch «ein in der Emanzipation fortschreitendes Bewußtsein handelnder Menschen befördert» wird, dann ist der Punkt erreicht, da theologisch zu fragen ist, ob der Friede (Gottes) nicht höher als alle Vernunft sei, in dem Sinne nämlich, ob nicht Friede als umfassendes «Heil» und umfassende Sinngebung auch im Horizont des Geschenkes Gottes zu interpretieren sei.

Mit anderen Worten: Theologisch ist zu warnen vor der Vorstellung der totalen Befreiungs- und Emanzipationsfähigkeit des Menschen. Dabei ist zur Geltung zu bringen, daß der Mensch nicht nur als der sich selbst befreiende, sondern als der die Freiheit empfangende verstanden werden muß. Gerade diese Vorstellung aber, daß nicht der Mensch allein Schalom schafft, sondern daß dem Menschen von Gott Schalom zukommt, müßte hier theologisch eingebracht werden. So ergibt sich zwischen dem im umfassenden Sinne verstandenen biblischen Schalombegriff und dem positiven Friedensbegriff nicht bloß eine Konvergenz, sondern auch eine fruchtbare Spannung. Aber eben, hier ist unter dem theologischen Gesichtswinkel noch einmal die wissenschaftslogische Fragestellung aufzuwerfen: Kann die Problemstellung, welche das umfassende «Heil» und die umfassende Sinngebung des Menschen betrifft, noch zutreffend und angemessen als theologische Friedensforschung thematisiert werden? Ist nicht die Schalom-Wissenschaft umfassender im Ansatz, hat sie nicht eine ganz andere Reichweite, als es der theologischen Friedensforschung zukommt?

Nicht daß die umfassende Fragestellung einer Schalom-Wissenschaft nach dem umfassenden Sinn des menschlichen Lebens und Zusammenlebens nicht relevant wäre. Im Gegenteil! Aber es ist problematisch, sie unter der Themastellung einer theologischen Friedensforschung zu stellen.

Auch in diesem Zusammenhang ist demnach eine Zuwendung der theologischen Friedensforschung zu konkreten Problembereichen zu postulieren.

Im Sinne einer Zusammenfassung ist darauf hinzuweisen, daß hier die Frage nach den Bedingungen und Möglichkeiten einer theologischen Friedensforschung nicht in allgemeiner Weise, sondern unter einem besonderen Gesichtspunkt behandelt worden ist. Es ging um die spezifische Rolle der *Theologie* im Rahmen der Friedensforschung. Dabei wurde insbesondere die Frage nach der Funktion der *Kirche* ausgeklammert, wenigstens als explizite Problemstellung.

Das heißt nicht, daß von den Bedingungen und Möglichkeiten einer theologischen Friedensforschung nicht auch unter dem Aspekt der Kirche gehandelt werden müßte. Theologen wie H. E. Tödt[21] und Wolfgang Huber[22] haben diese Aufgabe in wegweisenden Beiträgen in Angriff genommen.

Fussnoten

1 Siehe dazu: **J. Matthes,** *Die Emigration der Kirche aus der Gesellschaft.* Hamburg 1964; Die Theologie in der interdisziplinären Forschung, hrsg. von J. B. Metz und T. Rendtorff. Düsseldorf 1971.

2 **M. Honecker,** *Konzept einer sozialethischen Theorie.* Tübingen 1971.

3 A.a.O. S. 65.

4 A.a.O.

5 Siehe dazu **M. Honecker**, a.a.O. S. 65.

6 **D. Senghaas,** *Abschreckung und Frieden, Studien zur Kritik organisierter Friedlosigkeit.* Frankfurt a.M. 1969, z.B. S. 150ff. und 176ff.

7 **T. Rendtorff und Arthur Rich,** *Humane Gesellschaft, Beiträge zu ihrer sozialen Gestaltung,* Zürich 1970, S. 25.

8 **P. Tillich,** *Der Protestantismus als Kritik und Gestaltung.* In: Gesammelte Werke, Bd. VII. Stuttgart 1962, S. 192.

9 **K. P. Tudyka,** *Internationale Beziehungen. Eine Einführung.* Stuttgart 1971, S. 62.

10 Siehe dazu z.B. **E. Senghaas-Knobloch,** *Frieden durch Integration und Assoziation.* In: Studien zur Friedensforschung, Bd. II. Stuttgart 1969, S. 17: «Die wachsende Anzahl von Aufgaben, die nur im weltweiten Zusammenhang gelöst werden können, machte es möglich und notwendig, daß für solche nur international zu lösenden, aber je spezifischen Probleme (...) besondere Agenturen geschaffen werden, die eine international funktionalistische, das heißt aufgabenspezifische Kooperation vermitteln.»

11 Siehe **K. Dopfer,** *Ost-West-Konvergenz (Diss.).* Zürich - St. Gallen 1970.

12 Siehe **E. Senghaas-Knobloch,** a.a.O. S. 26ff.

13 Siehe a.a.O. S. 46ff.

14 **R. Barnet,** in D. Senghaas, Rüstung und Militarismus, ed. Suhrkamp 498, S. 14f.

15 Siehe dazu **Ch. E. Osgood,** *Wechselseitige Initiative.* In: Friedensforschung, hrsg. von E. Krippendorf. Köln - Berlin 1968, S. 357ff.

16 Siehe **K. Kaiser,** *Friedensforschung in der Bundesrepublik.* Göttingen 1970, S. 31ff.

17 Siehe **H. Schmidt,** *Frieden.* In: Themen der Theologie, Bd. III. Stuttgart 1969, z.B. S. 138ff.

18 Siehe **H. Stamm und H. Bietenhard,** *Der Weltfriede im Lichte der Bibel.* Zürich 1959, S. 11ff.

19 **C. Westermann,** *Der Friede (Schalom) im Alten Testament.* In: Studien zur Friedensforschung, Bd. I. Stuttgart 1969, S. 155.

20 *Dogmatismus, Vernunft und Entscheidung – Zur Theorie und Praxis in der verwissenschaftlichten Zivilisation.* In: J. Habermas, Theorie und Praxis, S. 251.

21 Siehe **H.E. Tödt,** *Friedensforschung als Problem für Kirche und Theologie. Einführung in die «Studien zur Friedensforschung».* In: Studien zur Friedensforschung, Bd. I. Stuttgart 1969, S. 7ff.

22 **S. Picht und W. Huber,** *Was heißt Friedensforschung?* Stuttgart 1971, S. 34ff., sowie Frieden – Bibel – Kirche, hrsg. von G. Liedke. In: Studien zur Friedensforschung, Bd. IX. München 1972.

Aus: **Religion zu Krieg und Frieden.** Herausgegeben von Fritz Stolz. Entstanden aus einer religionsgeschichtlichen Ringvorlesung an der Universität Zürich im Wintersemester 1984/85. Theologischer Verlag: Zürich, 1986, S. 191–206.

Ist die Lehre vom gerechten Krieg am Ende?

Mit dem Begriff «gerechter Krieg» haben wir semantische Schwierigkeiten. Es gibt wohl keinen einzigen Krieg in der Weltgeschichte, der in allen Teilen als gerecht einzustufen wäre. Angesichts der Massenvernichtungsmittel verstärkt sich die Abneigung gegen einen solchen Begriff noch erheblich mehr.

Zum Teil sind solche Schwierigkeiten aber auch mit definitorisch-begrifflichen Problemen verknüpft. Eine historische Würdigung der Lehre vom gerechten Krieg ist daher unumgänglich. Wir können erst auf der Basis einer historischen und begrifflichen Klärung an die brennende Frage herangehen, ob so etwas wie eine Lehre vom gerechten Krieg heute noch sinnvoll oder ethisch gerechtfertigt sein kann. Diese Frage soll dann im zweiten Teil ausführlich angegangen werden.

1. Historisch-begriffliche Überlegungen

Die Unterscheidung zwischen einem gerechten und ungerechten Krieg gehörte in das Repertoire der griechischen und römischen Philosophie. Diese Reminiszenzen sind allerdings mitunter peinlich. Aristoteles handelt unter dem Titel Erwerbskunde u. a. die Themen Jagd und Kriegskunst ab. Für ihn ist der Krieg z. B. das legitime Mittel für die Jagd nach Sklaven: «Die Jagdkunst kommt teils gegen die Tiere, teils gegen solche Menschen zur Anwendung, die von Natur zu dienen bestimmt sind, aber nicht freiwillig dienen wollen, so daß ein solcher Krieg dem Naturrecht entspricht» (Politik, I, 8). Bei Cicero sieht es bereits appetitlicher aus: Krieg ist erst dann legitimes Mittel, wenn friedliche Mittel der Konfliktlösung, z. B. Verhandlungen, nicht zum Ziel gelangen. Ein solcher

Krieg muß dann aber angekündigt und erklärt werden. Damit haben wir bereits die Lehre vom gerechten Krieg in nuce[1].

Augustin gilt als der eigentliche theologische Vater der Lehre vom gerechten Krieg. Sein Hintergrund ist zunächst die Ablehnung des Krieges, und er denkt dabei durchaus an die Schrecken des Krieges, etwa nach dem Fall von Rom 410. Trotzdem kennt er den gerechten, d.h. nun den theologisch-ethisch gerechtfertigten Krieg. Dieser ist im wesentlichen dann gerecht, wenn er als Abwehr massiven Unrechts eines anderen Staates von der legitimen staatlichen Autorität angeordnet ist, und/oder wenn er von Gott befohlen ist.

Nun tönt die Aussage des von Gott befohlenen Krieges wohl noch schriller in den Ohren als die Vokabel «gerecht». Man kann die Sache aber auch anders ansehen: Die höchste Legitimation des Krieges ist der Gehorsam gegenüber dem Befehl Gottes. Dieser Ansatz ist durchaus bedenkenswert auch noch für die heutige Situation. Auch wenn man zunächst unwillkürlich eine Abneigung empfindet gegenüber der Vorstellung, daß Gott den Krieg gebieten kann, bleibt der Ansatz Augustins bedenkenswert. So ist es zunächst kein Zufall, daß gerade Theologen, die in ihrer Theologie die Unbedingtheit und Größe Gottes zum Ausdruck bringen, keine Angst vor einer solchen Formulierung haben. Ein Beispiel dafür aus neuerer Zeit ist Karl Barth, der in seiner Ethik (KD III,4) auch für schwere Entscheide immer wieder die Formel des Gehorsams gegenüber dem göttlichen Willen wählt und nicht in Kategorien wie «ethisch noch zulässig» oder «noch erlaubt» argumentiert. Bedenkenswert bleibt dieser Ansatz aber auch deshalb, weil er stets dazu zwingt, einen ethischen Entscheid im Gehorsam gegenüber Gott direkt zu verantworten, was dann inhaltlich Konsequenzen hat. Im Falle Augustins ist diese Konsequenz die eindeutige Absicht der Eingrenzung des Krieges.

Nun mußte natürlich auch schon Augustin die lapidare Frage stellen, die einmal der röm.-kath. Ethiker A. Auer gestellt hat: «Wie kommt man an den Willen Gottes heran?»[2] Die Antwort darauf sind nun eben die augustinischen Kriterien für den gerechten, d. h. den theologisch-ethisch gerechtfertigten Krieg. So zum Beispiel:

- Der Krieg muß dem Frieden dienen
- Der kriegerische Einsatz muß begrenzt sein
- Nur die legitime göttliche oder staatliche Autorität darf den Krieg anordnen.

Von bleibender ethisch-theologischer Bedeutung an diesem Konzept Augustins sind zwei Aspekte:

1. Die Zielsetzung ist die *Begrenzung* des Krieges.
2. Die Kriterien für den gerechtfertigten Krieg sind Interpretationen oder Hilfe zur Interpretation des *göttlichen Willens.*

Thomas von Aquin hat im 13. Jahrhundert die Lehre vom gerechten Krieg zur Reife gebracht und u. a. die folgenden Kriterien formuliert:

- auctoritas legitima
- iusta et gravis causa
- ultima ratio
- recta intentio
- debitus modus
- iustiis mediis.

Nimmt man so als Interpretationsrichtschnur die eigentliche Intention der Lehre vom «gerechten Krieg», so meint sie, wenigstens auf der Höhenlage von so bedeutenden Denkern wie Augustin und Thomas, die *Eingrenzung des Krieges durch eine ethische Kriteriologie.* Die Leitfrage war also nicht: Wie kann ich ein gutes Gewissen für die Kriegsführung machen? sondern: Unter welchen *restriktiven Kriterien ist Krieg allenfalls noch von Gott geboten?*

Wirkungsgeschichtlich ist die Beeinflussung des Völkerrechts durch die Lehre vom gerechten Krieg bedeutsam. Dies soll an einigen wenigen Beispielen exemplarisch angedeutet werden. Die Väter des Völkerrechts, etwa Bartolomé de Las Casas (1474–1566), Francisco di Vitoria (1480–1546) und Francisco Suarez (1548–1617) verhandelten die moralisch-rechtlichen Fragen im Zusammenhang mit der spanischen Expansion in Amerika im Rahmen der durch Cicero, Augustin und Thomas v.

Aquin festgelegten Kategorien. Ohne Zweifel wirkte sich ethische Fundierung völkerrechtlicher Kriterien wenigstens zum Teil positiv aus z. B. auf die Milderung der Kriegsfolgen für die Indios, wenn etwa zwischen schuldhaftem und schuldlosem Unrecht des Gegners unterschieden wurde und von da her «nur» Unterwerfung, nicht aber Bestrafung abgeleitet wurde. Was uns hier als Sophistik vorkommen mag, hat vermutlich vielen Indios das Leben gerettet[3].

In den folgenden Entwicklungsphasen des Völkerrechts ist nun allerdings eine Tendenz zu beobachten, die ich als Abschwächung des ethischen Gehalts bezeichnen möchte. Die ethische Unbedingtheit der Kriterien wurde abgeschwächt und relativiert durch einen Vorgang, der sich in der Moderne dann noch verstärkt hat: Die ethische Wahrheit und Geltung kam in den Sog der Pluralität

- durch das Entstehen territorialer Herrschaft
- durch die Existenz von zwei Kirchen
- durch den geistigen Zerfall der mittelalterlichen Ordnung überhaupt.

Die quasi-objektive Geltung ethischer Kriterien im Zusammenhang mit Krieg wurde durch den Pluralismus ausgehöhlt: Jeder Staat war nun berechtigt, sich die eigene Ethik zu geben. Die ethische Kriteriologie war so gleichsam abgekoppelt von einem universal-kategorisch geltenden Anspruch und in die Abhängigkeit bzw. Relativität von je staatlichen Perspektiven gesetzt. So etwa muß man über Völkerrechtler wie Gentili oder auch Hugo Grotius urteilen. Damit ist gewissermaßen die Lage vorbereitet, die wir heute haben: nämlich das prinzipielle Auseinanderfallen von ethischen Bemühungen um Kriegsverhinderung bzw. -begrenzung einerseits, der rechtlichen Rechtfertigung des Krieges andererseits. Das Völker- und Kriegsrecht war sozusagen abgekoppelt vom unbedingten ethischen Anspruch.

Dieser Umstand hat sicher dazu beigetragen, daß die Lehre vom gerechten Krieg in Verruf kam und gerade humanistische und kirchliche Kreise Friedenspolitik auf eigene Faust, jenseits der Lehre vom gerechten Krieg, zu treiben suchten und suchen.

Andererseits gab es eben immer auch gegenläufige völkerrechtliche Tendenzen. Es gab große Schlachten mit ganz wenig Toten; das Ziel der Friedensordnung nach dem Krieg bestimmte oft die Art und Weise der Kriegsführung. Die Zivilbevölkerung wurde lange Zeit sozusagen aus dem Kriegsgeschehen herausgehalten. Und auch Ritterlichkeit war noch gefragt. In der Schlacht von Fontenoy grüßten die französischen Offiziere ihre Gegner, der englische Befehlshaber, Lord Hay, rief seinem französischen Kollegen zu: «‹Lassen Sie Ihre Leute schießen›, worauf dieser antwortete: ‹Nein, Sie haben die Ehre›, und die erste Salve die Franzosen niederstreckte»[4].

Angesichts der Schrecken des modernen Krieges wurden sowohl das unbeschränkte Recht zum Krieg (ius ad bellum) wie die Kriegsführungsmittel (ius in bello) begrenzt. Zu denken ist dabei z. B. an die Völkerbundssatzung sowie an die Haager Landkriegsordnung und die Genfer Konventionen.

All diese Überlegungen nötigen zum vorläufigen Postulat, das Völkerrecht sollte gleichsam ethisch-normativ eingeholt werden, d. h. daß die Lehre vom gerechten Krieg ihren Sinn wieder finden könnte, wenn das Völker- und Kriegsrecht wieder stärker an die Radikalität ethischer Forderungen angekoppelt würde. Denn darüber kann kein Zweifel bestehen: Die ursprüngliche Höhenlage der Lehre vom gerechten Krieg zeichnete sich aus durch

- die Absicht, den Frieden wieder zu gewinnen
- die Absicht, den Krieg zu begrenzen.

Doch bevor ein solches Postulat definitiv erhoben werden kann, müssen wir uns einer ganz anderen Frage stellen, nämlich, ob man angesichts der Folgen des modernen Krieges überhaupt noch ethische Kategorien und Kriterien mit Krieg in Verbindung bringen könne. Mit anderen Worten: Ist die Lehre vom gerechten Krieg eben doch am Ende?

2. Die Bedeutung der Lehre vom gerechten Krieg angesichts des modernen Kriegsbildes

Für viele heute lebende Menschen ist die Erfahrung des II. Weltkrieges zwingend: So etwas darf es nicht mehr geben. Für viele ist weiter das Verhältnis zwischen Kriegsmitteln und Kriegszielen unakzeptabel: Ein moderner Krieg zerstört, was er zu schützen vorgibt. Aber all diese Erfahrungen werden noch eingeholt von der apokalyptischen aber realen Einsicht, daß die Menschen durch den modernen Krieg das Ende des menschlichen Lebens und der menschlichen Zivilisation herbeiführen können.

Gibt es in dieser Lage noch eine ethische Möglichkeit, die Voraussetzung, die es für die Lehre vom gerechten Krieg braucht, zu denken: Nämlich daß der Krieg, auch der Verteidigungskrieg, überhaupt noch eine ethisch vertretbare Kategorie sei? Nun wäre hier viel zu sagen: Etwa, daß seit ca. 1966, vor allem seit der ökumenischen Konferenz «Kirche und Gesellschaft» in Genf, nach Jahren der kirchlichen Ablehnung des Krieges, plötzlich die Frage des gerechten Revolutionskrieges aus der III. Welt in die Debatte geworfen wurde. Oder daß die anglikanischen Bischöfe den Krieg gegen Argentinien mit dem Instrument dieser Lehre kritisch beurteilt haben. Oder daß die röm.-kath. Kirche bis hin zu den US-Bischöfen in dem berühmten Brief von 1983[5] ebenfalls mit den Kriterien dieser Lehre operiert hat.

Aber, so wird man einwenden, vor der alles überschattenden Drohung der Zerstörung der Schöpfung kann doch dies alles nicht mehr gelten. Es gibt ein leider kaum bekanntes schweizerisches Dokument von 1958, nämlich die Thesen der Theologischen Kommission des Schweizerischen Evangelischen Kirchenbundes zur Frage der nuklearen Ausrüstung der Schweizerischen Armee, welches, allerdings nur in dem von der Minderheit verfaßten Abschnitt, folgendes ausführt: «Vorgängig der Beantwortung der Frage nach einer neuen christlichen Stellungnahme zum Krieg als solchen und unabhängig von ihr ist heute so viel klar: daß er in der Gestalt des Atomkrieges nur in offener Verneinung des Willens des seiner Schöpfung treuen und dem Menschen gnädigen Gottes geführt und vorbereitet werden kann.»[6]

Die vertrackte Satzstellung verrät den Schreiber der Minderheit: Karl Barth. Zunächst spricht nun alles für die theologisch-ethische Feststellung dieser These, und zwar hinsichtlich des einen Punktes: Das Risiko der Zerstörung der Schöpfung ist keine verantwortbare Perspektive. Folgende Überlegungen stützen diese Aussage:

- «Es ist kaum denkbar, daß es, theologisch-ethisch gesehen, einen höheren Wert gibt als die von Gott gewirkte Schöpfung, welche die Voraussetzung für die Geschichte zwischen Gott und Mensch darstellt. Gott als Befürworter der Zerstörung der Schöpfung durch Menschenhand ist nicht vorstellbar.
- Das Leiden im Verlauf der totalen Zerstörung der Schöpfung ist so grauenhaft, daß man nicht wagen kann, dieses Risiko einzugehen.
- Die zukünftigen Generationen haben auch ein Recht auf Leben, das auf jeden Fall ethisch höher zu veranschlagen ist als die Freiheit einer einzigen Generation.
- Die überwiegende Mehrheit der Menschen würde durch dieses Risiko zum Sterben verdammt, ohne daß sie eine Chance auf Mitbestimmung ihres Schicksals gehabt hätten.»[7]

Sind wir so an dem Punkt angelangt, der das Ende der Lehre vom gerechten Krieg bedeutet? Eine andere Frage aber ist, ob wir die Kriterien dieser Lehre nicht neu zu formulieren haben. Wenn wir sie verstehen als ein verantwortliches ethisches Nachdenken über den Krieg, dann ist zu fragen: Muß das Denken über den Krieg aufhören mit der schlichten Feststellung: Der Krieg und seine Vorbereitung dürfen nicht sein? Die Lehre vom gerechten Krieg würde sich gewissermaßen selbst aufheben mit einer letzten deontologischen, d.h. nicht weiter begründbaren Norm: Krieg darf nicht sein. Die Deontologie als Ende der Lehre vom gerechten Krieg?

Unsere These geht nun aber gerade in die entgegengesetzte Richtung: *Der moderne Krieg ist das Ende der Deontologie!* Gerade weil der moderne Krieg das Risiko der Zerstörung der Schöpfung beinhaltet, muß vor allem teleologisch, und nicht deontologisch gedacht werden: Nämlich wie man diesen Krieg am ehesten vermeidet.

Im II. Weltkrieg wurden in Luzern vom schweizerischen Widerstand Flugblätter mit folgendem Inhalt verteilt: «Wer an die Folgen des Widerstandes denkt, ist ein Verräter». Das war damals eine vertretbare Aussage. Heute ist sie dies nicht mehr. Wir müssen an die Folgen unserer Handlung denken, nämlich sie befragen, ob sie am ehesten den großen Krieg vermeidet. *Ethisch gefragt ist nicht mehr die totale Verurteilung des Krieges, sondern das Rezept für die wahrscheinlichste Art seiner Vermeidung.*

Dabei sind wir aber wieder bei so etwas wie einer Lehre vom gerechten Krieg angelangt, nur mit einer etwas veränderten Fragestellung. Aber die Zielsetzung bleibt die alte: Die Vermeidung des Krieges und die Frage nach den iustis mediis. Oder auf gut deutsch: Diejenigen Mittel, auch strategische Mittel, welche den großen Krieg am ehesten vermeiden, sind ethisch gerechtfertigt. Es fällt auf, wie spärlich gerade diese Fragestellung in den kirchlich-ökumenischen Stellungnahmen der Nachkriegszeit vorkommt. Es kommen dagegen vor die absolute Ablehnung des totalen Atomkrieges, die absolute Immoralität der atomaren Rüstung, die Forderung nach Abrüstung; aber es interessiert nicht mehr die moralische Qualität der Einstellung sondern eben der Beitrag zur Verhinderung des Krieges.

In diesem Licht gesehen ist auch der Aufruf der VI. Vollversammlung des Ökumenischen Rates in Vancouver 1983 problematisch, wo es heißt: «Auf dieser Grundlage und im Geiste des Aufrufs der V. Vollversammlung an die Kirchen, ‹ihre Bereitschaft (zu) betonen, ohne den Schutz von Waffen zu leben›, sind wir der Überzeugung, daß Christen erklären sollten, daß sie es ablehnen, sich an einem Konflikt zu beteiligen, bei dem Massenvernichtungswaffen oder andere Waffen, die wahllos alles zerstören, eingesetzt werden.»[8]

Nochmals, es interessiert nicht, ob jemand beim Atomkrieg mitmacht, sondern ob der Atomkrieg durch seine Haltung eher vermieden wird oder nicht.

An dieser Stelle ist der Rückgriff auf Augustin hilfreich. Seine Kriterien für den gerechten Krieg waren letztlich ein Versuch, den Gehorsam gegenüber dem Willen Gottes anzuleiten. Darum müßte es auch in einer modernen Lehre vom gerechten Krieg gehen. Die Ausgangsposition für eine solche Lehre stellt sich deshalb wie folgt dar:

- Gott ist nicht denkbar als einer, der wollen kann, daß die Schöpfung zerstört wird.
- Gerecht bzw. gerechtfertigt sind diejenigen strategischen (aktiven oder passiven) Mittel, welche die totale Zerstörung am ehesten vermeiden.

Von diesem Grundbestand einer modernen Lehre vom gerechten Krieg her sind nun zunächst die strategischen Konzepte kritisch zu befragen, die es heute in Wirklichkeit gibt.

Wir unterziehen uns diesem Unterfangen, indem wir drei strategische Konzepte kritisch befragen:

- das Konzept der Nato
- das Konzept des Warschauer Paktes
- das Konzept des Pazifismus.

«Die NATO-Strategie weist unter diesem Gesichtspunkt schwerwiegende Mängel auf: Einmal zwingt die Doktrin vom Ersteinsatz taktischer Atomwaffen (first use) von einer bestimmten Größenordnung des gegnerischen Angriffs an zum Beginn des Atomkriegs, wobei zwar bekannt ist, wie man einen Atomkrieg eröffnet, nicht aber, wie man ihn beendet. Auch das Streben nach Erstschlagkapazität birgt Gefahren, vor allem hinsichtlich einer falschen Einschätzung durch den Gegner. Zwar wird man nicht im Ernst den USA unterstellen wollen, sie planten einen Erstschlag (first strike), aber sie sind durchaus auf dem Weg der Herstellung der Erstschlagkapazität. Mittel dazu sind z. B. das neue System der MX-Raketen, die Fähigkeit zur Zerstörung der gegnerischen U-Boote, die Fähigkeit zur Vernichtung der gegnerischen Satelliten, die Ablenkung von Radar usw.

Auch die sowjetische Strategie der Vorwärtsverteidigung entspricht nicht dem Kriterium der bestmöglichen Sicherung des Überlebens. Auch sie ist auf dem Weg, Waffensysteme zu entwickeln, welche die Fähigkeit zum Erstschlag besitzen. Man muß so feststellen, daß die Strategien der beiden Großmächte auf jeden Fall nicht unserem obersten Kriterium der Sicherheit entsprechen und deshalb als sehr gefährlich einzustufen sind. Die Frage ist zu stellen, ob eine pazifistische Strategie, d. h. der Verzicht auf militärische Verteidigung, heute gegeben sei. Von unseren Voraussetzungen her müßten wir dazu bereit sein, eine nichtmilitärische Strategie als möglich anzusehen, sofern sie dem Kriterium der Sicherung des Überlebens am ehesten entspricht.

Doch auch die nichtmilitärische Konzeption, die pazifistische Strategie, hat diesbezüglich entscheidende Mängel. Einmal ist es aussichtslos zu hoffen, daß eine Seite, z. B. also die westliche, völlig auf nichtmilitärische Verteidigung verpflichtet werden könnte. Etwas ungeschützt ausgedrückt: Es wird sich stets noch ein Staat – oder allenfalls ein General – finden, der diese Strategie nicht mitmacht. Damit ist sie als ganze gescheitert. Aber der entscheidende Grund für die notwendige Ablehnung einer nichtmilitärischen Strategie liegt anderswo: Gerade unverteidigte Räume können Atomwaffen anziehen. Sollten bei einem Angriff aus dem Osten die BRD oder die Schweiz nicht militärisch verteidigt werden, so weiß man, welche Länder in der Lage und entschlossen wären, diese Räume vorsorglich mit Atomwaffen zu belegen, damit der Angriff vor den Grenzen des eigenen Landes zum Stillstand gebracht werden kann. Auch die pazifistische Strategie also kann gerade zu dem führen, was sie verhindern will: zum Krieg mit Atomwaffen.» [9]

«Gibt es aber Alternativen zu all den abgelehnten Strategien? Wenn wir wieder von unserem übergeordneten Kriterium ausgehen, dann bietet sich die folgende Strategie an:

Eine Großmachtstrategie ist dann ethisch gerechtfertigt, wenn sie:

- verzichtet auf Ersteinsatz der Atomwaffen
- verzichtet auf die Entwicklung der Erstschlagkapazität
- konzeptionell, organisatorisch und technisch ein reines Verteidigungskonzept entwickelt
- die Verteidigung dezentral organisiert und so dem Prinzip der Nichtschlacht nachlebt
- alle nichtmilitärischen, d. h. gesellschaftlichen Mittel für die Bekämpfung der Kriegsursachen mobilisiert
- einseitig auf die oben angedeutete Linie abrüstet, d. h. einseitig das zweiseitig Richtige tut
- die Zweitschlagkapazität beibehält.

Gerade der letzte Punkt bedarf wohl noch einer ethischen Reflexion. Die Beibehaltung der Zweitschlagkapazität macht aus folgenden Gründen die Welt sicherer:

- Hiroshima geschah in einer Lage, da der Gegner nicht mit Atomwaffen drohen konnte. Die Fähigkeit der Abschreckung bzw. Drohung mit einem unzumutbaren zweiten Schlag verhindert den Einsatz von Atomwaffen mehr als das Fehlen dieser Fähigkeit. Auf jeden Fall hat man das einzige relevante geschichtliche Ereignis für diesen Standpunkt.
- Das Konzept eines Zweitschlags ist das einzig realistische «alternative» Ziel für einen möglichen politischen Konsens einer Seite, z. B. des Westens.
- Mit einer Zweitschlagkapazität kann kein vernünftiger Angriff ausgeführt werden.
- Wenn der Zeitpunkt für den Einsatz des Zweitschlags eintritt, dann hat der Prozeß der Zerstörung der Menschheit bereits eingesetzt. Sein Einsatz ist dann weder entscheidend schädlich noch entscheidend nützlich. Er kann auch ausbleiben.»[10]

«Konsequenterweise hat die römisch-katholische Bischofskonferenz der USA auf dieser Linie operiert, was die folgenden Sätze aus dem berühmt gewordenen Brief belegen:

1. Wenn nukleare Abschreckung nur den Einsatz von Kernwaffen durch andere verhindern soll, dann sind alle Vorhaben, darüber hinauszugehen und wiederholte atomare Schläge und Gegenschläge über einen längeren Zeitraum zu planen oder die Oberhand (‹prevailing›) in einem Nuklearkrieg zu gewinnen, nicht akzeptabel. Sie ermutigen zu der Vorstellung, daß man mit tragbaren menschlichen und moralischen Konsequenzen einen Nuklearkrieg führen könne. Stattdessen müssen wir immer wieder ‹Nein› zur Vorstellung eines Atomkrieges sagen.
2. Wenn nukleare Abschreckung unser Ziel ist, dann ist ‹ausreichende Abschreckung› (sufficiency) eine angemessene Strategie; Streben nach Überlegenheit muß abgelehnt werden.

3. Nukleare Abschreckung sollte als ein Schritt auf dem Weg einer fortschreitenden Abrüstung dienen. Jede vorgeschlagene Ergänzung unseres strategischen Potentials oder jeder Wechsel der strategischen Doktrin müssen genauestens daraufhin untersucht werden, ob sie Schritte zu einer ‹fortschreitenden Abrüstung› wahrscheinlich machen oder nicht.»[11]

Überlegungen solcher Art, wenn sie in einem neutralen Kleinstaat wie der Schweiz, der über keine Atomwaffen verfügt und darauf offiziell verzichtet hat, gemacht werden, setzen sich natürlich der Frage aus, inwiefern sie für unseren Raum relevant seien.

Die Antwort darauf kann nicht bloß in dem Hinweis bestehen, daß auch die Schweiz bei einem Atomkrieg der Nachbarländer in Mitleidenschaft gezogen werde. Vielmehr kommt dazu der Umstand, daß auch in einem neutralen Kleinstaat die Gesamtheit der Verteidigungsfragen, vor allem hinsichtlich ihrer Legitimität, im Lichte der atomaren Frage diskutiert werden. Die atomare Gefahr bestimmt sozusagen die Medien-, Öffentlichkeits- und Bewußtseinswirklichkeit. Der Streit um die schweizerische Verteidigung und ihre moralische Erlaubtheit ist nachhaltig beeinflußt von der Perzeption der Gefahr durch die drohende Zerstörung der Schöpfung überhaupt. Und so spitzt sich auch die Diskussion über die schweizerische Strategie zu auf einen Prinzipienstreit etwa folgender Prägung: Wie hältst Du es mit der Atombombe? Erst wenn man diesen Prinzipienstreit durchgefochten und durchgestanden hat, kann eine sachliche Auseinandersetzung auch über die schweizerische Verteidigungskonzeption gelingen. Darüber hinaus zeigt dieser Umstand aber noch etwas anderes an. Nämlich daß ein Kleinstaat wie die Schweiz und im weiteren Westeuropa von der US-Strategie abhängig sind in positiver und negativer Hinsicht: Sie brauchen sie, aber sie sind dadurch auch gefährdet. Abzuleiten ist daraus die Notwendigkeit eines neuen Dialogs zwischen Westeuropa – unter Einschluß der neutralen Länder – und den USA über eine sinnvolle, zum Teil unausgesprochene «Arbeitsteilung». Die eigentliche Verteidigungskonzeption eines Kleinstaates wird sich dann darüber hinaus zu orientieren haben an der folgenden Regel, welche der Logik des bisherigen Gedankenganges entspricht: Die Abhaltung vor dem Krieg und das Überleben im Krieg sind zu optimieren.

Die Befassung mit der gegenwärtigen Lage sollte nach all diesen Überlegungen eines gezeigt haben: Die Lehre vom gerechten Krieg kann nicht am Ende sein, wohl aber ist sie unter den neuen Umständen neu zu durchdenken. Diesbezüglich kann das Ergebnis unseres Nachdenkens in die vier folgenden Schlußthesen gefaßt werden:

1. Es geht um die Frage der ethischen Rechtfertigung der militärischen Verteidigung unter der Perspektive der Verhütung der totalen Zerstörung der Schöpfung.
2. Vom theologischen wie vom vernünftigen Standpunkt aus ist nicht denkbar, daß das Risiko der Zerstörung der Schöpfung aus irgend einem Grund eingegangen werden kann. Die Forderung auf Überleben ist eine Supernorm.
3. Ethisch gerechtfertigt sind diejenigen strategischen Mittel, die den großen Krieg am ehesten verhindern.
4. Friedenssuche und Verhinderung des Krieges einerseits militärische Verteidigung andererseits müssen beide wieder an den unbedingten ethischen Anspruch angekoppelt werden.

Anmerkungen

1 Im Rahmen der Themenstellung und Absicht dieser Abhandlung kann im übrigen nur summarisch auf die historischen Aspekte der Lehre vom gerechten Krieg eingegangen werden. Im einzelnen stellen sich viele schwierige Interpretationsfragen, die hier beiseite gelassen werden müssen. Zur Vertiefung empfiehlt sich die folgende Literatur:

Robert W. Tucker: *The Just War. A Study in Contemporary American Doctrine;* New York, 1960.

Paul Ramsey: *The Just War. Force and Political Responsibility;* New York, 1968.

Michael Walzer: *Just and Unjust Wars. A Moral Argument with Historical Illustrations;* New York, 1977.

James Turner Johnson: *Just War Tradition and the Restraint of War. A Moral and Historical Inquiry;* Princetown, 1981.

William V. O'Brien: *The Conduct of Just and Limited War;* New York, 1981.

Wolfgang Lienemann: *Das Problem des gerechten Krieges im deutschen Protestantismus nach dem Zweiten Weltkrieg,* in: Rainer Steinweg (Hg): Der gerechte Krieg. Christentum, Islam, Marxismus; Frankfurt, 1980, S. 125–162.

Erwin Wilkens: *Gestalt und Grenzen einer Lehre vom gerechten Krieg,* in: Johann C. Hampe (Hg): Die Autorität der Freiheit, Bd. III; München, 1967, S. 457ff, sowie ders.: Theologisches Gespräch über die nuklearen Waffen, in: Günter Howe (Hg): Atomzeitalter, Krieg und Frieden; Berlin, 1959.

Karl Dietrich Erdmann: *Luther über den gerechten und ungerechten Krieg.* Berichte aus den Sitzungen der Joachim Jungius-Gesellschaft der Wissenschaften, 1982/83; Göttingen, 1984.

Paulus Engelhardt: *Die Lehre vom gerechten Krieg in der vorreformatorischen und katholischen Tradition. Herkunft-Wandlungen-Krise,* in: R. Steinweg (Hg): Der gerechte Krieg. Christentum, Islam, Marxismus; Frankfurt, 1980.

Anselm Hertz: *Die Lehre vom gerechten Krieg als ethischer Kompromiß,* in: Anselm Hertz/Wilhelm Korff/Trutz Rendtorff/Hermann Ringeling (Hg): Handbuch der christlichen Ethik, Bd. III; Gütersloh, 1982, S. 425–448.

Gottes Friede den Völkern, Dokumentation des wissenschaftlichen Kongresses der Evangelischen Kirche in Deutschland und der Nordelbischen Evangelisch-Lutherischen Kirche vom 17. –19.6.1984 in Kiel, hrsg. v. E. Lohse und U. Wilckens; Hannover, 1984.

2 S. *Autonome Moral und christlicher Glaube,* in: Katechetische Blätter, 102, 1977, S. 61.

3 S. **Jost Delbrück:** *Christliche Friedensethik und die Lehre vom gerechten Krieg in völkerrechtlicher Sicht,* in: Gottes Friede den Völkern, hrsg. v. E. Lohse und U. Wilckens; Hannover, 1984.

4 **Joh. Gründel:** *Die Verantwortung der Christen für den Frieden;* Düsseldorf, 1984, S. 43.

5 *Pastoralbrief der katholischen Bischofskonferenz der USA über Krieg und Frieden,* in: Stimmen der Weltkirche, 19, Bischöfe zum Frieden; Bonn, 1983.

6 *Frieden schaffen, Frieden schützen,* in: Studien und Berichte aus dem Institut für Sozialethik des Schweizerischen Evangelischen Kirchenbundes, 33; Bern, 1983, S. 106.

7 Zit. aus: **Hans Ruh:** *Verteidigung und Verweigerung vor dem Anspruch christlicher Ethik,* in: Dienstverweigerung – Zivildienst, SAMS-Informationen, Nr. 2, 1983, S. 11.

8 *Frieden schaffen, Frieden schützen,* in: Studien und Berichte aus dem Institut für Sozialethik des Schweizerischen Evangelischen Kirchenbundes, 33, Bern 1983, S. 118.

9 Zit. aus: **Hans Ruh**, a. a. O., S. 12f.

10 Zit. aus: **Hans Ruh**, a. a. O., S. 13.

11 Zit. aus: **Hans Ruh**, a. a. O., S. 14.

Der Autor

Hans Ruh (*1933), emeritierter Professor für Sozialethik an der Universität Zürich. Thematische Schwerpunkte: Wirtschaftsethik, Umweltethik, Theologische Ethik. Bekannt als Autor von Büchern, Artikeln und für Medienauftritte.

Zum Weiterlesen

Hans Ruh:
Ich habe mich eingemischt. Autobiografische Notizen

broschiert, 170 Seiten
allerArt/Versus Verlag, Zürich
ISBN 978-3-909066-10-0
Fr. 27.90 / Euro 24.90

Hans Ruh:
Bedingungsloses Grundeinkommen: Anstiftung zu einer neuen Lebensform. Utopie oder Chance in einer Zeit des Umbruchs?

broschiert, 63 Seiten
Versus Verlag, Zürich
ISBN 978-3-03909-298-7
Fr. 12.90 / Euro 9.90

Hans Ruh:
Ordnung von unten. Die Demokratie neu erfinden

Klappenbroschur, 208 Seiten
Versus Verlag, Zürich
ISBN 978-3-03909-198-0
Fr. 29.90 / Euro 24.90